甘肃区域特色经济发展研究

GANSU QUYU TESE JINGJI FAZHAN YANJIU

刘永平 著

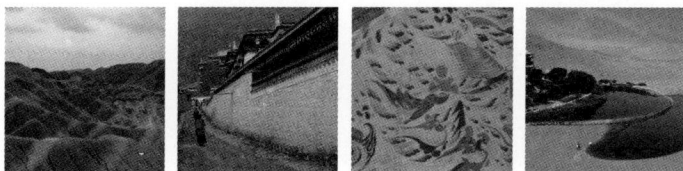

中国社会科学出版社

图书在版编目（CIP）数据

甘肃区域特色经济发展研究/刘永平著 . —北京：中国社会科学
出版社，2014.8

ISBN 978 - 7 - 5161 - 4573 - 9

Ⅰ.①甘…　Ⅱ.①刘…　Ⅲ.①区域经济发展—研究—甘肃省
Ⅳ.①F127.42

中国版本图书馆 CIP 数据核字（2014）第 164013 号

出 版 人	赵剑英	
责任编辑	李庆红	
责任校对	周晓东	
责任印制	王　超	

出　　版	中国社会科学出版社	
社　　址	北京鼓楼西大街甲 158 号 （邮编　100720）	
网　　址	http：//www. csspw. cn	
	中文域名：中国社科网　　010 - 64070619	
发 行 部	010 - 84083635	
门 市 部	010 - 84029450	
经　　销	新华书店及其他书店	
印　　刷	北京市大兴区新魏印刷厂	
装　　订	廊坊市广阳区广增装订厂	
版　　次	2014 年 8 月第 1 版	
印　　次	2014 年 8 月第 1 次印刷	
开　　本	710mm×1000mm　1/16	
印　　张	15.75	
插　　页	2	
字　　数	268 千字	
定　　价	49.00 元	

目　　录

第一章 甘肃发展区域特色经济的战略研究

一、宏观背景与资源禀赋

（一）甘肃区域概况

甘肃古属雍州。因境内大部分在陇山（六盘山）以西，唐代曾在此设陇右道，简称陇，又名陇原；西夏曾置甘肃军司，元代设甘肃省，简称甘。甘肃省位于我国西北地区内陆，介于北纬 32°31′—42°57′，东经 2°13′—108°46′之间，是青藏高原、内蒙古高原、黄土高原三大高原交会处，省域面积 45.44 万平方公里，东西长 1655 公里，南北宽 530 公里，东接陕西，南控巴蜀青海，西倚新疆，北扼内蒙古、宁夏，并与蒙古国交界，新亚欧大陆桥贯穿全境，是古丝绸之路的锁匙之地和黄金路段，是西部地区唯一具有承东启西、南拓北展区域优势的省份，同时也是联结亚太地区和亚欧地区乃至大西洋地区的重要通道。全省地域辽阔，自然资源丰富，为区域经济发展提供了良好的基础。省会兰州，全省辖 12 个地级市，两个自治州，4 个县级市，58 个县，7 个自治县，17 个市辖区。2011 年全省常住人口为 2564.16 万人。①

（二）甘肃发展区域特色经济的资源禀赋

甘肃是一个发展潜力和困难都比较突出、优势和劣势都比较明显的省份。经过新中国成立以来的开发建设，已形成了以石油化工、有色冶金、机械电子等为主的工业体系，成为我国重要的能源、原材料工业基地。农业生产基础条件得到一定改善，粮食实现了省内供需总量基本平衡，基本

---

① 《甘肃年鉴》（2012），第 53 页。

形成了草畜、马铃薯、水果、蔬菜等战略性主导产业，制种、中药材、啤酒原料等区域性优势产业，以及食用百合、球根花卉、黄花菜、花椒、油橄榄等一批地方性特色产业和产品。

图1-1 甘肃政区图

1. 资源优势

甘肃地处黄河上游，地貌复杂多样，山地、高原、平川、河谷、沙漠、戈壁交错分布，地形大致可分为陇南山地、黄土高原、甘南高原、河西走廊、河西走廊以北地带、祁连山地六大区域。主要山脉大多分布在省境边缘，大多数河流都以这些山脉形成各自分流的源头。矿藏主要有石油、煤、铁、铬、铜、钨、磷、石膏、池盐、芒硝等。森林资源多集中在山区，主要有陇南白龙江林区的青冈、桦木、云杉、冷杉等用材林树种，木材蓄积量近1.5亿立方米。

甘肃省土地资源丰富，人均土地面积居全国第七位，人均耕地居第六位，同时，甘肃是全国五大牧区之一，草原、荒地、水域面积辽阔，可开发潜力较大；甘肃境内成矿地质条件优越，矿产资源较为丰富；境内水系水量充沛、落差集中，水能资源潜力巨大，发展水电建设有得天独厚的条件；甘肃是全国药材主要产区之一，中药材品种多、质量好，综合开发潜力大；甘肃历史悠久，地域辽阔，具有风格独特的自然资源和丰富的人文旅游资源，旅游市场广阔；甘肃省境跨度大，日照时间长，昼夜温差大，农业环境独特，发展特色农业具有独特的优势；甘肃工业综合实力居全国第 23 位，有较为良好雄厚的国有工业企业基础[①]；石油钻采、炼化设备、数控机床、电机电器、真空设备、风动工具、军工电子设备等产业相对优势突出，具有很大的改革和盘活潜力；省内劳动力的年龄结构年轻，是劳动力资源的一大优势，劳动力价格低廉；商业流通方面，自建设兰州商贸中心以来，市场建设步伐大大加快，多层次、多种经营形式并存的市场网络逐步形成，商品流通总量不断增加，市场交易更加活跃，对周边省份的吸引辐射作用日益增强，商品流通枢纽初具规模，发展前景良好。

2. 资源劣势

改革开放以来，甘肃省经济发展十分缓慢，这不仅表现在它与东部地区拉开了越来越大的差距，还表现在省内各地区之间经济发展差异越来越大。地处西部的甘肃省在其经济发展的市场化过程中，其非均衡性逐渐显现出来，与全国一样也存在着区域经济差异问题，造成其经济发展水平一直徘徊不前，位于全国的末位。如果不及时采取有效措施加以协调解决，则会导致区内差异越来越大，这不仅会使甘肃丧失西部大开发这一千载难逢的历史发展机遇，直接影响全省经济、社会发展和人民生活水平提高，而且也会影响到西部大开发这一战略的实施，对全国经济发展产生消极影响。甘肃生态环境较为恶劣，特别是水资源严重匮乏，传统农业发展相对缓慢；虽然有良好的工业基础，但产业经济结构不尽合理，企业发展过程中高投入、高消耗、高污染、低效率的现状仍未得到彻底的改变；从业人口文化程度低下，投资环境不佳，经济基础薄弱，老、少、边、困区域范围大；由于受自然条件、区域位置、基础设施、产业结构和所有制结构，以及人文背景等各种条件的制约和影响，甘肃与东部地区的差距在逐步加大，在全国区域经济发展中位次不断后移，而这种状况在西部大开发中，尚未得到有效解决。

（三）甘肃发展区域特色经济的制约因素

1. 资源制约

（1）土地资源未能合理利用，基础设施差。甘肃耕地资源是全国的五分之一，人均比全国略高，但合理利用程度不高。县域范围的基础设施

---

① 姬顺玉：《甘肃区域特色经济发展研究》，《中国集体经济》2008 年第 2 期。

还很薄弱，制约了地域优势的发挥。

（2）劳动力素质、劳动力产业分布与文化结构不对称。劳动生产率的低下，势必导致农村经济发展缓慢。目前甘肃劳动力整体素质偏低。特别是贫困地区劳动力素质仍以小学、初中文化为主。从劳动力产业间的分布看，第一、第二、第三产业劳动力呈正三角形分布，小学、初中、高中以上文化结构呈倒三角形分布。

（3）技术、人才、信息等成为稀缺资源。甘肃县域经济发展中的农业的耕作技术、综合生产技术以及非农就业、自主创业的基本技能等方面，存在明显的供给缺失。在人才方面，大量受过高等教育的人不断流向南方等大型发达城市。特别是在市场信息、就业信息、技术信息等方面，也存在流通不畅，更是处于劣势地位。

（4）特色资源商品化程度低。甘肃少数民族众多，分布广阔，地区差异显著，具有各自不同的生活习俗和人文特点等条件。蕴藏着许多独具特色的传统工艺、生产技术等资源，并且地下矿产种类繁多。但目前突出的问题是，各地对特色资源的潜力没有形成更加深刻的认识，产业发展的扶持力度不够①。大多数产业规模小，商品量少，加工水平低，包装工艺差，缺乏必要的宣传和推广，致使许多资源处于闲置、浪费、流失之中。

2. 制度制约

（1）户籍制度。户籍管理制度是我国改革过程中迄今为止变化最小、最为缓慢的社会经济制度。我国目前的城市户籍管理制度是农村流动劳动力所面临的劳动就业、技能培训、义务教育、社会保障方面的差别与歧视的制度基础，这一制度大大限制了城市资源与农村资源之间的流动，将农村劳动力排除在提职、培训等管理体系之外。

（2）城市就业制度。企业用人制度长期以来重学历、资历、证书而轻能力、业绩的现象始终存在。加之城市人口不愿学习一线生产技术，而大量来自农村的劳动力由于种种原因，无法参加正规教育，被拒之门外，导致了生产技术工人的严重短缺。

（3）教育培训制度。甘肃城镇劳动人口规模庞大，而科技教育和培训资源严重短缺。教育结构不合理，职业教育与学历教育发展不均衡。企

---

① 欧阳慧：《我国区域特色经济发展的特征、问题与策略》，《中国科技投资》2007年第5期。

业培训投入激励不足，政府公共服务体系缺位，职业资格认证体系缺乏公信力致使劳动力市场信息失灵和交易成本居高不下等原因造成对农村劳动力就业所必需的基本技能培训严重不足。

（4）企业产权制度。目前，甘肃有相当部分的乡镇企业仍属集体所有，对乡、村各级政府有着较强的依附关系。乡镇政府干预企业经营管理的现象普遍存在。乡镇集体企业产权模糊，部分农民联户（合作）办企业和股份合作企业的地位和经济性质不明；一些地方平调乡镇企业财产，改变企业所有制性质和隶属关系的现象时有发生。用人机制上凭关系直接指派现象严重，分配制度上仍沿用老制度，内部管理不民主，缺乏强有力的监督约束机制。这些体制方面的缺陷使甘肃乡镇企业总体经济效益低下。

（5）财政制度。总体上看，财政制度体现为"杀富济贫"。收入较好的县区自主权不够，上缴比例太大，用于补贴贫困县区，这样就无法调动县区追求经济发展的积极性。各个县区财政增长点不合理，一味强调经济增长，不注重来源性的培养。

（6）金融制度。缺少民营金融机构，支持县域经济发展的主要是农村信用社。这样造成了对县域经济发展支持力度不够。加上金融政策和操作中对民营企业的歧视与偏见，制约了民营企业的筹资能力。

3. 政府行政能力制约

甘肃在对外开放方面相当落后，在全国处于劣势。由于思想开放程度不高，对政府职能定位的老观念还不能彻底转变，政府职能与权力运作模式不适应市场经济体制。在政策制定和实施过程中，很多时候还延续计划经济体制下的老观念和方法。在许多行业领域由于垄断，公共资源、公共权力演变为部门权力、部门资源。这些行业领域的政府主管部门，其权力运作往往不符合市场规则的要求。

4. 企业经营管理水平制约

甘肃60%以上的乡镇企业集中于交通运输、批发零售以及餐饮与住宿业。乡镇工业企业主要以采掘业、建材加工、原材料加工和简单食品加工为主，技术层次低，产业链条短，产品档次低、趋同性强，致使乡镇企业市场竞争力较弱，经济效益低下。那些从事地区特色产品生产的企业，大部分处在手工作坊式的加工模式之下，扩大生产规模缺乏资金，销售产品缺乏宣传和渠道，参与市场竞争缺乏平台。

二 区域产业发展的基本态势

甘肃省地域辽阔，各地资源分布、地理特征和经济社会发展水平都有一定的差异，理顺区域分工、发挥区域优势，是加快工业发展的重要前提。根据甘肃省发改委确定的主体功能区划初步方案，结合各地所处的不同的经济发展阶段，本书对甘肃主体功能区划背景下的发展路径作了初步探讨。

（一）优化开发区

兰州—白银经济区地处甘肃中部，是甘肃省城市化水平最高、基础设施最为发达、科研力量和科研机构最为集中、大中型企业最为密集、人口素质最高的地区，是甘肃经济的核心地带，也是推动甘肃省产业结构演进、升级的关键地区。

城关、七里河、安宁、西固区和白银区人均 GDP 均高于甘肃省平均水平。西固区已进入工业化后期阶段，城关区、七里河区处于工业化中期阶段，安宁区仍处于工业化初期阶段。

表 1－1　　　　　2011 年优化开发区主要经济指标及占全省比重

单位：万元，万人

地区	生产总值	工业增加值	第三产业增加值	固定资产投资	常住人口
城关区	2620048	285767	2074150	1314667	98.25
七里河区	1323801	618021	549961	527157	50.19
西固区	1576254	1019513	411000	526215	35.31
安宁区	358086	128170	190400	450577	23.44
白银区	1006090	604710	316153	382840	28.1
合计	6884279	2656181	3541664	3201456	235.29
占全省比重	25.47%	24.97%	34.15%	24.43%	8.99%

优化开发区主要经济指标占甘肃省较高比重，尤其是第三产业占甘肃省比重较高。2011 年，五个区的常住人口占甘肃省的 8.99%，生产总值

占甘肃省的 25.47%，其中第三产业增加值占甘肃省的 34.15%，工业增加值占甘肃省的 24.97%。固定资产投资占甘肃省的 24.43%。

（1）特点：

一是工业基础雄厚。兰州—白银经济区基本形成了一个以石油、化工、机械、电子、冶金、建材、有色金属、煤炭、电力为主体的重工业，以轻工、纺织、食品、烟草、医药等具有地方特色的轻工业组成的产业结构比较齐全的工业体系，建立了强大的工业基础，是我国西部重要的工业基地。

二是第三产业比重较高。2011 年，城关、七里河、安宁、西固区和白银区第三产业增加值占其生产总值的 51.4%，高出甘肃省平均水平 13 个百分点。城关区第三产业增加值比重高达 79.2%，远远高于甘肃省平均水平，居甘肃省首位。安宁区第三产业比重达 53.2%，仅低于城关区和敦煌市，居甘肃省第三位。

三是基础设施较为完善。已形成以铁路、航空、公路为主的全方位立体交通网络。铁路运输有陇海、兰新、包兰、兰青四条铁路从区内通过，兰州已成为西部最重要的铁路枢纽。

四是科技人才、科研机构比较集中。兰州—白银经济区，科研机构、高等院校和科技人才比较集中，职工素质较高，接受新技术、新产业能力较强。区内集中了一批中央在甘企事业单位、大专院校以及军工企业，具有较强的科技开发能力，是实施科技兴省的重要基地。

五是高新技术产业优势明显。兰州—白银经济区高新技术产业基础较好，在高新技术产业中，电子信息产品制造业、现代生物及医药、新材料、光机电一体化、环境保护及高效节能装备、航空航天、核技术应用等具有明显优势。

（2）发展重点：

一是加快发展第三产业，构建兰州都市经济圈。在继续发展传统服务业的同时，加快发展金融保险、物业管理、社区服务、咨询评估、会计审计、信息服务等现代服务业。发挥区位优势，大力发展现代物流业，提升兰州区域物流中心的层次和地位，强化对周边地区的辐射带动能力，充分发挥经济核心区的作用，促进产业升级和结构优化，使兰州尽快成为西部重要的交通通信枢纽和经济、科技、商贸、金融、信息中心，将兰州建成西部物流中心，成为我国西部大开发的"桥头堡"。

二是延伸产业链条，加快产业升级。改造传统产业，培育高新技术产业，提高核心竞争力，建成西部重要的现代化工业基地。以石油天然气综合利用及开发为先导，重点发展优质成品油、三大合成材料、有机化工原料、专用原材料及下游产品，突出精细化工及高浓度复合肥，建成我国西部最大的高新石化基地。依托白银公司、金川公司、稀土公司、兰铝、连铝等大型骨干企业，组建有色集团，延伸产业链条，利用高新技术积极发展延续加工、后加工、深加工产品，把甘肃省建成全国最大的有色基地①。依托兰光、兰新、长风三大集团建成电子信息产品生产基地。以优势企业名牌产品为龙头，依托兰石集团、兰州电机厂、兰州真空设备厂、万里机电厂、长通电缆集团、兰驼集团等优势企业，发展壮大装备制造业。依托佛慈、兰药、奇正和兰州生物制品所，建成现代生物制品、现代医药、中成药生产基地。

（二）重点开发区

根据自然地理条件和工业产业部门之间的相互关联，甘肃省的重点开发区大致可分为四大经济区：河西经济区、沿黄经济区、天水经济区和陇东经济区。

1. 河西经济区

河西经济区地处甘肃西部，包括：嘉峪关市、金昌市、肃州区、甘州区、临泽县、凉州。河西经济区是甘肃省经济较为发达的地区，金昌市、嘉峪关市是甘肃省重要的工业基地，素有"镍都"、"钢城"之美称；肃州区、甘州区、临泽县、凉州区农业经济较为发达，是甘肃省重要的农副产品加工基地。

人均 GDP 高于甘肃省平均水平。2011 年，河西经济区 7 个市（区、县）的人均 GDP 均高于甘肃省平均水平，最高的嘉峪关市已达到发达国家水平，金昌市处于工业化后期阶段，肃州区、甘州区、临泽县、凉州区仍在工业化初期阶段。

河西经济区主要经济指标占甘肃省较高比重，尤其是工业比重较高。2011 年，河西经济区 7 个市（区、县）的常住人口占甘肃省的 10.24%，生产总值占甘肃省的 22.06%，其中工业增加值占甘肃省的 31.45%，农业增加值占甘肃省的 24.55%。固定资产投资占甘肃省的 17.83%，财政收入占甘肃省的 4.55%。

---

① 张继英：《主体功能格局下的甘肃省产业结构调整》，《兰州大学学报》2008 年第 6 期。

表1-2　　　　　　　　2011年河西经济区主要经济指标及占全省比重

单位：万元，万人

地　区	生产总值	农业增加值	工业增加值	固定资产投资	常住人口
嘉峪关市	1201845	14900	958021	529514	20.53
金昌市	2132190	90216	1724139	619006	47.02
肃州区	514671	121563	79400	332548	36.11
甘州区	666326	168178	167130	266574	50.03
临泽县	183630	62735	55271	74055	14.76
凉州区	1262831	490019	362289	515029	99.48
合计	5961493	947611	3346250	2336726	267.93
占全省比重	22.06%	24.55%	31.45%	17.83%	10.24%

（1）特点：

一是自然矿产资源较为丰富。河西经济区是甘肃省矿产最多、品种最全的地区，尤其是铁矿、有色金属矿、非金属矿最为突出。

二是农业经济较为发达。农副产品丰富，具有开发多种食品、轻纺工业的有利条件。河西地区日照时间长，昼夜温差大，加之土地集中连片，又可以引祁连山雪水和石羊河、黑河、疏勒河三大水系进行灌溉，是粮食和水果的优良产地。

三是优势产业资源型特征比较明显。河西经济区的优势产业是依托本区丰富的自然资源发展起来的，主要集中在采掘工业、原材料工业和以农产品为原材料的加工工业上。

（2）发展重点：

一是做大做强优势支柱产业，加快发展配套产业，培育接续产业。围绕金川有色公司、酒钢集团、玉门石油管理局等大型骨干企业，发展精加工、深加工产品，延伸与原材料工业配套的关联产品和后续加工项目，改变以初级产品、粗加工为主的产业格局，带动一大批中小企业的发展。

二是在搞好特色农业的基础上，将产业链向上下游延伸。整合现有的葡萄酒生产，扩大规模，实施强强联合，统一品牌，树立葡萄酒之乡的整体形象；发展农产品的深加工、精加工；发展节水农业技术，并将该技术产业化，作为自身发展的新的经济增长点；构建绿色食品业龙头，加快发展玉米淀粉及精加工、深加工，蔬菜及加工，瘦肉型猪及系列加工。

三是拓展能源产业。积极发展火电、水电，开发利用风能、太阳能、生物能、核能和天然气等清洁能源，重点建设热电联产、风力发电、小水电开发等项目，寻机建设核电站，积极争取国家原有战略储备库的布点建设，实现能源建设与相关产业的联产互动。

四是将旅游产业作为其支柱产业之一。人文旅游资源方面，敦煌莫高窟具有极高的国际知名度，中国的旅游标志"马踏飞燕"就出自河西。自然旅游资源方面，河西地区既有荒漠戈壁，又有绿洲，加之有万亩葡萄园等大型种植项目，发展生态旅游潜力巨大。

2. 沿黄经济区

沿黄经济区包括红古区、皋兰县、永登县、榆中县，白银市的平川区、靖远县，临夏市的永靖县。

2011 年，沿黄经济区 7 个市（区、县）中，人均 GDP 最高的红古区处于工业化中期阶段，平川区刚刚进入工业化中期，永登县处于工业化初期阶段，其他四县仍处在前工业化阶段。

表 1－3　　　　　2011 年沿黄经济区主要经济指标及占全省比重

单位：万元，万人

地　区	生产总值	农业增加值	工业增加值	固定资产投资	常住人口
红古区	407122	44022	195300	330408	14.83
皋兰县	155031	30098	67772	66775	17.02
永登县	549660	66220	253212	213467	48
榆中县	261207	62072	113002	156819	42.39
平川区	363451	12967	261883	174360	19.48
靖远县	278366	104592	40235	111425	46.22
永靖县	159625	25690	90844	81142	19.96
合计	2174462	345661	1022248	1134396	207.9
占全省比重	8.05%	8.96%	9.61%	8.66%	7.94%

2011 年，沿黄经济区 7 个区（县）的常住人口占甘肃省的 7.94%。地区生产总值占甘肃省的 8.05%，其中工业增加值占甘肃省的 9.61%，农业增加值占甘肃省的 8.96%。固定资产投资占甘肃省的 8.66%。

（1）特点：

一是灌溉农业相对比较稳定。多年来，依托黄河水资源，在黄河干流沿岸的旱原、川台地区建设了一大批水利工程，扩大了灌溉面积，提高了农业生产综合能力，基本形成了一个灌溉农业区。

二是区位优势突出，基础设施比较完善。该区靠近甘肃省的经济核心区，109国道、白兰、兰海高速公路、甘青铁路、包兰铁路穿境而过，交通条件便利，处在人流、物流、资金流、信息流的活跃带上。

三是水电资源充足。区内有刘家峡、盐锅峡、八盘峡等电站、灌溉工程和大峡、小峡水电站，是新中国水电事业的摇篮和基地。

（2）发展重点：

一是加快发展服务业。榆中盆地按照建设生态城市的要求，引导接纳老城区的部分功能，形成科教、生活居住、休闲度假的功能区；皋兰县、永登县、红古区要合理均匀布点商饮服务、医疗卫生、文化教育、文娱体育，优化服务业功能结构。充分展现区内自然风光和人文景观，大力发展黄河文化旅游产业，促进购物、餐饮、商住、娱乐、客运等相关产业的发展，全力打造黄河经济带。

二是因地制宜发展优势产业。重点发展优质专用粮、马铃薯、瓜果等优势产业，抓好百合、蔬菜、花卉、玫瑰、羔羊、优质林果、食用菌等特色产业。发展设施农业，扩大反季节栽培，向优质、高效、特色、无公害方向发展。突出发展特色蔬菜产业，引导蔬菜产业向区域化、规模化和效益化方向突破。推进沿黄灌区精细菜生产基地建设，种植绿色产品。积极发展专业市场，组织营销队伍，培育壮大一批加工、仓储、运销龙头企业。同时要推进农业产业化经营，促进农产品加工转化增值，发展高产、优质、高效、生态、安全农业。

三是加强与中心城市的沟通联系，促进沿黄地区的一体化发展。积极推进与优化开发区的优化整合，主动承接产业转移，形成优势经济带。

四是发展壮大能源和新能源基地，建设西部电力基地。加快靖远电厂三期、乌金峡水电站建设，积极争取技改扩建工程的开工建设。积极争取国家重大能源项目布局，大力推进以风能、太阳能和核能为主的清洁能源建设。

3. 天水经济区

天水经济区核心是麦积区和秦州区。天水是甘肃省老工业基地之一，改革开放三十多年来，天水工业得到了全面发展，已初步形成以国有工业为主体，以中央、省属企业为骨干，以县区多元工业为基础，具有一定实力和地方产业特色鲜明的区域工业体系。

秦州区刚进入工业化初期阶段，麦积区仍处在前工业化阶段。

表 1 - 4　　　　　　　2011 年天水经济区主要经济指标及占全省比重

单位：万元，万人

地　区	地区生产总值	工业增加值	第三产业	固定资产投资	常住人口
秦州区	633455	206384	298558	285473	62.81
麦积区	526065	205375	230920	355904	57.07
合计	1159520	411759	529478	641377	119.88
占全省比重	4.29%	3.87%	5.11%	4.89%	7.41%

（1）特点：

一是工业门类比较齐全。天水工业基础较好，经过 20 世纪 60 年代至 70 年代沿海企业内迁和大小"三线"建设，特别是改革开放三十年来的发展，目前已建成以机械、电子、轻纺、建材、食品、烟草、工艺美术等为主，门类比较齐全的工业体系。

二是加工工业特征明显。与甘肃省 14 个地、州、市特别是 5 个工业中心城市相比，天水加工工业实力雄厚特征明显，已形成以加工工业为主的产业特色。优势产业主要是机械工业、电子工业、食品工业（包括烟草）、建材工业和轻纺工业。特别是机械工业、电子工业在天水区域经济中地位十分突出，所占比重高达 50% 以上。

三是区位优势明显。天水是甘肃的东大门，是西陇海—兰新线经济带甘肃段的重要组成部分，也是甘肃人口和城镇密集的区域之一。

（2）发展重点：

一是加快发展装备制造业。天水发展装备制造业的基础较好，尤其是在电子信息产品制造业、光机电一体化、集成电路、高精尖数控机床等方面拥有较强优势。加速企业集团化发展、规模化生产是加快企业发展的必由之路。天水工业企业数量很多，但企业分散规模很小，很多企业形不成规模效益。结合天水的实际状况，机械以星火为主做大，电器以长开为主做大，电子以华天为主做大，医药、建材、食品要分别向集团化方向发展。要加大自主创新力度，提高核心竞争力。同时，引进外资企业和天水以外的企业来天水投资建厂，以扩大天水装备制造业规模。

二是培育农产品加工产业集群。发挥特色农产品资源优势，壮大龙头企业，以果蔬制品、畜产品加工、食品加工、药材加工、生化制药为重点，提高加工能力和深度，延长产业链条，增强配套能力，培育形成以长城果汁、昌盛食品、天河酒业、娃哈哈食品等为龙头的农产品加工产业集群。

三是建设陇东南特色鲜明的大城市。按照西陇海—兰新经济带建设的要求，推动城镇体系建设，吸引聚集各种资源，把天水建成陇东南地区资源输转、加工增值、物流配送、信息交流和经济开发的区域性中心。

4. 陇东经济区

陇东经济区重点开发区包括崆峒区、华亭县、西峰区，均处于工业化初期阶段。

表 1–5　　　　2011 年陇东经济区主要经济指标及占全省比重

单位：万元，万人

地　区	地区生产总值	农业增加值	工业增加值	固定资产投资	常住人口
崆峒区	532169	61136	188406	319496	48.10
华亭县	257087	31701	182787	189617	17.38
西峰区	511397	58610	229027	295048	33.85
合计	1300653	151447	600220	804161	99.33
占全省比重	4.81%	3.92%	5.64%	6.14%	3.80%

（1）特点：

一是崆峒区为陕甘宁三省区交通枢纽。宝中铁路纵贯全境，312 国道横跨东西。道路交通四通八达，城市基础设施日臻完善。

二是华亭县煤炭资源储量较大。华亭县是全国 13 个重点产煤基地之一，煤炭质量上乘。陶瓷生产历史悠久，电瓷畅销西北五省，普通灯泡、高标号水泥、酒类等地方产品深受用户欢迎。

三是西峰的油气资源比较丰富。西峰油田被称为中国石油地质勘探的四大发现之一，现已进入大规模的开发阶段。西峰周边县区已探明千亿吨级煤田，具备了建设大型煤炭基地的资源条件。

四是农业基础较好。西峰素有"陇东粮仓"的美称，小米、黄花菜、杏仁、花椒等农副产品更是远销国内外。华亭县是陇东优质肉牛、核桃和中药材生产基地。崆峒区农副土特产品主要有百合、山药、杏干、黄花菜、蕨菜、洋芋等，畜产品质优量大，尤以牛肉、羊肉、皮毛出名。

（2）发展重点：

一是发展煤电和煤化工产业。合理保护和开发煤炭资源，重点向电力、煤化工等后续产业延伸发展。围绕甲醇等煤化工项目，论证一批后续产业项目，不断延伸煤化工产业链条，形成新的产业集群。

二是全力打造甘肃能源石化基地。加快油田勘探开发步伐，不断扩大产能，增加炼量。

三是大力发展农产品加工业。围绕果、菜、草、畜等特色产业，加快龙头企业建设，增强辐射带动能力。

四是参与关中经济区的区域经济分工，承接产业转移。利用本地产业优势承接配套产业转移，延长产业链，形成产业集群。有计划、有步骤地承接高新技术产品、资源精深加工等技术和资金密集型产业。

（三）限制开发区和禁止开发区

按照国家"十一五"规划，甘肃省的甘南黄河重要水源补给生态功能区和黄土高原水土流失严重的地区属于限制开发区。同时，甘肃省50个各级各类自然保护区属于禁止开发区域。

根据主体功能区的划分，甘肃的限制开发和禁止开发区域占总面积的比例较高。所以，对于甘肃来讲，限制开发区如何发展，禁止开发区如何保护是首要问题。特别在限制开发地区，在保护有限的前提下，必须通过发挥比较优势，大力发展资源优势产业和生态产业①。

1. 河西牧区及甘南州建立特色优势畜产品基地

甘南州除合作市和玛曲县处于工业化初期阶段外，其余6个县均处于前工业化阶段，河西牧区中天祝处于前工业化阶段，肃南处于工业化中期阶段，肃北处于发达经济阶段，阿克塞处于工业化后期阶段。

甘肃省限制开发区中的甘南州和河西地区主要牧区所在地天祝藏族自治县、肃南裕固族自治县、肃北蒙古族自治县和阿克塞哈萨克族自治县的畜牧业产值占农林牧副渔总产值的比重较高，畜牧业是这些地区第一产业中的支柱部门。

---

① 李建豹：《甘肃省县域经济差异变动的空间分析》，《经济地理》2011年第3期。

甘肃省牛肉产量仅低于内蒙古、新疆、四川和云南,羊肉产量低于内蒙古、新疆和四川,奶类低于内蒙古、新疆、宁夏、四川和云南。可见,甘肃省的牛羊肉生产优势比较显著,奶类生产具有一定的优势。从西部主要牧区范围内看,甘肃省河西地区的天祝藏族自治县、肃南裕固族自治县、肃北蒙古族自治县和阿克塞哈萨克族自治县的畜牧业生产优势突出,这些地区具有发展畜牧业的得天独厚的比较优势,畜牧业应该成为目前这些地区经济持续稳定增长、区域规划及产业升级改造的重点。

表 1-6　　　　　　　　2011 年西部地区主要牧产品产量　　　　　单位:万吨

地 区	肉 类	猪 肉	牛 肉	羊 肉	奶 类
全国总计	6865.7	4287.8	613.4	382.6	3633.4
内蒙古	205	60.3	39.4	80.8	916.1
广 西	329	206.2	11.7	2.7	7
重 庆	159.3	130.3	4.2	1.6	8.7
四 川	564.2	408.5	28.6	23.8	65.5
贵 州	150.6	125.6	9.5	2.8	4.1
云 南	266.1	203.6	24.8	10.2	44.7
西 藏	23.7	1.2	14.2	8.2	28.9
陕 西	96	70.2	7.6	7	180.3
甘 肃	76.9	41.8	14.5	14.6	35.2
青 海	31.4	7.6	14.5	8.7	26.5
宁 夏	22.8	8.3	6.5	5.7	77.5
新 疆	125.7	17.5	31.4	60.5	203.8

2. 陇东、陇中黄土丘陵水土保持限制开发区发展商品型生态农业

陇东黄土丘陵水土保持限制开发区包括镇原县、庆城县、环县、华池县、合水县、宁县、正宁县、崇信县、灵台县和泾川县。陇中黄土丘陵水土保持限制开发区包括会宁县、安定县、陇西县、通渭县、临洮县、秦安县、甘谷县、武山县、清水县、张家川县、庄浪县、静宁县、渭源县,临夏州(除永靖县)。陇东、陇中黄土丘陵水土保持限制开发区 30 个县中,除庆城县进入工业化初期阶段、华池县进入工业化中期阶段外,其他 28

个县均处于前工业化阶段①。

黄土丘陵地区，水土流失严重，植树、种草、修筑梯田，进行水土保持的任务十分艰巨。黄土丘陵区是黄土高原水土流失最严重的区域，也是贫困与落后区域，严重的水土流失与经济发展滞后形成的恶性循环链难以打破，经济增长也是建立在资源破坏的基础上。

发展重点：

一是要发展商品型生态农业。在满足食品安全的条件下，对川台地和近村梯田实行精细密集性经营，形成以高效设施农业和特色农产品为中心的粮食作物、经济作物、饲料作物三元种植业布局结构；稳定退耕还林还草成果，发展商品性林草产业、畜牧业、经济林及其加工业；建设水土保持性和开发性生态林。

二是要推进农业产业化经营。变粗放耕作为集约化生态农业，实现农牧结合粮食自给。彻底改变粗放耕作制度，扭转广种薄收、轮荒滥垦的恶习，建设好基本农田，走精耕细作、农牧结合、集约化生态农业的道路。其关键措施是建好基本农田，实行精耕细作，并发展畜牧业，实现农业稳产高产。

3. 其他限制开发区和禁止开发区

一是加强生态环境建设。在项目建设和招商引资过程中，各级政府应当以保护环境为己任，把重大项目建设和流域治理、优化水资源配置和生态环境保护结合起来，促进水资源的合理开发、高效利用和有效保护。增加对重大生态环境治理的投入，以重大环境保护与建设项目为切入点，大力发展绿色制造业、服务业和环保产业。加大对"三废"污染治理的监管，严格控制污染排放物量。

二是要培育、扶植具有区域特色的农牧林果产业，如特色牧业、果蔬业，实现脱贫致富。大力发展工业，开展多种经营，因地制宜地发展各种种植业、养殖业、加工业及其他农村副业，加强商品生产和商品流通，逐步实现脱贫致富。一旦建立起良性的生态经济体系，有了自身的"造血"功能，就会大大加快治理速度，迅速改变其落后面貌。

三是适度进行生态移民。生态移民是一种通过向外输出人口来缓解资源枯竭和保护生态环境的手段。对限制开发区和禁止开发区，适度进行生

① 李建豹：《甘肃省县域经济差异变动的空间分析》，《经济地理》2011 年第 3 期。

态移民是保护与重建的一条有效途径。在生态脆弱的山地和荒漠边远地区可实行生态移民，有计划地搬迁到水土条件、生存环境较好的地区，减轻人口压力。发展非农经济，创造就业机会，引导丘陵山区的人口逐步向城镇、公路沿线、河川道转移。

四是推进小城镇建设。东西部差距不断拉大，其中一个重要原因在于城市发展的差距不断拉大。要通过户籍改革、发展非农产业和劳务输出，促进人口向小城镇转移。建设若干具有现代经济意义的城市，大力发展卫星城、小城镇，对于甘肃经济的快速发展具有重要意义。

三　战略功能定位与战略措施

(一) 发展特色经济要与经济结构战略性调整相结合

甘肃发展特色经济应与发达地区一样走产业升级之路，在发展的过程中适时地对原有的特色产业和产品结构进行调整和升级。在发展的过程中要制定合理的发展目标，要从竞争力相对较弱的现实出发。要选择可持续发展的特色产业；要对原有特色产业进行高起点的革新改造。延长产业链，提高产品附加值。注意培养特色经济的上下链相关产业，使其在区域上相对集中，在发展特色经济主导产业的同时加强对关联产业的扶持和帮助，大力发展第三产业。对于第三产业中的那些市场潜力大、附加值高的交通运输、房地产、证券交易、物业管理、旅游和服务业等在一定时期内实行倾斜。优化第三产业内部结构，使其在财源建设上发挥更大的作用①。

(二) 积极调整和制定当前的制度和规则，为特色经济营造良好的发展环境

（1）制定合理的自然资源产权制度，明确界定自然资源的所有权和使用权。合理的产权制度不仅可以提高资源的利用效率，而且有利于生态环境与经济发展关系相协调。自然资源的所有权与使用权相分离，坚持自然资源的有偿开发利用原则，实行低消耗、高产出的集约化，提高资源的

---

① 国务院：《关于印发能源发展"十二五"规划的通知》（国发〔2013〕2号），2013年1月1日。

利用率。

（2）明确企业产权制度。通过理顺企业与政府之间的关系，一方面，确立企业创新者和创新成果的直接关系，提高创新主体的积极性。另一方面，为特色产业科技创新提供了良好的制度环境。政府通过设立各种正式和非正式的制度安排，保护创新主体进行技术创新的积极性，可以进行基础设施和基础研究的投资，降低企业技术创新的壁垒。同时通过政策、制度、机制的设立可以尽可能快地将科研成果转化为经济成果，发挥功效。

（3）深化投融资体制改革，建立与甘肃经济相适应的新型投融资体制，实现投资主体多元化和融资渠道多样化。在硬环境建设上，加快基础设施和产业园区建设，以工业园和专业市场建设为主要载体和平台，吸引各类资本有效投入；在投资环境建设上，大力降低特色产业创业门槛，降低创业成本，提高服务效率，保护民间投资的合法权益，创建公平、公正、规范发展的良好政策环境。建立投资服务体系，为投资者提供有关投资政策法规和信息咨询服务，加强产业引导，避免盲目投资、重复建设。

（4）加快落后地区基础设施建设，以公路建设为重点，加强铁路、机场建设，强化邮电、通信和广播电视等基础设施建设，这对促进省内经济一体化与专业分工具有重要作用。

（5）重视培育和引导特色经济市场的发展。特色经济首先是市场经济，是以需求约束为特征的，要从市场需求的千差万别中选择具备发展优势的特色市场。由于特色经济的产品大多是多品种、小批量的生产方式，市场容量有限，市场需求变化快，因此在培育特色市场时，重点要放在如何发现有特殊需求的市场。从现实出发，首先要重视和培育的是本土市场，通过资源整合，组建集团，形成特色产品品牌。随着本土市场的不断完善和饱和，自身产业的不断壮大，再把眼光投入国内、国际市场上。

（三）增加教育投入，加强人才的培养、引进和开发

通过加快农村教育的发展，提高劳动力人口素质。进一步加大对农村义务教育和职业技能培训的投入，搞好农村九年制义务教育。利用政策和待遇，留住农村优秀教师，通过"支教"活动，向农村学校增派师资，缓解师资短缺的压力。加快农村职业技术教育，为特色经济发展培养掌握现代化技术和懂得管理经营的新型农民。

加快企业人事用工制度的改革，让企业在劳务市场上公开选聘自己所需要的劳动者和经营者。激励企业内部培训制度，为企业职工创造继续教育的条件。自办或联办技术培训中心，或选派优秀人员到大专院校、大企业学习深造，以保证企业职工掌握现代科学技术知识，使企业拥有一支具有一定知识、技术和管理水平的人才队伍。

作为省会城市，兰州是全省的政治、经济、文化中心。但令人遗憾的是，"十五"期间，这座重镇经济发展曾经落后于全省平均水平，在较长的一段时期，未能正常发挥其经济中心的带动作用。

我国"十一五"规划纲要第一次将国土空间划分为"优化开发、重点开发、限制开发和禁止开发"四类主体功能区。推进形成主体功能区，最终目的是推动实施区域发展总体战略，促进区域协调均衡可持续发展①。甘肃属于生态环境比较脆弱的地区，大部分地区被列为限制开发区和禁止开发区，严重的土地荒漠化和水土流失对全国的生态安全构成重大影响。同时，甘肃又是一个西部欠发达省份，经济社会发展比较落后，人民生活水平较低，面临着保护生态环境与发展经济的双重任务。

1. 功能定位

不同的功能区将对应不同发展定位和政策取向：优化开发区要成为带动全国经济社会发展的龙头和我国参与经济全球化的主体区域。重点开发区要搞好基础设施，促进产业集群发展，壮大经济规模，成为支撑经济发展和人口集聚的重要载体。限制开发区和禁止开发区的主体功能是提供全国或区域性的生态功能区，并要实行不同于其他主体功能区的区域政策和绩效评价体系。按主体功能区的定位，限制开发区要坚持保护优先、适度开发、点状发展，因地制宜发展资源环境可承载的特色产业，加强生态修复和环境保护，引导超载人口逐步有序转移。禁止开发区域必须实行强制性保护，控制人为因素对自然生态的干扰，严禁不符合主体功能定位的开发活动。

甘肃是我国国土空间上功能较为复杂的地区，而且也是生态、经济问题较多的区域。如何处理好经济区社会发展同自然保护区的关系，在加快经济区发展的过程中保护资源环境、防止生态破坏，特别需要科学划分主体功能区，制定差别化的区域政策，分类指导，实现生态、经济和社会各方面的统一和谐。

---

① 郁鹏、安树伟：《主体功能区建设与西部特色优势产业发展研究》，《生态经济》（学术版）2008 年第 1 期。

根据甘肃省发改委确定的主体功能区划初步方案，甘肃省兰州市四区和白银市白银区将被列为优化开发区；黄河沿岸地区、西陇海—兰新经济带的城镇相对密集地区以及陇东的煤炭和油气资源基地列入重点开发区；自然保护区、森林公园和天然林保护的范围列入禁止开发区；其余地区为限制开发区①。

2. 发展思路

甘肃地处黄河上游，区域内生态条件脆弱，这种地理环境决定了可持续发展应成为长期追求的目标，然而经济落后，文化教育事业不发达，要尽早摆脱贫困，还要大力发展经济，从而产生了"生态脆弱的欠发达地区经济发展的战略两难"问题。随着甘肃与发达地区间差距的拉大，这一问题愈显突出了。

限制开发并不意味着限制发展，禁止开发也不是禁止生存。在四大主体功能区划背景下，甘肃面临着十分严峻的提供生态产品和通过经济发展来脱贫解困的双重任务。面对主体功能区的划分，结合实际情况，甘肃的发展思路是：

第一，立足甘肃的支柱产业优势，发挥优势产业、培育特色经济。

第二，延伸资源导向型产业链，提高产品附加值，促进产业优化升级。

第三，发挥甘肃省独特的旅游资源优势，大力发展旅游业。加快旅游基础设施建设，突出文化品位，开发旅游产品，加大对外宣传，促进旅游业快速发展。

第四，发挥甘肃居于中国西北中心的区位优势，大力发展现代物流业。在继续发展传统服务业的同时，加快发展金融保险、物业管理、社区服务、咨询评估、会计审计、信息服务等现代服务业。

3. 发展路径

主导产业的选择要符合本区域所处的经济发展阶段，同样，各地应根据所处的不同经济发展阶段来确定发展相应的优势产业。

从发展经济学角度考察一个国家和地区所处的工业化阶段，其中最重要的参考依据就是人均 GDP 水平。

---

① 甘肃省人民政府：《关于印发白银市资源枯竭城市转型方案的通知》（甘政发［2009］68 号，2009 年 7 月 21 日）。

按照钱纳里多国模型Ⅰ，根据人均GDP水平，将工业化过程分为前工业化阶段、工业化初期、工业化中期、工业化后期和发达经济五个阶段。

表1-7　　　　钱纳里多国模型Ⅰ　工业化阶段的划分标准

指　标	人均GDP（美元）	工业发展阶段
	600—1200	前工业化阶段
	1200—2400	工业化初期
划分尺度	2400—4500	工业化中期
	4500—7200	工业化后期
	7200—10800	发达经济阶段

根据这一划分标准，2009年甘肃省人均GDP为人民币1888元，按汇率折算（1∶6.83）为2764美元，处于工业化中期阶段。

2009年甘肃省87个市县区中，仅嘉峪关市、金川区和肃北县3个市县区达到发达经济阶段；仅西固区、白银区、阿克塞县和玉门市4个市县区进入工业化后期阶段；城关区、七里河区、红古区、平川区、肃南县、敦煌市和华池县进入工业化中期阶段，占8.1%；永登县等21个市县区仍处于工业化初期阶段，皋兰县等52个市县区仍处于前工业化阶段，分别占甘肃省的24.4%和60.5%。可见，甘肃省近85%的市县区处于工业化初期阶段和前工业化阶段，所处的发展阶段较低。

第二章 典型经济区域产业发展现状与特色

一 兰州新区发展现状研究

(一) 兰州新区简介

兰州新区地处兰州、西宁、银川黄河上游城市群的中间位置,距兰州市区 38.5 公里,距西宁 198 公里,距银川 420 公里。兰州新区核心区规划建设面积 246 平方公里。规划范围涉及永登县的 4 个乡镇(中川镇、秦川镇、上川镇、树屏镇),皋兰县的 2 个乡镇(西岔镇和水阜乡),73 个行政村,现有总人口约 11 万人。地处中国大陆版图几何中心的兰州,堪称丝绸之路经济带黄金通道上的核心节点。兰州坐中四连、交通便利,具有集聚各类生产要素、发展现代物流仓储服务、加快对外贸易流通的独特区位优势,是区位最佳、人口最多、经济实力最强的节点城市,客观上承担着"中转站"和"主阵地"的作用;在能源化工、装备制造和生物技术方面基础雄厚,具有同中亚各国合作的产业技术优势;高等教育和科研资源相对密集,具有打造西部人才高地、发展战略性新兴产业、加强对外技术交流合作、提高自主创新能力和产业竞争力的智力及研发优势。良好的开发承载力和投资吸引力将为打造向西开放战略高地提供坚实基础。而兰州新区更是向西开放的前沿阵地,具有发展内陆外向型经济、加快向西开放开发的比较优势,在建设丝绸之路经济带中可以大有作为。而作为西北地区第一个国家级新区,兰州新区地处兰州、西宁、银川三个省会城市共生带的中间位置,规划面积 806 平方公里,是国家规划建设的综合交通枢纽,也是甘肃与国内、国际交流的重要窗口和门户。在战略定位上,兰州新区瞄准西北地区重要的经济增长极、国家重要的产业基地、向西开放的重要战略平台、承接产业转移示范区等目标，明确提出建设中要突出经济结构战略性调整，转变经济发展方式；突出产业特色和节能环保，深入推进循环经济示范，构建现代产业体系；突出对内对外开放，培育内陆开放型经济；突出改革创新，建设成为科学发展新区、生态示范新区和产业转型升级新区①。

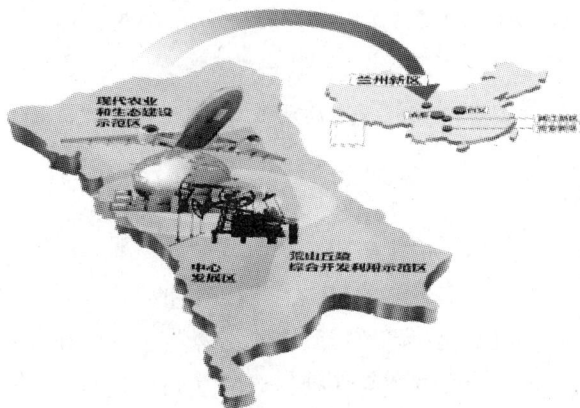

图 2 – 1 兰州新区规划图

2010 年 5 月，国务院办公厅印发了《关于进一步支持甘肃经济社会发展的若干意见》，明确提出"积极推进兰州新区发展"。2010 年 7 月，成立了兰州新区党工委、管委会筹委会。2011 年 2 月，兰州新区党工委和管委会正式挂牌，兰州新区建设全面启动。2012 年 8 月，兰州新区成为国务院批复的第五个国家级新区，也是西北地区的第一个国家级新区，明确了兰州新区作为西北地区重要的经济增长极、国家重要的产业基地、向西开放的重要战略平台、承接产业转移示范区的功能定位。2013 年 4 月，兰州新区综合保税区将开工建设，并力争年内得到国务院的批复。这将是一个特色鲜明、功能完备、产业聚集，在国内具有重要影响的海关特殊监管区域。同时，兰州新区将依托兰州作为全国九大物流区域、21 个物流节点城市、十大物流通道的优势，加大现代物流运输网络建设，努力

---

① 《建设丝绸之路经济带 兰州新区将打造向西开放战略高地》，人民网，2013 年 11 月 3 日。

把兰州新区打造成丝绸之路经济带向西开放的重要战略平台。

（二）兰州新区的发展优势

兰州新区经过近年来的开发建设，已初步形成空港循环经济产业基地、国家石油战略储备库、吉利汽车等一批产业项目，具有良好的产业发展条件和发展潜力。发展目标是：到 2015 年，兰州新区城市框架及相关配套服务体系基本建成，交通及市政设施相对完善，生态环境显著改善，具备较强的集聚效应和要素资源吸纳能力，产业集聚发展，初步探索形成以城带乡和欠发达地区实现跨越式发展的新模式。到 2020 年，基本建成特色鲜明、功能齐全、产业集聚、服务配套、人居环境良好的现代化产业新区。

1. 环境优势

区位优势：兰州新区位于兰州 1 小时都市经济圈，地处兰州北部秦王川盆地位置，在西北五省区具有"坐中四连"的区位优势，距兰州市 60 公里、白银市 80 公里、西宁市 195 公里，是欧亚大陆桥的重要连接点，可谓占尽地利。区域内交通比较便捷，既有兰州中川机场，也有国道 312 线、国道 109 线、省道 201 线以及连霍高速、京藏高速等多条公路交通干线和高速公路与之相连，交通、通信等基础设施条件较好。

土地资源优势：兰州新区土地集中连片，平坦开阔，价格低廉，为兰州周边地区供地价格最低的产业基地。储备熟地 4000 亩，可为项目建设提供充裕的土地资源。区域内和周边地区有大量未利用土地和海拔较低的荒山丘陵，为未来发展和生态建设提供了充足的后备土地资源。

水资源优势：国家大型二级自流灌溉水利工程——设计水量 32 立方米/秒，年设计引水量 4.43 亿立方米，年引水量达 10.09 亿立方米的"引大入秦"工程为产业基地长期发展提供了充足优良水源。其中，尖山庙水库已成功实现蓄水。作为第二水源，该区域地下水资源总量达 0.54 亿立方米，可满足各类项目用水需求。以"引大入秦"工程为主、黄河提灌工程为补充的供水体系全部建成投入运营后，完全能够满足新区建设用水需求。

电力资源优势：兰州新区电力资源丰富充裕，周边 30 公里范围内，分布着不同电压等级和容量的 6 座变电站（所），具有扩容增容的便利条件，新建 110 千伏变电所已投入使用，可为项目建设提供充足的电力供应保障。

交通运输优势：中川机场和高速公路是兰州新区对外交通的主要依托。中川机场已开辟 30 多条通往国内外的空中航线，使产业基地具备甘肃其他地区无法比拟的航空交通条件。同时对外公路交通十分便捷，基地毗邻机场高速公路、省道 201 线、龙泉至中川县级公路，基地快速干道网与现有公路有机结合，形成了通往兰州、西安、白银、新疆、西宁等地的快速交通系统。

2. 政策优势

根据国务院的批复和原则同意的《兰州新区建设指导意见》，省政府先后制定了《关于加快推进兰州新区建设的指导意见》、《关于支持中央和省属在兰州市区工业企业向兰州新区拓展的意见》、《关于明确对兰州新区财政管理体制的意见》等政策措施，省、市安排 12 亿元专项资金支持兰州新区建设。兰州市制定了支持新区发展的实施意见和多项具体政策措施。确定在以下几个方面给予兰州新区政策扶持：

支持体制机制创新。允许和支持兰州新区在行政管理体制、涉外经济体制、社会管理体制、技术创新和服务体系、促进民营经济发展等方面先行先试，为推动兰州新区建设提供体制动力和保障。

实施差别化土地政策。兰州新区规划建设用地指标纳入兰州市新一轮土地利用总体规划。新区范围内的耕地占补平衡在全省范围内统筹解决。在严格保护耕地和节约集约用地的前提下，鼓励新区开发利用未利用土地，允许在土地开发整理和利用等方面先行先试。

加大基础设施建设与生态环境保护支持力度。对兰州新区调蓄水库、供水、城市道路等基础设施建设给予优先安排和重点支持。对兰州新区基础设施建设项目适当降低资本金比例要求。探索建立黄河流域生态补偿机制，加强黄河上游生态保护和修复。将兰州新区北部防护林网和南部林业带纳入国家三北防护林建设体系，支持兰州新区建设国家级湿地保护区。

优先布局重大项目。国家在重大项目布局上给予兰州新区重点支持，对兰州老城区搬迁改造进入新区的企业按照有关规定予以政策扶持，对承接产业转移项目和社会资本在兰州新区建设的重大项目优先核准，支持兰州新区产业发展。甘肃省人民政府可根据实际工作需要，将相关经济管理权限下放给兰州新区。

加大金融支持。鼓励和支持符合条件的金融机构在兰州新区设立分支机构，引导银行业金融机构在防范信贷风险的前提下，进一步加大对新区的信贷支持力度。鼓励金融机构创新金融产品与服务方式。在符合相关监管要求和有效防范风险的前提下，鼓励兰州新区以市场化运作方式建立健全各类投融资主体。

3. 规划编制优势

编制完成了《兰州新区总体规划》，核心区控制详规以及道路、给水等18个专项规划已编制完成。编制了新区"十二五"经济社会发展规划纲要以及产业、物流园区、现代农业示范区、人才引进规划。循环经济、社会事业发展等规划正在编制。

在基础设施建设方面。累计完成固定资产投资246亿元。覆盖80平方公里区域的"四纵四横"50公里城市主干道路、水阜至秦王川快速通道即将竣工通车；尖山庙、石门沟水库建成蓄水，110千伏源泰变电站投入使用，天然气工程通气点火，核心区供水、供电、供气体系基本形成；综合服务中心、保障性住房等公共服务设施加快建设；完成造林绿化面积4.35万亩。

4. 招商引资和产业培育优势

引进招商引资项目90个，总投资707亿元。其中：兰州吉利汽车扩能改造、大成自动化等8个项目基本建成；中铁建高端装备制造、三一重工等39个项目正在建设。全面启动"出城入园"工作，兰通、兰电等新区搬迁项目开工建设。第十八届兰洽会新签约项目24项，投资总额225亿元。在获批建设一年来，兰州新区着力大招商，招大商，项目建设保持强劲增长势头：围绕建设现代新型产业区，重点发展石油化工、装备制造、新材料、生物医药、电子信息、现代农业、现代物流仓储服务业七大产业。截至2013年8月底，兰州新区已引进产业项目181个，总投资1846.2亿元，先后引进了吉利汽车、中国铁建、重庆四联、三一重工、绿地集团、正威国际等世界500强、国内500强和民营500强企业24家，产业配套发展能力进一步增强。

5. 管理体制优势

兰州新区党工委、管委会下设10个工作部门，承担新区管理的基本职能。设立了新区政务大厅，实行"一站式办公、一个窗口对外"的招商服务模式。设立了金融、税收、公安、社会保障等办事或分支机构，被征地农民养老、新农合、就业培训等社会保障工作全面展开。目前，兰州新区建设初显规模，城市框架初步形成，综合服务体系逐步建立，产业集聚效应开始显现，为加快推进新区建设奠定了良好基础。

（三）兰州新区发展方向与前景规划

兰州新区总体规划将新区划分为"两带一轴"。"两带"即四十公里黄河风情线，"一轴"即西宁和银川的轴线。新区是兰州、西宁和银川三个省会城市的中间地带，是国家规划建设的综合交通枢纽。建设中要突出经济结构战略性调整，转变经济发展方式；突出产业特色和节能环保，深入推进循环经济示范，构建现代产业体系；突出对内对外开放，培育内陆开放型经济；突出改革创新，建设成为科学发展新区、生态示范新区和产业转型升级新区。西北地区重要的经济增长极、国家重要的产业基地、向西开放的重要战略平台、承接产业转移示范区。

根据国务院《关于同意设立兰州新区的批复》精神，兰州新区的战略定位为：

一是西北地区重要的经济增长极。以新区建设为契机，调整城市空间结构，带动产业转型升级，促进新区与老城区联动发展、整体提升，实现新区建设与产业升级"双轮驱动"、协同推进，把兰州市建设成为西北地区重要的经济增长极。

二是国家重要的产业基地。依托兰州加工制造产业基础雄厚和人才智力资源密集的优势，发挥大项目龙头带动作用，集聚发展关联配套产业，将其建设成为国家重要的装备制造、石油化工和生物医药产业发展基地。

三是向西开放的重要战略平台。发挥兰州市作为西北内陆地区综合交通运输枢纽与现代物流中心的作用，积极拓展经贸、文化交流，建立广泛的合作机制，建设成为面向中亚、西亚的区域性国际交流战略平台。

四是承接产业转移示范区。因地制宜合理确定承接重点，着力引进具有市场前景的产业和技术装备先进的企业，着力推进产业升级和科技创新，优先发展先进制造、资源深加工和高新技术产业。

二　天水循环经济发展研究

（一）工业发展

1. 工业经济总体呈平稳增长态势

截至 2012 年上半年，规模以上工业企业累计完成工业增加值 21.01

亿元,同比增长 9.5%;销售产值达 53.84 亿元,同比增长 5.2%;实现主营业务收入 46.77 亿元,同比增长 3.9%,可见,天水市循环经济发展中,工业经济的发展呈平稳增长的发展态势。

2. 工业领域优势产业集聚壮大

天水市按照"突出一个振兴,建设一区多园,发展六大集群,壮大县域经济"的思路,以"关中—天水经济区"建设为契机,以建设西部装备制造业聚集城市为目标,全力实施振兴装备制造业"12341"行动计划;依托重点企业,围绕循环经济理念,全面延伸机械制造、电工电器、电子信息产业链,现已初步建成星火机床、长城电工电器和华天电子三大生态产业园区。着重协作发展配套企业,完善企业间资源综合利用及副产品、废弃物循环利用的生态模式,逐步提升了传统优势产品生产规模及品质,在新产品研发力度,开拓延伸机械制造、电工电器和电子信息循环经济产业链时,积极推行清洁生产,引进高新技术企业和项目,现已初步形成循环生产小链条。

3. 主导产业发展情况良好

天水市在发展循环经济的过程中依托装备制造产业优势,将机械制造、电工电器、电子信息等产业列为天水市经济发展的主导产业,全力打造装备制造业循环经济链。形成了机械制造循环经济产业链、电工电器循环经济产业链、电子信息循环经济产业链、废旧电子电器回收利用产业链。这些链条的逐步形成为天水市经济社会各领域提供先进设备和技术保障,对区域循环经济的整体推动具有重要意义。

4. 工业项目引进工作初具成效

2011 年全市引进工业项目 206 项,总投资额达到 226 亿元;2012 年全市引进工业项目 216 项,总投资额达到 259.98 亿元。其中:组织申报循环经济各类项目 48 个,总投资 9.73 亿元,获得国家及省补助资金 5886 万元①。

5. 传统优势产业迅速发展,新兴产业迅速发展

天水市在发展循环经济的过程中,注重传统优势产业的发展,通过优势产业来提高企业在激烈市场上的竞争能力,同时,尽最大力量发展新兴产业。目前,天水市已经形成了以蔬菜加工、畜禽制品为核心的循环经济

① 参见《天水市循环经济发展规划实施方案》。

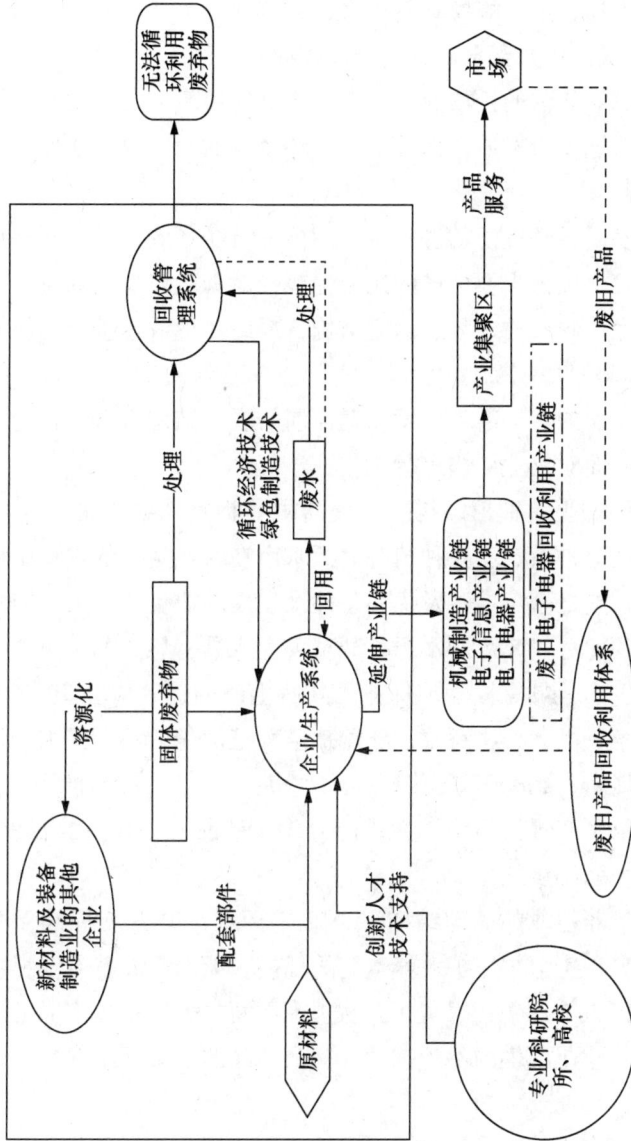

图 2-2　天水装备制造业循环经济总体发展框架

发展体系，天水市全市的各种加工企业不断提高自身的生产经营能力，通过引进国内外先进的生产技术、先进的生产设备，来不断完善产品的科技含量，提高产品的附加值。以医药行业为例，目前天水市的医药生产经营企业数量不断增加，生产规模不断扩大，并有部分医药企业获得国家药品生产管理 GMP 认证，如天水市的金维莎药业等。

为了减少二氧化碳的排放量，天水市积极使用新能源来发电，从而促进了能源产业的进一步发展，为天水市循环经济的发展提供了保障。

（二）农业

天水市在发展循环经济的过程中，积极推行循环农业的发展，从农业的市场需求出发，发挥农业生产的比较优势，对天水市当前的农业结构进行调整，合理优化农、林、牧、渔的结构，最终实现农业生产的优化。

1. 农场基础现状

天水市从农业的市场需求出发，对当前的农业结构进行调整优化。主要从以下三个方面对农业结构进行优化：

第一，优化农业的种植结构。在提高主要粮食作物单位产量的基础上，大力发展蔬菜种植、花卉种植等。天水市在农业生产的过程中根据各个地区自身的自然地理条件以及优势条件来发展农业生产，天水市的渭河流域拥有平坦的地势、充足的水源，其蔬菜生产具有悠久的历史，可见渭河流域在蔬菜生产上具有极大的优势，其所生产的蔬菜曾在 2006 年被甘肃省列为全省第一批无公害蔬菜，随着蔬菜种植面积的不断扩大，蔬菜生产质量也不断提高，到 2012 年年底，天水市已经建立了多个无公害蔬菜生产基地，蔬菜生产规模不断扩大，部分蔬菜产品已经树立自己的品牌，比如秦州太京大蒜等。

第二，优化养殖业的养殖结构。2012 年天水市共发展标准化畜禽养殖小区 850 个，在各个村庄扩大养殖业的规模。天水市养殖专业村所养殖的畜禽品种有猪、羊、牛、家禽，养殖规模不断扩大，畜禽产品的质量不断提高。随着养殖业规模的不断扩大，畜禽产品的品种不断改良，养殖结构进一步优化。

第三，完善农业基础设施建设。通过对农业生产结构的优化，天水市的农业得到迅速发展，截至 2011 年年底，天水市种植业产业为 91.56 亿元，与 2010 年相比，增长 7.32%；牧业产值 15.88 亿元，与 2010 年相比，增长 4.91%；林业产值 2.39 亿元，与 2010 年相比，下降 3.78%；

渔业产值 0.09 亿元，与 2010 年相比，增长 8.07%。全年实现农林牧渔业增加值 67 亿元，比上年增长 7.6%。

2. 特色农业布局

天水市充分发挥渭河流域农业优势，以生物质能开发为纽带，推进粮食、蔬菜、中药材种植、林果栽培及畜牧养殖联动发展；加快蔬菜基地、林果、中药材种植基地和畜牧养殖基地建设，推动南北两山绿化、小流域综合治理、生态家园富民工程、乡村清洁工程等项目实施。以实现农业节水、节肥、节药等"九节一减"为核心，全面推行节约型农业先进适用技术及模式，提高农作物秸秆、农膜、畜禽粪便等农业废弃物及农村生活垃圾循环利用率，构建生态农业循环经济产业链，2011 年被国务院评为国家级循环经济农业园区。

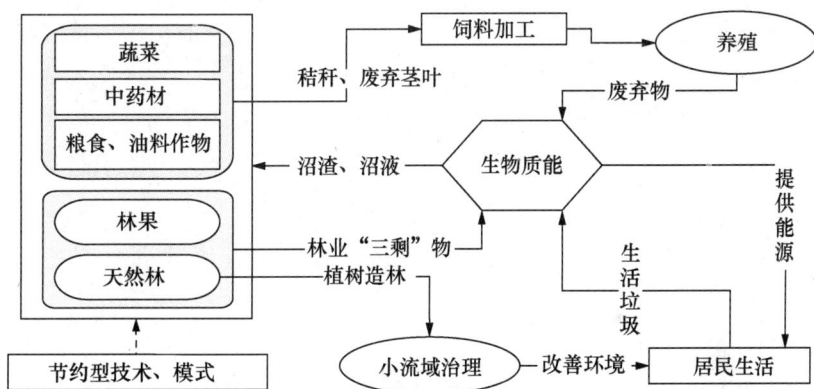

图 2-3　生态农业循环经济产业链示意图

（三）服务业

1. 消费品零售总额迅速增长

在循环经济的发展下，天水市的消费品市场非常繁荣，2011 年消费品零售总额达到 150.08 亿元，与 2010 年相比，增长 19.5 个百分点。与 2010 年相比，住宿和餐饮业零售额增长 32.3 个百分点；批发业零售额增长 10.66 个百分点；零售业零售额增长 34.3 个百分点。天水市的对外贸易规模不断扩大，进出口总额不断增长。

2. 现代服务业快速发展

第二产业制造业的迅速发展，带动了第三产业现代服务业规模的扩大，在这个大背景下，金融保险、咨询、物流等现代服务业迅速发展起来。以天水市的货物运输业为例，2011 年天水市的货运量为 1577 万吨，与 2010 年相比，增长 17.7 个百分点；货运周转量 341331 万吨公里，与 2010 年相比，增长 21.68 个百分点。

3. 旅游收入持续增长

依托丰富的自然、人文旅游资源，天水积极融合陇东南、陇东、关中—天水经济区等区域"大旅游、大产业、大市场"发展体系，以及"丝绸之路专线游"、"石窟专线游"、"寻根祭祖专线游"等优势旅游线路，充分发挥了旅游资源优势，近年来旅游消费持续增长，2011 年，天水市游客人数达到 850 万人，与 2010 年相比，增长 0.98 个百分点；旅游收入 45.1 亿元，与 2010 年相比，增长 24.8 个百分点。

在发展循环经济的经济发展模式下，为了减少旅游业发展过程中的碳排放量，实现循环经济的可持续性发展，天水市倡导发展低碳旅游。所谓低碳旅游是指在旅游系统运行过程中，应用低碳经济理论，以低能耗、低污染、低排放为原则开发和利用旅游资源与环境，实现资源利用的高效低耗与对环境损害最小化的全新旅游发展方式[①]。简单地说，低碳旅游是一种新形式的环保旅游，既可以实现既定的经济利润，又可以保护生态环境。天水市发展低碳旅游，可以对其循环经济的发展起到一定的促进作用。

（四）资源环境

我们通常所说的资源环境主要包括水文与水资源环境、土地资源环境、矿产资源环境、旅游资源环境以及环境质量等。天水在发展循环经济时，也非常重视资源环境对循环经济发展所起的重要作用。天水市对资源环境的利用主要体现在以下几个方面：第一，充分利用丰裕的水资源来发展循环农业。天水市拥有丰富的水资源，主要有渭河水系和嘉陵江水系，农业发展离不开水资源，天水市利用丰富的水资源进行粮食作物、蔬菜作物以及经济作物的种植，近几年来种植规模不断扩大，丰富的水资源为种植业的发展提供了保障。第二，天水市的人口众多，土地面积 1.43 万平方公里，充分利用丰富的土地资源来发展蔬菜种植、粮食种植、中草药种植，扩大种植业的规模。第三，天水具有丰富的矿产资源，目前已探明的

---

① 李忠民：《中国关中—天水经济区发展报告》，社会科学文献出版社 2011 年版，第 113 页。

矿产资源达到 35 种，可为循环经济的发展提供资源。第四，天水市历史文化悠久，有丰富的旅游资源，目前该市有 228 个旅游景点。随着循环经济的发展，天水市把生态环境改善放在经济发展的首要地位，通过发展低污染、低碳排放的企业来改善环境质量，取得了一定的成效。

（五）天水循环经济发展中存在的问题

1. 缺少政策法规、产业政策体系的支持

当前，在循环经济发展的新经济发展模式下，国家为了促进循环经济的快速发展，出台了《循环经济促进法》，希望从法律的高度将发展循环经济确立为我国经济社会发展的重大战略，但是与《循环经济促进法》相配套的法规政策尚未制定。发展循环经济是一项非常复杂的工程，需要法律为其发展提供保障。目前，发展循环经济相关的产业、税收、土地、技术、信贷以及市场准入等政策都不完善，循环经济发展的统计监测、考核制度、考核标准尚未形成标准体系。

从天水市循环经济发展的现状来看，天水目前尚未形成循环经济发展的法律框架，循环经济发展缺少政策法规的支持，可操作性不强；关于循环经济发展的相关法律之间存在着严重的矛盾，配套法规不到位，缺少循环经济发展的强制性标准等技术法规。目前天水市在制定法律法规的过程中，脱离现实，所建立的法律法规对循环经济的发展所起的作用不大。在循环经济的发展过程中，"有法不依，执法不严"的现象比比皆是，导致在经济的发展中出现严重的环境污染现象和资源浪费现象，无法实现循环经济发展"低污染、低碳排放、高效率"的根本目标，阻碍了循环经济的可持续性发展。

2. 产业分布的不完善

从发展循环经济的产业布局来看，天水市循环经济发展的产业分布不完善。目前，天水重点发展机械制造、电工电器、医药食品、商贸旅游等产业，通过发展环境污染低、碳排放低的产业来改善天水的生态环境。以工业布局来看，天水工业着力打造以沿渭河为发展轴，麦积—秦州组团和武山—甘谷组团为双核，秦安—三阳新区组团和清水—张家川组团为两翼的"一轴双核两翼"产业空间分布格局。天水工业区的分布比较集中，产业分布不完善，无法促进各个地区的协调发展。

天水市产业布局呈现以下特点：第一，产业总体分布呈非均衡状态。第二，产业布局基本体现区域的资源特点和地理区位。第三，优势特色产业和块状经济集群初步凸显。这种产业布局导致产业分布存在着各种各样的问题，比如天水市的各个经济区域分工不明确，产业同构现象较为严重；产业分布呈现出"宏观集聚、微观分散"的现状、企业在生产经营过程中对资源的利用效率差，污染严重，严重阻碍了天水市循环经济的可持续发展。

天水要促进循环经济的发展，必须构建完善的循环经济产业体系，使各大产业之间协调发展。在强化天水优势产业的基础上，推动装备制造、特色农副产品加工、能源化工和新型建材四大工业主导产业以及生态农业、现代服务业的协调发展，构建循环经济发展的核心产业链体系[①]。

3. 产业链延伸力不足

天水市在发展循环经济的过程中，重视构建循环经济发展的核心产业链体系，把循环经济的"低污染、低碳排放、高效率"的发展理念贯穿到三大产业的发展过程中，构建了循环经济发展的 12 条产业链，包括机械制造、电子信息、废旧电子电器回收利用、蔬菜精深加工等产业链，但是产业链的延伸力不足，无法促进循环经济的发展。近几年来，天水市的循环经济在原有的基础上得到了进一步的发展，但企业之间或企业内部的产业链链条较短，导致经济发展总体水平不高，促进循环经济发展的大循环产业链尚未建立。以天水市麦积区九龙山畜禽业公司为例，随着循环经济发展的政策扶持，该企业在原有的生产规模上不断扩大，随着经营规模的扩大，对饲料的需求量迅速增加，但是由于麦积区没有饲料加工厂，企业不得已选择从外地购进饲料，导致生产成本增加，成本的增加直接制约了企业的进一步发展，使其在市场竞争中失去价格优势。

产业链的延伸对天水循环经济的发展起着至关重要的作用，通过产业链延伸，有利于增强企业的竞争优势；有利于推动企业的产业结构调整；有利于产业布局的合理等。所以，天水要保持循环经济的持续、快速、健康发展，必须优化循环经济发展的产业链体系。

4. 企业的市场主体地位不突出

天水市循环经济的发展对于技术的重视程度远远高于对制度的重视程度，一味地追求企业发展中产品的科技含量与产品附加值，而忽视了对制度的构建，在制度上没有把循环经济的发展纳入市场经济的发展体系中，

---

① 李忠民：《中国关中—天水经济区发展报告》，社会科学文献出版社 2011 年版，第 135 页。

导致企业的市场主体地位不突出，阻碍了循环经济的持续发展。

要促进循环经济的发展，必须构建适合循环经济发展的制度体系，通过制度体系来体现企业的市场主体地位，比如说激励机制。这里所说的激励机制包括企业资源再生利用的激励机制，节约使用资源的激励机制，有效的技术支持机制，等等。通过激励机制，可以使天水在发展循环经济时，既实现经济利润，又保护生态环境的发展，发挥企业的市场主体地位，在参与国内、国际市场的激烈竞争时，利用市场主体地位来取得竞争的成功，在竞争市场上占有一席之地。

（六）天水循环经济发展中存在的问题的原因分析

1. 制度障碍阻碍了天水循环经济的发展

天水市在发展循环经济时，从环境保护入手，仅仅局限于环境保护部门，与发展循环经济的宗旨相背离。循环经济的发展宗旨是既实现经济利益，又不损害生态环境。如果在经济发展过程中，只重视保护生态环境，不重视经济利益的实现，将使企业陷入经济发展的困境，制约经济的进一步发展。与此同时，政府对循环经济发展的政策支持力度不够，发展循环经济需要政府从各个方面对企业进行政策优惠，比如税收优惠、政府补贴等，通过政策扶持来促进循环经济的发展，而目前天水市政府对循环经济的扶持力度有限。

从法律保障来看，天水市尚未建立真正意义上的循环经济发展的地方性法规，为了促进天水循环经济的发展，甘肃省出台了《甘肃省循环经济发展规划》、《甘肃省发展循环经济实施方案》和《甘肃省循环经济总体规划》等发展规划方案，但是没有从法律上为规划方案的实施提供有效保障，无法激励企业保护环境的意识，无法实现环境与经济的和谐发展，在法律法规不健全的现状下，企业为了获取巨额的经济利润必将以牺牲环境为代价换取经济利益的实现，最终无法实现循环经济发展的目标。

2. 指标体系缺乏阻碍了天水循环经济的发展

发展循环经济是一项非常复杂的系统工程。要实现循环经济的科学、合理发展，必须建立一整套完整的指标评价体系，通过指标评价，来分析循环经济的发展程度。所以，建立循环经济发展的科学指标评价体系，有利于实现天水循环经济的长远发展。而目前，天水在发展循环经济过程中，缺乏科学的指标评价体系，不利于循环经济的发展，导致循环经济发展的成效不大。

科学的指标评价体系的建立，应该建立相应的数据信息资料，利用数据与指标的综合分析，来为循环经济的发展提供依据。目前，天水市的大多数企业采用企业定额和企业标准对循环经济的发展进行考量，考量标准不一致，也很难对相同行业的不同企业的发展水平进行比较。天水市的很多企业对于循环经济发展的耗能、碳排量要达到什么标准不明确，对于企业发展循环经济的具体指标评价体系不明确，所以，指标体系的缺乏严重阻碍了天水市循环经济的发展。

3. 技术支撑对天水循环经济发展的制约

科学技术在企业的发展过程中起着非常重要的作用，科学技术能够促进企业生产效率的提高，能够提高企业产品的市场竞争能力等。天水市循环经济的发展，需要利用先进的生产技术来实现资源等的综合利用。众所周知，循环经济是在物质的循环、再生、利用的基础上发展起来的一种经济新模式，建立在资源回收和循环再利用基础上。要实现物质的循环、再生和利用，需要借助于先进的科学技术。

循环经济的最终实现，需要依靠各种各样的技术支持，比如说清洁生产技术、废物回收和再循环技术、污染治理技术、环境监测技术以及预防污染的工艺技术，等等。只有建立有效的技术支持体系，才能促进循环经济的发展，实现循环经济的发展目标①。目前，天水市经过几年时间的发展，循环经济在资源节约和循环再利用上取得一定的成效，但是从循环经济发展的总体水平来看，仍然缺乏经济发展的关键技术支撑。同时，由于天水市位于我国的西部地区，经济发展水平比较落后，缺乏发展循环经济的大量资金投入，使得对技术研发资金的投入力度不够，发展循环经济的技术仅仅依赖于技术引进，缺乏技术的自主创新能力，阻碍了循环经济的发展。

4. 企业生产规模对天水循环经济发展的制约

产业集群是天水市发展循环经济的有效载体，要实现天水市循环经济的发展，必须进行产业集群的转型，摒弃传统产业集群中的"高污染、高碳排放"的发展模式，实现资源利用与生态环境的和谐发展。构建"低污染、低碳排放、高效率"的新型产业集群，对天水市循环经济的发展意义重大，天水市可以依托产业集群建立生态工业园，从而降低循环经

---

① 李忠民：《中国关中—天水经济区发展报告》，社会科学文献出版社2011年版，第201页。

济的发展成本、减少资源排放对环境产生的污染，为循环经济的发展提供动力。

从经济发展的结构来看，天水市的各个区域既有共同的优势产业，又有区域性的优势部门，为产业集群的构建创造了条件，但是，由于受天水市自然条件、产业结构、企业自身发展现状等各种因素的制约，新型产业集群构建后产生的集群效应尚不明显，无法实现企业集群的预期效果，究其原因在于天水市企业规模普遍偏小、企业生产经营比较分散，企业的生产规模严重阻碍了循环经济的发展，无法实现产业集群下的规模经济效益和集聚经济效应，难以很快促进循环经济的进一步发展。

（七）天水发展循环经济的主要对策

1. 认真贯彻利用相关部门出台的税收优惠政策

天水在发展循环经济时，首先要对国家、甘肃省出台的关于资源综合利用和废旧物资回收经营等税收优惠政策有所了解，如2009年1月1日《循环经济促进法》的颁布，从法律的高度将发展循环经济确立为我国经济社会发展的重大战略，了解发展循环经济的各种税收优惠政策，充分利用各种税收优惠政策来帮助天水发展循环经济，甘肃省在鼓励天水发展循环经济的过程中，要不断加大政府相关部门的执法力度、监督力度与检查力度，将循环经济的发展纳入法制化的轨道，用法律法规来为循环经济的发展保驾护航。

2. 调整、落实投资政策，加大对天水循环经济发展的资金支持

甘肃省政府在扶持天水发展循环经济的过程中，要不断调整、落实投资政策，加大对循环经济发展的资金支持。甘肃省政府已经把循环经济放在了经济发展的重要地位，为落实循环经济的发展，自2004年起甘肃省出台了《关于加快发展循环经济的实施意见》、《甘肃省发展循环经济实施方案》、《甘肃省循环经济总体规划》等文件，在文件中提出了落实循环经济发展的投资政策。

资金是经济运行的保障，为了促进天水循环经济的可持续性发展，政府应该强化对天水循环经济的资金投入力度，利用贷款优惠、贷款财政贴息等优惠方式来带动循环经济的发展；政府要为天水循环经济的发展拓宽融资渠道，通过多种渠道、多种方式来为循环经济发展提供资金保障；政府可以通过设立专项资金来强化对循环经济的投资力度，同时，各县区在发展循环经济的过程中也可以根据自身的实际情况来设立专项资金；政府要对金融机构进行引导，通过制定优惠政策，鼓励金融机构对循环经济发展的重点项目进行投资，从而从资金上保障循环经济的更好发展。

3. 深化价格改革机制

深化价格改革，通过对水、油、电、气等的价格进行政策调整，更好地发挥市场配置资源的基础性作用，从而促进循环经济的稳定发展。当前，对资源性产品的价格进行改革，既能完善我国当前的社会主义市场经济的发展，又能提高市场资源的配置效率，同时也是推动天水市节约能源，减少碳排放量，促进转变经济发展方式的迫切要求。

天水市可以通过价格改革来发展循环经济，通过以下措施来调整价格：第一，对电力和煤炭价格进行调整，通过价格调整引导居民合理用电，节约用电；第二，对成品油的价格进行调整，进行燃油税费改革；第三，调整天然气的价格；第四，对水价进行改革，通过阶梯式水价来引导居民合理用水，防止过度浪费等。

4. 完善财政与税收政策

进一步完善天水市的财政政策，通过财政政策的调整来促进循环经济的发展。天水市的经济发展水平比较落后，导致人民的收入水平不高，发展循环经济，必然会对阻碍循环经济发展的产业进行淘汰，影响人民的收入水平。中央可以通过财政补贴的方式对淘汰产业造成的地方财政收入的减少进行补贴，建立循环经济发展的新型产业，为他们提供就业岗位，从而提高他们的收入水平，进而提高当地居民的生活品质，最终将促进循环经济的良性发展。

对新建产业采取政策扶持，通过税收优惠来帮助天水市循环经济的发展，通过建立环境治理恢复保证金制度等来改善天水的生态环境质量，为循环经济的可持续性发展提供保障。

5. 加强区域合作，发展产业集群

随着全球经济的快速发展，在全球经济一体化的大背景下，产业集群作为一种全球性的经济现象，近几年来发展迅猛，在国际竞争中发挥着越来越重要的作用，甚至成为体现一个国家国际竞争力的重要经济组织形式。当前，中国在世界经济中发挥着越来越重要的作用，顺应世界经济的发展潮流，中国必然重视产业集群的发展。近几年来，随着中国区域经济的快速发展，发展产业集群成为增强区域经济竞争力的至关重要的途径。

天水在发展循环经济时，可以从资源、环境的角度来推动产业集群的转型发展，从而实现循环经济的可持续性发展，降低经济发展对环境造成的污染，发展低耗能、低碳排放量的现代服务业等产业，实现经济与环境的和谐发展。

为了突破资源环境对循环经济发展的制约，可以通过发展产业集群来发展循环经济，根据产业集群的发展趋势，来实现有利于循环经济发展的产业集群转型。天水在发展循环经济时，可以通过以下几种方式来实现产业集群的转型：

（1）以生态工业园为载体，促进产业集群的可持续性发展

生态工业园是实现产业集群可持续性发展的有效形式，是实现循环经济可持续发展的保障。当前，天水可以依托构建生态工业园来为循环经济的发展提供保障。培育和构建有利于循环经济发展的产业集群，真正实现循环经济发展的"低污染、低耗能、高效益"的发展模式，通过产业集群构建高效资源利用平台，构建废弃物综合利用的产业链，实现清洁化生产，降污染、降能耗，实现循环经济的良性发展。

（2）强化企业技术创新能力，为产业集群发展循环经济提供技术支持

技术创新是产业集群发展循环经济的关键。企业经营发展的最终目的是实现尽可能多的经济利益，技术创新可以为企业带来巨大的经济利润，通过技术创新可以提高企业产品的高附加值与技术含量，从而增强企业在激烈竞争市场上的竞争优势，实现企业的经济利益[①]。天水市发展循环经济，只有不断进行技术创新，改进生产技术，才能促进循环经济的发展，通过产业集群，改善资源的利用效率，降低污染物的排放，从而保护生态环境，促进经济和谐发展。

6. 加强企业自主创新能力，提高企业的科学化管理水平

天水在发展循环经济的过程中存在着企业自主创新能力差，管理水平不科学的发展现状。天水要促进循环经济的可持续性发展，必须强化企业的自主创新能力，提高企业的科学化管理水平，从而促进天水循环经济的持续、快速、健康发展。

（1）调整企业结构，转变经济增长方式，增强自主创新能力。

当前，各个企业在发展的过程中都把调整企业结构、转变经济增长方

---

① 杨雪锋：《循环经济学》，首都经贸大学出版社 2009 年版，第 42 页。

式作为企业发展的核心内容，通过优化企业的产业结构、产品结构以及组织结构，来增强自主创新能力。在调整企业经济结构的过程中，要充分发挥市场对经济的引导作用，引导企业发展适合自身特点的优势产业，大力发展金融保险、咨询、物流等现代服务业，发展无污染、碳排放较低的高新技术产业以及能耗少的农产品加工业等，使企业利用有限的资源来对生产要素进行合理的配置，转变当前的经济增长方式，增强企业的自主创新能力，通过自主创新来提高自身的发展优势，为社会提供更多的就业岗位。

在我国当前的社会主义市场经济条件下，天水发展循环经济要以企业为主体、以市场为导向，不断提高企业的自主创新能力，建立产、学、研相结合的企业创新体系，使企业通过调整经济结构，向低耗能、低污染、高效益的现代化企业转变，为循环经济的发展奠定坚实的基础。通过企业经济结构的优化，经济增长方式的转变，扩大企业的生产规模，从而使企业向产业集群方向发展，最终将提高企业的综合竞争能力。

（2）深化企业制度改革，提高企业的科学化管理水平。

通过对企业制度进行改革，引导企业进行制度创新，通过制度创新来规范企业的生产经营活动，引导企业在生产经营过程中依法经营、诚实守信；企业在生产经营过程中，要不断提高管理者的管理水平，通过高水平的管理来提高企业的生产效益和经营效益，提高企业的劳动生产率，最终提高企业的经济利润。在提高企业的科学化管理水平时，可以借鉴国内外成功企业的管理手段，吸收它们的管理经验，来提高企业的管理水平，从而达到管理的科学化，最终将实现企业管理思想的科学化、管理体系的科学化、管理结构的科学化、管理手段的现代化。

（3）培养专业型人才，提高企业自主创新与科学化管理水平。

企业要提高自身的自主创新能力，要实现科学化的管理，都需要大量的专业型人才。所以，企业要为自身的发展培养专业型的人才。目前，企业面临着专业型人才缺乏的发展现状，发展循环经济所需要的人才需要具备各个方面的素质，比如说发展循环经济的专业知识、减少排污的专业知识、使用新能源的专业知识，等等。天水市为了适合经济的发展形势，在激烈的市场竞争中占有一席之地，企业可以通过培训等方式来提高员工自身的素质，强化企业的人才队伍建设。

三 酒泉风电产业发展研究

(一) 酒泉风电产业发展历程

1. 试验示范阶段 (1996—2001 年)

酒泉发展风能、太阳能等新能源产业可以说地蕴天成。不仅有与北美风库、北欧风库、极地风库齐名的"世界风库"瓜州和"世界风口"玉门，还有肃北马鬃山、阿克塞当金山等风能聚集带，风能资源总储量 1.5 亿千瓦、可开发量 4000 万千瓦以上，占全国可开发量的七分之一，年有效风速达 6300 小时以上，年满负荷发电小时数达 2300 小时，在一万平方公里的可发电区域内，不占耕地，没有拆迁，无灾害气候，没有破坏性风速。年平均日照时间在 3000 小时以上，可开发利用面积达 5 万平方公里，属国家光热资源分布一类地区①。酒泉地处新疆、青海、内蒙古三省区交会要道，与三省区风能资源储备丰富地区运输半径在 800 公里左右，有发展新能源装备制造业的独特区位优势。早在 1996 年，酒泉就开始了风电产业发展的试验开发和实践探索。1996 年 3 月，国电龙源集团甘肃洁源风电有限公司从丹麦引进 4 台 300 千瓦风力发电机组，在玉门三十里井子建设成了甘肃省第一座实验风电场，开创酒泉风电开发的先河。

2. 快速发展阶段 (2002—2007 年)

酒泉风电产业发展虽然起步较早，但到 2005 年全市风电装机只有 6 万千瓦，2006 年有 11 万千瓦，2007 年有 41 万千瓦，到 2008 年才达到 51 万千瓦，要实现 200 万千瓦的装机任务，意味着当年要新增装机 150 万千瓦，至少超过去 12 年累计装机的 3 倍以上；装备制造业过去在酒泉几乎是空白，2008 年 8 月才有首家风电装备制造企业入驻园区动工建设，2009 年 8 月首台风机下线，尽管包括全国整机组装、风叶制造业绩前三名在内的 29 家上市公司落户酒泉，但要在不到半年的时间里完成销售收入 50 亿元，意味着将超过全省装备制造销售收入前三名的总和②。华电集团 10 万千瓦国产化风机示范项目 20 天核准批复建设；金风科技自从

---

① 《如何看待中国风电产业的发展现状》，中国新能源网，http://www.newenergy.org.cn/，2009 年 11 月 25 日。

② 同上。

2006 年 8 月 8 日风机下线，年内完成了生产风机 200 台的任务；中材科技从开工建设到首台叶片出厂只用了 99 天，年内实现生产风机叶片 300 副；华锐科技从开工建设到首台风机出厂只用了 110 天，50 天生产 300 台 1.5 兆瓦风机，全国陆地首批两台 3 兆瓦风机成功下线。到 2007 年年底酒泉风电装机突破 200 万千瓦，达到了 220 万千瓦，当年新增装机 169 万千瓦，是前 12 年装机总和的 3.3 倍；风电装备销售收入突破 50 亿元，达到 64 亿元，是全省装备制造销售收入存量的 80%①。酒泉风电装备制造产业虽然起步较晚，但发展迅速，已取得了一定进展。酒泉市政府已明确提出要将风电产业作为加快酒泉经济发展的一项支柱产业来抓，从组织领导、资源调查评估、制订发展规划、项目协调争取、开展招商引资等方面开展了一系列卓有成效的工作，使该市风电产业有了突破性进展，为发展风力发电装备制造产业打下了一定的基础。目前，酒泉已与新疆金风科技股份公司、中航（保定）惠腾风电设备制造公司、四川东嘉集团、韩国 SK 集团、中国复合材料集团、湖南湘电集团、四川东汽集团、中国水利集团公司第四工程局、酒钢集团等一批国内外风机装备制造企业进行了协商谈判，签署了包括风机总装、风轮叶片制造、轮毂及法兰制造、塔架塔筒制造等项目协议 12 份，设计项目总投资达 21 亿元。首期入园开工建设的有 3 个项目，总投资近 5 亿元，设计产能为年产风力发电机组及风轮叶片、轮毂、法兰等配套设备 500 套，建成后形成 75 万千瓦左右的风电成套设备生产能力，实现产值 50 亿元以上。其中，新疆金风科技公司将投资 1.3 亿元建设 200 套风机总装项目，中航惠腾公司将投资 1.8 亿元建设 800 套风轮叶片制造项目，湖南湘电、四川东汽和东嘉集团合作投资 1.8 亿元，建设 300 套风机及叶片制造项目。另外，还有 9 个项目已签约，将陆续开工建设，其中，华锐风电科技公司风机总装项目每年组装 1.5 兆瓦风力发电机组 500 套；南车时代酒泉风机总装项目年组装风机 200 套；中复连众公司风轮叶片制造每年组装 1.5 兆瓦和 2 兆瓦风轮叶片 300 套；深圳中技公司风机总装每年生产 2 兆瓦风机及配套的风机叶片 300 套；酒钢公司风机轮毂及法兰制造项目，主要生产销售风力发电机法兰、轮毂等配件；中水集团水工机械总厂风机法兰轮毂制造项目，主要生产风机法兰轮

---

① 《如何看待中国风电产业的发展现状》，中国新能源网，http：//www. newenergy. org. cn/，2009 年 11 月 25 日。

毂，年销售收入预计在 6 亿元以上；韩国 SK 集团酒泉风轮叶片制造项目每年可生产兆瓦级风轮叶片 300 套以上；山东双一集团酒泉风机机舱罩制造项目每年可生产风机专用机舱罩 1000 套以上；江苏开源环保设备公司风机法兰制造项目每年可生产风机专用法兰 3000 套以上①。

3. 千万千瓦级产业基地建设阶段

从地形上说，酒泉四周的天山山脉、祁连山山脉、阿尔金山山脉遥相呼应，并肩耸立，疏勒河谷在酒泉大地上蜿蜒千里，从东向西穿越而去，正好在玉门、瓜州形成了一个巨大的"喇叭状"地形。从气象上讲，西伯利亚的高压气流受巍巍祁连的阻挡，便从嘉峪关以西的开阔地带进入疏勒河流域，沿玉门、瓜州向西，越敦煌奔楼兰，这就是著名的气流"狭管效应"。2009 年 8 月 8 日，我国首座千万千瓦级风电基地在甘肃酒泉开工了。在有世界"风库"、"风口"之称的瓜州县和玉门市，220 万千瓦的风电场已建成；316 万千瓦风电场建设工地上，在酒泉风电装备制造产业基地，国内陆上最大的 5 兆瓦风机建设项目已经启动；代表风电装备制造最先进技术的 3 兆瓦和 2.5 兆瓦大功率风机正一台台下线，3 兆瓦和 2.5 兆瓦的风机叶片也成功下线。酒泉从 1996 年到 2006 年，经过了 10 年，通过四期工程建设，总装机容量是 16 万千瓦，从 1996 年到 2008 年酒泉累计装机容量为 51 万千瓦，而 2009 年一年的装机容量突破百万千瓦，达到了 220 万千瓦。2009 年对酒泉的风电发展来说，是突飞猛进的一年，仅从装机总量来看，2009 年一年的总量是前 12 年的 3.3 倍，可以说这是酒泉在十多年沉淀的基础上发力的关键时期，也是风电大规模发展起步的开始。据评估，酒泉市风能资源可开发量 4000 万千瓦，年有效风速达 6300 小时以上，年满负荷发电小时数可达 2300 小时，适宜建设大型并网型风力发电场。按照规划，酒泉风电基地在"十一五"末将建成装机 516 万千瓦；"十二五"末再新增建成装机 755 万千瓦，累计建成装机 1271 万千瓦。目前，已核准建设规模 500 万千瓦，正在开展第二期项目的前期工作。

4. 配套产业发展阶段

风力发电设备制造产业是一项投资成本低，经济效益和社会效益显著的朝阳产业。仅从经济效益来看，投资风电设备制造项目后，3—4 年即

---

① 《如何看待中国风电产业的发展现状》，中国新能源网，http：//www. newenergy. org. cn/，2009 年 11 月 25 日。

可收回全部投资成本，而且上缴的税金对当地经济的带动作用也是非常明显的。此外，发展风电装备制造产业，将极大提升地方装备制造业发展水平，并带动电机制造、电器生产、机械加工等产业的快速发展，提高当地工业化发展及科研水平。与此同时，项目的实施还具有良好的社会效益。据测算，酒泉千万千瓦级风电基地建成后，年上网电量约为69亿千瓦时，每年可节约原煤330万吨，减少烟尘排放约3.3万吨，减少二氧化硫排放量约2.7万吨，减少二氧化氮排放量约2.8万吨，减少二氧化碳排放量约700万吨，节能减排的环境效益非常明显。科技产业园位于酒泉市肃州区，肃州区是酒泉市政府所在地，也是全市政治、经济、文化中心，城区内完善的金融、邮电、通信、电力、供排水、餐饮、娱乐等服务网络，可为园区建设提供有力保障。加之产业园所在的酒泉工业园区，拥有专门培养技能型人才的教育基地——酒泉职业技术学院，可为风电装备企业提供高素质的技术工人，为企业开展科研、人才培训提供人力支持。产业园建设的商业综合服务中心以及职工公寓等设施，完善的金融、医疗、物业等社会化服务体系，不需要企业办社会，可大大降低建设成本，免除企业后顾之忧。

（二）酒泉风电产业发展现状

自20世纪70年代初第一次世界石油危机以来，能源日趋紧张，世界各国相继制定法律，以促进可再生能源代替化石能源。进入21世纪，随着国际原油价格的持续走高、石油资源的日趋减少，可再生能源的发展引起发达国家和耗能大国的普遍关注。由于风电产业成熟度高、发电成本低、自然环境和社会环境影响好等优点，已成为可再生能源发展的首选。目前全球范围内安装的风力发电机已突破10万台，装机容量已达到9410万千瓦，市场产业规模超过370亿美元，产业化前景十分广阔。我国风能资源丰富，风电产业发展迅猛。根据不完全统计与预测，到2009年年底，中国风电机组累计装机容量将达2627.626万千瓦，比去年新增装机1303万千瓦，新增装机容量将超过美国，位居全球第一。[①] 届时，中国将有9个省份8个市累计风电装机容量超过100万千瓦，地处河西走廊的酒泉市就是其中之一。酒泉是全国风能资源丰富的地区之一，在国家风能资源区划中被确定为风能资源丰富区，区域总面积19.2万平方公里，占全省的

---

① 张铭心：《瞩目中国风电产业发展》，《创新科技》2009年第8期。

42%，风能资源丰富。瓜州被称为"世界风库"，玉门被称为"风口"。据初步测算，酒泉市风能资源理论储量约为1.5千瓦，可开发利用的风能资源为4500万千瓦，占甘肃省可开发利用风能储量的80%以上，并且具有风向稳定、风力持续性好、破坏性风速极少的特征，适合进行大规模风电开发。此外，全市风能资源可利用面积近1万平方公里，10米高度风功率密度均在200瓦/平方米以上，年平均风速5.7米/秒以上，且风电场场址均位于戈壁荒漠上，地域辽阔，气候条件好，交通便利，具有连片开发建设大型风电场，形成千万千瓦级风电基地的良好条件。为使酒泉的风力资源优势转化为清洁能源优势、经济优势，甘肃省委、省政府提出了"建设河西风电走廊，打造西部陆上三峡"的战略目标。甘肃省发改委结合国家风电发展规划的调整，对酒泉风电发展规划进行了修改完善，编制完成了酒泉千万千瓦级风电基地规划报告。目前，国家发改委已正式复函甘肃发改委，同意甘肃开展酒泉风电基地及配套电网工程的前期工作，将酒泉千万千瓦级风电基地建设成为世界级风电场。按照规划，未来10—20年，酒泉将建设风电场28个，总装机3565万千瓦，先期建设8个大型风电场，力争到2015年风电装机总容量达到1271万千瓦，成为国内最大风电产业基地之一。从2005年开始，酒泉市先后组织完成了全市风能资源评价、风电场选址、风电场工程规划等工作。全市有12个风场被甘肃省发改委列为重点建设的风场，其中玉门昌马风电场和瓜州风电场已被国家发改委列为百万千瓦级特大型风电场。截至2007年10月，酒泉市已建成玉门洁源风电场、玉门大唐风电场和瓜州风电场，建成装机容量达41万千瓦，在建的风电场装机容量达435万千瓦。根据风电发展规划，酒泉市已经规划了11个重点风电场，分别是三十里井子风电场、大唐低窝铺风电场、瓜州风电场、干河口风电场、昌马风电场、小宛风电场、红山窑风电场、玉门东镇风电场、桥湾风电场、鸳鸯池风电场和马鬃山风电场。酒泉风电基地一期工程已完工，二期也已经开始建设，2011年年底实现装机550.45万千瓦，在河西走廊西端绵延200余公里的戈壁沙漠上，中国首个千万千瓦级风电基地已初具规模，古丝绸之路演变成为中国的一条清洁能源长廊。按照规划，2015年该基地装机容量将达到1270万千瓦。酒泉750千伏电网和国家电网"四横四纵"远距离输电大通道已经开建，风电上网问题将实现根本性改变。经过科学谋划和积极争取，甘肃省发改委制定的《甘肃省酒泉千万千瓦风电基地规划报告》中，瓜州县规划装机容量达到 825 万千瓦，为落实《瓜州县风电产业发展规划》，实施风电强县战略创造了有利的条件。目前，建成风电场运行状况良好，全县已建成风电场 3 家，分别是中电国际风电场、中广核风电场、甘肃洁源风电场，总装机规模 30 万千瓦，2008 年累计发电量 5.5 亿千瓦时，实现销售收入 3.17 亿元，上缴税金 2232 万元。根据实际发电量折算，瓜州县风资源条件已接近国家 1 类风场水平，在建的风电场项目进展顺利。2012 年计划建设的 5 个风电场项目已全面开工，其中 3 个项目已基本完成了场区道路铺筑、输变电线路架设、升压站土建工程及部分基坑开挖等大型建设工程，预计年内可新增装机容量 40 万千瓦。国家发改委打捆批复的 15 家风电企业"四通一平"工程建设稳步推进，为下一步开发建设创造了良好条件。作为甘肃省政府大力发展的重点产业，酒泉千万千瓦级风电基地是甘肃"两翼齐飞"经济战略中的西翼，2011 年 7 月，酒泉千万千瓦级风电基地第二期工程获批，300 万千瓦风电机组开工建设，风电装机的步伐远远超过河西地区用电负荷增长。

（三）制约酒泉风电产业发展的因素

1. 电网因素

甘肃及西北电网自身市场空间有限。从电力电量平衡的角度考虑，不仅甘肃电网无法消纳风电资源，在整个西北电网范围内也难以有效消纳。如按照甘肃电网内部平衡，且不考虑外送，2010 年不考虑风电时，火电利用小时数为 4698 小时，考虑风电电量时，火电利用小时数为 3866 小时，将下降 832 小时；2015 年不考虑风电时，火电利用小时数为 4821 小时，考虑风电电量后将下降为 3535 小时。如火电利用小时数按照 5500 小时考虑，不考虑电力外送时，甘肃电网 2010—2015 年火电盈余容量 2381—4160 兆瓦；电量盈余为 207.8—406.1 亿千瓦时。

2. 电价因素

风电应该是被优先使用的鼓励项目。但是我们看到，风电现在是左右为难。上网送不出去，留在当地消化，但是遭遇了高电价。被普遍看好，却遭了现实的尴尬。原因就在于风电发展和电网建设之间存在着严重的滞后现象。同时由于受到国家的电网定价机制所限，没有自主权和定价权，造成了一方面电荒，另一方面被迫过剩的怪现象。要解决这个尴尬问题总是需要多方面的合力，一方面，我们呼吁电间部门、电力公司、电网企业甚至各级政府都要摒弃各自的小利益，优先使用清洁能源。另一方面，我们也希望电力体制改革能有实质性的进展。体制理顺了，才能发挥最大的效益。2009 年 7 月底，国家发展改革委发布了《关于完善风力发电上网电价政策的通知》（发改价格［2009］1906 号），对风力发电上网电价政策进行了完善。文件规定，全国按风能资源状况和工程建设条件分为四类风能资源区，相应设定风电标杆上网电价。四类风电标杆价区水平分别为 0.51 元/kWh、0.54 元/kWh、0.58 元/kWh 和 0.61 元/kWh，2009 年 8 月 1 日起新核准的陆上风电项目，统一执行所在风能资源区的标杆上网电价，海上风电上网电价今后根据建设进程另行制定。政府针对四类风能资源区发布的指导价格即最低限价，实际电价由风力发电企业与电网公司签订购电协议确定后，报国家物价主管部门备案。就在 2009 年 8 月份，国家能源局发布了《"十二五"第一批拟核准风电项目计划安排的通知》，通知出台了一系列关于风电的技术规范。随着风电的快速发展，"招标加核准"的模式已无法满足风电市场发展和政府宏观引导的现实需要。因此，在当前各地风电进入大规模建设阶段，从招标定价加政府核准并行制度过渡到标杆电价机制，是行业发展的必然，也将引导风电产业的长期健康发展。

3. 技术因素

按专家研究结果表明，风电占电网电量的 10%—15%，电网是安全稳定的，超过这个比例就会对电网产生冲击，必须加快以火电为主的调峰电源建设，提高火电发电量，对风电进行稀释。规划建设的千万千瓦级煤电基地建设与风电建设进展不同步，制约了风电场发展，必须解决好境内煤炭资源的调运问题，加快煤电基地建设进度，力争到 2015 年达到 920 万千瓦，2020 年达到 1360 万千瓦；利用境内黑河、疏勒河、党河、哈尔腾河等河流的水资源，利用风能发电高峰抽水蓄能，在风电低谷时放水发电，实现为风电调峰填谷，统一规划疏勒河、党河、"引哈济党"工程河道引水式电站，抽水蓄能 100 万千瓦以上，满足风电调峰需求。目前，国内有 70 多家风电装备制造企业，形成一定规模的有五六家，但国内目前风电发展速度较快，到国外采购风机的份额有限，风机供应短缺、配套设备生产跟不上，成为影响风电场建设进度的主要问题。要提高风电装备制造研发水平、国产化率和产业聚集度，确保风电设备按时足额供应，降低建设成本必须依托酒泉新能源装备制造产业园，创新招商引资方式，提高入园门槛，引进有资金实力、有研发能力的大企业、大集团，为风电产业开发利用提供设备供应保证。风电企业在形成庞大设备生产能力的同时，未能迅速培养技术创新能力，缺乏具有国际先进水平的自主研发能力和自主知识产权技术。目前很大程度上仍依赖于跟踪国外的技术。不仅需要支付一大笔技术使用费，而且导致采购周期很长，严重延误了国内风电企业的生产进度，更重要的是我们在供货时间和产品类别上总是受制于人，只能按照人家的图纸进行生产。我国企业缺乏进入批量生产前的运行测试和故障分析技术，导致产品质量不稳，造成由于质量控制不到位个别企业出问题后不得不召回其产品，损失严重。风电发达国家凭借技术优势和风电机组品牌不仅占据了中国大部分的风电市场而且将核心技术、知识产权作为保持其技术垄断和竞争优势的重要手段。因此，技术创新成为中国风电企业发展的必然选择。

4. 资金因素

自 2007 年以来，甘肃省风电项目建设所需资金来源除了自筹资金和很少一部分财务公司贷款外，基本上全是金融机构贷款。2009 年金融机构对酒泉累计投放风电贷款 20.58 亿元，较 2008 年增加 10.18 亿元，增长 97.88%，2010 年金融机构对酒泉累计投放风电贷款进一步增加到 69.68 亿元，是 2009 年的 3.4 倍。至 2010 年年底金融机构累计为酒泉各大型风电场以及各风电装备制造业项目发放贷款 100.66 亿元，风电贷款余额达到 85.75 亿元。甘肃省尚未形成全方位、多层次的风电产业金融服务体系，甘肃省已建成的风电项目资金来源中，银行贷款占比达到 70%以上。酒泉市四大商业银行的最大贷款户均为风电企业。商业银行信贷资金过于向单一行业集中，会造成风险向银行体系积聚，容易诱发区域系统性金融风险。在金融资源和金融服务有限的情况下，新增信贷资源向风电行业的过度集中会造成金融资源配置失衡，可能诱发产业不均衡发展。

5. 技术型人才缺乏

酒泉新能源装备制造产业园自 2007 年规划建设以来，至目前已有 19 家国内外知名风电企业入驻，其中金风科技、华锐风电科技、中材科技、中复连众等 9 户企业已建成投产，2009 年实现销售收入 51.6 亿元，已成为国内生产规模最大的风电装备制造基地。风电产业是科技密集型和人才密集型产业，对人才的需求，特别是高素质人才的需求十分旺盛。从已入园风电企业用工需求来看，风电企业对现场工程师、维护工程师等工程类人才的需求比较大。电气研发设计人才和复合材料专业人才最受企业欢

迎。随着企业的发展和市场拓展工作的推进，销售工程师和企业中层管理
人才即将成为风电行业新的热招人群。风电企业由于其产品的特性和研究
领域不同，对人才的专业要求最大，有相关工作经验的中高级人才最受欢
迎。用工需求将达到 5000 人以上，到 2015 年将达到 2 万人以上。然而目
前国内只有华北电力大学、河北工业大学和河海大学等少数学院设有风能
与动力工程专业，每年培养的人才有限，远远满足不了市场需求。目前国
内专门开设风力发电课程的高校并不多。华北电力大学可再生能源学院副
院长徐进良在接受采访时表示，这是因为风电涵盖多个学科门类，因此许
多高校都将该专业归类到机械、动力、工程等专业进行培养。2006 年，
华北电力大学率先创建了我国风能发电人才培养基地，建立了国内首个
"风能与动力工程"本科专业，当年首批招收的 30 名本科生将未毕业就
已经早早被求贤若渴的各家风电企业瓜分一空。

（四）酒泉风电产业发展对策

1. 抓好风能资源详查

酒泉地势开阔、平坦，沿祁连山北麓形成了一个东西走向的空气气流
带，特殊的地理位置和地形，蕴藏了十分丰富的风能资源。在该市发展风
电装备制造产业，有利于推动该市乃至全省风电产业、装备制造业的快速
发展，有利于进一步推动我国风电装备的国产化进程。产业规划是推动产
业健康成长、规避重复建设和非理性发展的有效途径，是实现资源利用最
大化的有力抓手和基本依据。为了杜绝风电项目一哄而起、盲目重复建设
及遍地开花现象，更好适应现阶段新能源产业快速发展需要，把风电及其
配套产业发展纳入国民经济发展规划统筹谋划，严格按规划办事，在全市
范围内进行科学布局并抓好风能资源详查。按照国内领先、国际先进的要
求，坚持以风电场建设为牵引，以风电促网架建设、以风电促调峰电源、
以风电促装备制造的风电及相关产业发展思路，成立以国内知名院校、科
研院所为依托，相关专业院士和专家领衔的技术咨询委员会，对涉及风电
产业的电网输送、调峰电源建设、装备制造业、人才培养等各个子系统进
行论证指导，做出详细的规划，细化风电场建设进度和送出方式，合理安
排风电并网时序，提前规划电网配套风电送出工程，为风电场建设提供设
备、技术保障，确保风电场能建成、风电能送出、有效益，全面提升产业
聚集度，促进风电产业可持续发展。

2. 加快酒泉千万千瓦级风电基地配套电网工程建设

2007 年 11 月，国家发改委同意酒泉风电基地开展前期工作，要求按照 2020 年建成千万千瓦级风电基地的目标进行规划和布局。目前，酒泉风电基地及配套 750 千伏电网工程建设进入了实质性阶段。近期，经国家发改委批复同意的 15 家风电企业，将在酒泉风电基地投资建设 300 万千瓦风电项目，已完成现场踏勘、主设备招标工作，"四通一平"工作即将开始。根据国家鼓励发展可再生能源政策和国家电网公司"一特四大"发展战略，风电上网必须"保证接入，全额收购，优先调度"。鼓励风电大规模接入、远距离送出、大范围配置，急需加快河西走廊 750 千伏输变电工程建设，满足风电基地送出需要。750 千伏金昌—酒泉—安西输变电工程可行性研究目前已经完成了收口工作，工程环评、水保报告正在编制。加快推进河西走廊 750 千伏电网项目前期工作，促进工程早日开工建设，同时深入研究大规模风电建设对电网安全运行、电源结构配置、电力消纳和外送带来的影响，着力解决大规模风电建设与电源、电网协调发展的相关问题，实现水火风电打捆外送，为西北能源资源在全国范围优化配置提供坚强支撑。

3. 进一步完善相关配套政策

促进风力发电设备制造产业发展的政策措施，充分利用国家批准建设酒泉千万千瓦级风电基地这一千载难逢的历史机遇，采取多种方式进行宣传和推介，吸引国内外有实力的风电设备制造企业来酒泉开发风电，建设风电设备制造项目，将酒泉建设成为我国最重要的风电设备制造基地之一。纵观世界新能源产业发展历程，凡发展快的国家，都普遍给予政策的支持。在资金支持上，进一步明确支持新能源产业的资金扶持政策措施，明确节能和环保及清洁能源的比例，把扶持资金落实到每一个建设项目；在财政税收上，需要国家提高增值税、消费税、企业所得税、个人所得税等税收的地方留成比例，争取国家对风电及风机制造业抵扣的生产设备进项税和出口产品退税给予全额财政转移支持；在价格上，在实行固定电价收购风电电量的同时，对高于电网平均电价的价差在全网均摊，适当调整特许权招标中降低价格因素所占的比重，提高风电设备购买价格补贴标准，降低风电场建设过程中用水、用地费用；在项目审批上，根据风电、火电、网架的建设周期，协调解决项目的规划和审批问题，推进风电及相关产业协调发展。近年来，我国政府将风力发电作为主要替代能源技术之一，给予了强有力的扶持。2010 年 10 月，国务院出台了《关于加快培育和发展战略性新兴产业的决定》，新能源被确定为重点发展的战略性新兴产业之一。2011 年出台的"十二五"规划纲要明确指出要"把实施西部大开发战略放在区域发展总体战略优先位置，充分发挥各地区比较优势，促进区域间生产要素合理流动和产业有序转移"。这些政策的提出为西部地区发展面向产业链高端、环境友好和可持续发展的战略性新兴产业，包括新能源产业创造了非常有利的条件。

4. 积极引进国内外战略投资

酒泉市以市场换技术，吸引国外风机制造商来酒泉投资建厂或与甘肃省企业合作建设风电设备制造企业，通过引进、消化、吸收和创新，不断提升风电产业的自主创新能力，加快风电成套设备开发，使风电场建设与风电装备制造相互促进、协调发展，逐步形成和发展酒泉风力发电成套装备制造业。目前，酒泉市已初步形成了兆瓦级变速恒频双馈风力发电机组、大型风力发电机组风轮叶片、齿轮箱、控制系统、风机电缆和大截面常规橡套电缆的产业配套能力。据了解，金风科技、华锐风电科技、中材科技等 18 家国内外知名风电设备制造企业已在酒泉市投资建设了风机总装、风机叶片制造、风机机舱罩制造项目，总投资达 20 亿元。其中，金风风机总装、中航惠腾及中复连众风机叶片、华锐风电科技风机总装等 9 个项目已建成。加快引进战略投资者是适应经济全球化趋势，主动参与国际经济竞争的迫切需要，是积极承接国内外产业转移，调整优化产业结构，提高自主创新能力，转变经济增长方式，增强区域竞争力的必然要求。坚持政策扶持、政府推动、企业为主、市场运作、互利共赢的原则，遵循市场经济规律，在引进战略投资者的时机、对象、方式上，尊重企业的自主权，政府给予指导协调。近期，要以大中型国有企业产权重组为突破口，务求取得实效。在遵循国家产业政策的前提下，企业可根据各自情况，自主选择产权（股权）转让、增资扩股、互相持股（控股、参股）、合资合作、技术引进、重组上市等方式引进战略投资者。鼓励战略投资者兼并、收购控股企业或者独资办企业。各级政府及其职能部门要转变职能，强化服务纳税人、服务企业、服务战略投资者的意识，在管理与服务之中诚实守信，对战略投资者提出的合作条件一经承诺，就必须做到，切实为已引进项目（企业）搞好协调服务，发挥示范作用。定期编制和发布全省引进战略投资者产业发展方向与重点，收集和发布国内外战略投资者信息，为战略投资合作双方提供信息指导。在招商引资活动中，突出引进战略投资者内容，重点企业的项目予以单列并作重点宣传推介。鼓励和扶持商会、行业协会等社团，产权交易市场，投资银行、财务公司、律师事务所等各类中介机构参与引进战略投资者，保护其合法权益。各级政府对引进战略投资者成效显著的中介机构应给予支持和奖励。充分发挥产业政策的引导作用，加强基础资源的勘探和规划，优化产业布局，促进产业集聚和企业重组，使企业在引进战略投资者时处于有利的地位。政府有关职能部门要向园区管理机构授权、放权到位，提高园区的综合服务能力。园区要因地制宜地确定功能定位，在走专业化、特色化之路的同时，不断创新管理机制，加强水、电、路以及物流、信息等基础设施的建设，为引进战略投资者项目提供全面、快捷、高效的配套服务。引进战略投资者项目，一律列为重点建设项目。各级政府可专题协调国土、规划、建设、工商、海关、税务、商检等部门根据实际情况实行"一项一策"，在土地使用、企业注册、货物通关、地方税费、财政支持等方面给予特殊优惠。要采取措施积极帮助国有企业加快主业改制、辅业分离和分离办社会职能步伐，妥善解决好历史遗留问题，为企业引进战略投资者创造有利条件。各级政府部门必须严格依法行政，不得违法设置行政许可和行政收费，凡国家法律法规未禁止的，战略投资者可自主开展各项活动。要加强对行政工作和执法行为的监督检查，对擅自增加审批环节、强制性服务、强制收费等损害投资环境的行为，要严肃查处、追究责任①。

5. 创新企业竞争管理，提高产业竞争优势

对于风能技术创新，还应建立以企业为主体，市场为导向，产学研结合的技术创新体系。风电企业是风电市场的主体，能够敏锐地感知市场的变化和需求，并通过技术创新和其他行动予以回应，在技术成果的运用、推广、商品化、市场化等方面，更为直接、便捷和高效。高校和科研机构虽然具有较强的科学研究能力，能产生大量新技术成果，但是，高校和科研机构的产品生产、市场营销能力很差，绝大多数高校和科研机构都不能自身将其研究成果转化为生产力或商品，通过产学研合作，使得在技术研究开发、产品试制、大规模生产、市场开发这个过程中具有不同优势的合作主体紧密协作、相互融合。

---

① 李建华：2008 年酒泉市经济工作会议和酒泉新能源基地建设的会议讲话。

完善风电相关政策法规，构建扶持风电企业自主创新的税收新制度。税收政策作为国家宏观调控的重要手段，在激励自主创新方面发挥着巨大作用。尽管我国为风电企业制定了若干税收优惠政策，但在激励的范围与力度上仍需深化和提升。第一，对风电企业有关研发的减免税要落实到位，对自主创新的各项投入加大税前抵扣力度，如风电企业投入的研发经费抵免所得税，按照风电企业年度研发支出的平均额实施优惠税率；第二，加速研发仪器设备的折旧，缩短折旧期限等，有步骤地实现内外资风电企业税率政策的统一，给内资风电企业自主创新创造公平的竞争环境；第三，针对自主创新的高投入、高风险等特点，税收激励政策的核心应从风电产业链下游向上游转移，重点放在补偿和降低投资风险方面，将目前主要针对风电产品生产和销售环节的税收优惠，逐步转移到对风电技术开发补偿与中间实验阶段的鼓励上来；第四，将实行增值税从"生产型"逐步转化为"消费型"，允许风电企业抵扣外购专利权等无形资产和技术设备等固定资产的进项税额，以激励风电企业加大对风电技术创新的投资力度，进行技术改造和设备更新；第五，实现从风电企业优惠向项目优惠的转变。税收优惠实施的对象即"收益人"，应定位于创新活动过程和结果，根据风电技术研发的特点，通过项目优惠，刺激具有实质意义的创新行为。

加强对知识产权的保护力度。知识产权制度能够保护风电创新者的创新成果和创新积极性，保证风电企业创新活动能够获得与高风险、高投入相对应的补偿和收益，形成一批拥有自主知识产权和知名品牌、具有较强的国际竞争力的优势风电企业。

疏通风电企业自主创新的融资渠道。政府应加大财政资金的投入，加速风电企业技术改造，对重点企业重点扶持项目增加贴息贷款的额度，以带动风电企业自主创新投资。政府还应改善银行对风电企业的融资政策，引导社会资源向风电产业投资。此外，要充分利用资本市场筹措资金，符合条件的风电企业，经批准可在国内外资本市场发行股票和债券，政府要加强对证券市场的监管，避免证券投资的平均盈利水平过分高于实业投资的盈利水平，而影响风电企业技术改造和产业升级的积极性。

企业在引进设备的同时要加强对技术的引进，引进消化后再结合我国风能资源的特点有针对性地进行改造和研发，这其中离不开对人才的培养。根据风电发展需要培养一批研究生等高级人才，选择一些高等院校和大中专学校，设立风力发电的专业课程，逐步建立风电专业。同时，结合风电发展需要，定期举办风电技术培训班，解决目前风电人才紧缺的问题。我们也应根据市情，采取与国外厂商合资、合作和积极进行自主发展等多种方式。对于尚不能生产的零部件应给予进口免税，以此鼓励逐步国产化，促使外国公司将整机制造技术向国内转移，达到更好消化、吸收、创新的目的，以便将来形成自主知识产权，大中型电力设备制造企业应该利用市场、技术、资金和行业优势及早进入风电设备制造领域，并要集中各方优势，采用并购优势企业等资本运作手段介入风电领域，尽快掌握核心技术，培育技术先进、具有自主知识产权和品牌的风电企业，实现风电自主化建设。

四 定西市中药材产业发展研究

（一）定西中药材产业的发展概况

中药材是定西一个优势比较明显的特色产业，定西素有"千年药乡"之称，是甘肃省中药材主产区和全国"道地药材"的重要产区之一。这里特殊的土壤气候极适宜300多种中药材生长和发育，也为开发绿色中药材产品提供了先决条件。而定西市又是国家重点扶持的贫困地区，社会经济落后，发展和振兴地方经济，改善人民群众的生活水平成为各级政府所必须坚持的中心工作，根据定西市的自然环境条件等方面分析，发展中药材产业是振兴经济的有效途径，所以在定西市发展中药材产业意义重大。

近年来，定西市委市政府将中药材产业确定为战略性主导产业大力发展，使中药材基本完成了产业聚集和规模扩张的历史性跨越，开始步入以提质增效为主的良性发展阶段。全市中药材种植面积连续多年保持在100万亩以上，占全省中药材种植面积的49%、全国的7.6%，年总产量达16万吨左右，总产值达15亿元左右。① 同时，全市以"绿色、道地、安全"为目标，打造出了一批区域优势明显的中药材品牌，中药材产业已成为定西农民增收的特色优势产业。

---

① 《定西发展中药材全力打造"中国药都"》，甘肃统计网，http：//www.gstj.gov.cn/，2013 年 11 月 4 日。

1. 定西中药材种植特征

（1）产业化经营效益明显。1995 年以前，定西市中药材种植面积不足 11.33 万亩，产量 11.5 万吨左右。种植规模小，布局分散，大田种植与野生采集结合，经营效益低，作为甘肃重要的中药材主产区，药材种植业在全市农业经济构成中所占的比重很小。实行产业化经营以来，中药材面积和产量逐年增长。从 2001 年开始，种植面积超过了 71.33 万亩，产量达到 15 万吨左右，迅速形成了产业经营的规模优势。与此同时，产业经营效益同步增长。2003 年种植面积达到 71.41 万亩，产量达到 14.17 万吨，实现产值 12.13 亿元，对全市财政收入的贡献率超过了 25%。

（2）区域化布局，标准化生产步伐加快。定西市积极借鉴国内外、特别是不发达地区农业产业化发展的成功经验，立足区域自然优势，按照生态适宜性原则，对中药材生产基地的建设，实行区域化布局，标准化生产，集约化经营。目前，在岷县、漳县、渭源海拔 2200—2600m 的高寒阴湿区建成当归基地；在渭源、漳县、陇西、临洮海拔 1800—2400 m、降水量 450—500mm 的半湿润浅山区建成党参基地；在陇西、渭源、漳县等地河谷川水区建成黄（红）芪基地；在安定、陇西等北部半干旱区建成柴胡基地；在通渭建成甘草种植区。在地域特色鲜明的五大种植区内，建成标准化基地 0.172 万亩、无公害基地 1133 万亩，标准化率接近 30%。同时，制订发布了中药材无公害生产技术规程 6 项，质量安全标准 9 项，申报注册产品商标 40 多个①。

（3）栽培品种多元化，种植结构不断优化。为了抵御市场风险，提高产业竞争力，定西市在稳定扩大中药材种植规模的同时，栽培品种向着多元化方向发展。种植品种已由过去的少数几个当家品种有当归、党参、黄（红）芪、柴胡、大黄、天麻、黄连、板蓝根、甘草、防风、黄芩等97 个品种。其中，市场占有率高、规模大、对全国有较大影响的药材品种有当归、党参、黄芪、柴胡、红芪、大黄等，初步形成了传统品种与新品种兼有的多元化种植格局。

2. 定西中药材生产加工概况

近年来，定西中药材加工企业发展迅速，随着加工企业的发展和壮

---

① 《定西发展中药材全力打造"中国药都"》，甘肃统计网，http：//www. gstj. gov. cn/，2013 年 11 月 4 日。

大，中药材产业链条不断延伸，产业及产品结构不断完善，增值和龙头带动的能力不断增强，一体化经营水平明显提高。2009 年实际加工中药材7.97 万吨，占中药材总产量的 47.2%，2010 年加工中药材 8.8 万吨，占中药材总产量的53%。截至 2011 年，定西市现有较大规模的中药材加工企业78 家，有 17 家企业通过 GMP 认证，年实际加工中药材 5.3 万吨，加工产值 4.34 亿元。全市建成中药材半成品（标准提取物）生产线 5条、美容化妆品生产线 2 条、中药材保健品生产线 6 条。产品类型已发展为中药材饮片、中药材半成品（标准提取物）、中成药、系列保健、美容化妆品等多种产品。其中甘肃岷州实业股份有限公司、甘肃效灵生物开发有限公司、渭源兴华药材有限公司、岷县顺兴和中药材有限责任公司、陇西穆斯林中药材加工厂等均为市内初具规模的加工企业。

定西中药材加工，基本上实现了产学研对接，产业开发技术创新加快。加大科研开发，不断提升产业技术水平是农业产业化发展的支撑力量。定西市中药材产业的发展，通过与各高等院校、科研院所的积极合作，不断加大技术创新，加快产品开发，树立优势品牌，迅速提升了产业开发的技术水平。目前，已在当归辐射育种、优质分异型选育、规范种植技术研究、生物肥料应用、低残留农药筛选、组织培养等方面取得了突破性进展。同时，依托岷县、陇西、渭源、安定 4 个中药材科技园区，引进新品种、新农药、新肥料，进行 GAP 试验研究，在野生资源人工驯化、工厂化育苗技术等方面获得了重大成功。在精深加工研究方面，研制生产了富有市场竞争力的贞芪扶正系列产品、当归油系列产品、黄芪多糖含片、党参多糖含片等。精深加工产品的研制和生产，推动着中药材产业的深度发展。

3. 定西中药材仓储贸易概况

定西中药材市场大部分为季节性交易市场，目前中药材市场流通体系初步建立，产品的市场占有份额大大提高。提高市场流通体系的建设是农业产业化发展的前提条件。全市已建成陇西文峰、首阳、渭源会川、岷县城郊四个大型中药材专业批发市场，岷县梅川、"当归城"、渭源清源、漳县山岔等中型市场，配套发展 127 处小型综合交易市场（72 个中药材综合交易市场，55 处药材产区中药材收购市场）的产地市场网络。目前，中药材年交易量达到 27.56 万吨，交易额 29.4 亿元，其中，陇西文峰、首阳为市内最大的药材集散市场，占地面积分别为 300 亩和 200 亩，两个中药材市场年吞吐量10万吨，交易5万吨以上，成交额4亿多元，经济效益显著，成为全国最大的药材集散地之一。陇西已发展成为全国仅次于安徽亳州的第二大中药材专业批发交易市场和重要的中药材集散地以及北方大宗药材的价格形成和控制中心，陇西文峰、渭源会川、岷县"当归城"均建有"全国药材信息发布中心"，全方位提供产、加、销、贮等方面的信息服务。

定西市中药材及其制品在全国市场的占有率超过20%，产品远销东南亚、美国、西欧等20多个国家和地区。同时，全市3万多农民和个体经营者长年从事中药材购销和贩运，还有来自广东、福建、四川等15个省区的3000多名商贩活跃在城乡领域，有效地促进了中药材生产经营的发展。当地冷凉干燥的气候资源优势还催生了仓储业的快速发展，形成了"南药北储"地域优势，涌现出了一批以陇西惠森等为代表的现代物流仓储企业，全市中药材静态仓储能力已达10万多吨。

（二）影响定西中药材产业发展的因素分析

定西中药材发展总体而言还不强，发展中潜伏的危机不容忽视。具体表现在：

（1）非关税壁垒。随着经济全球化的不断发展，各国市场间相互开放的程度日益加深，各发达国家不会轻易让出自己已占有的市场份额，常常会设置各种"壁垒"阻止其他国家商品进入。我国正式成为WTO的成员国后，按照国际惯例，各发达国家不能再用关税作为阻止我国商品进入国际市场的"壁垒"，现在更多的是采用非关税壁垒，即技术性贸易壁垒和绿色壁垒等，作为阻止或限制我国商品进入国际市场的手段，尤其是对我国农牧产品、食品、医药产品等。例如欧盟的《传统植物药注册程序指令》就让我国中药材出口遭遇挫折，成为国内议论的焦点。指令规定，若没有进行传统药注册，现在以食品、保健品等方式在欧盟市场上流通的中药材将被禁止销售。而据了解，目前我国没有一家中药材企业在欧盟完成上述注册[1]。

（2）"洋中药材"的挑战。由于植物药的价值越来越引起国际社会的重视，当前，中草药的开发研究已引起欧、美、日等国家制药界的极大关注。国外医药巨头开始大举进军我国医药市场，一方面，试图占领我国化

---

① 郭凤燕：《定西市中药材产业现状及可持续发展途径》，《甘肃农业科技》2007年第1期。

学药物市场，另一方面，也想动摇中药材市场在我国的优势地位。目前已有 10 多个国家和地区 40 多种天然药物在我国正式注册，"洋中药材"挟提取加工新技术、包装、营销手段的优势大举进军我国医药市场的态势已经出现。"洋中药材"的大举进入，不但弱化了我国中药材企业的创新能力，还使我国中药材企业失去了更多的市场份额。使我国的中药材企业生产的产品正面临来自"洋中药材"巨大的挑战。牛黄清心丸是同仁堂十大品牌名药之一，而韩国申请人在该配方基础上改变剂型，研发了"牛黄清心液"及"牛黄清心微胶囊"，并陆续向韩国、日本、中国、英国和美国等世界上 19 个国家提交了相关发明专利申请，目前已在韩国、日本、英国等国家获得了专利授权。而韩国企业靠着专利造势，抢占了国外市场，仅"牛黄清心液"这一药品的年产值就有 0.7 亿美元。

（3）家栽品种混杂退化，野生资源保护滞后。长期以来中药材的育种工作未纳入农作物品种选育推广计划，多数药农采用自留种子或种苗开展生产，造成品种混杂退化。另外，由于资金短缺，科技力量薄弱，加上部分产区位置偏远，对野生药材难以实施有效保护，采挖的现象仍然比较突出，导致一些野生药材资源濒临枯竭，很难再见到大面积的分布，市场供求矛盾加剧，极大地限制了定西市中药材产业的可持续发展。

（4）药材品质欠稳，质量监控不力。近年来，有些地方仍沿袭传统种植方式，当归、党参、贝母等中药材种植中的病虫害防治不力，有些药农为了获得高产，滥用化肥农药或不适当的栽培方法，片面地追求市场价格，虽然产量提高了，但有效成分积累不够，重金属、农药残留超标等问题比较突出，品质达不到要求。另外，在中药材产后人工清洗、熏蒸防蛀过程中，由于环境条件限制、技术措施不当等原因，导致有效成分损失或人为造成二次污染，达不到卫生安全标准要求，直接影响了产品外销和商业信誉。化肥、农药的施用量不断加大，中药材品质有所降低，比较效益不高。

（5）中药材生产基地建设滞后。目前，定西市中药材生产以药农自发进行生产为主，药农主要根据当年市场行情安排来年生产。虽然地方政府在政策引导、信息服务、技术推广等方面发挥了一定作用，但千家万户式的药材生产对集约化生产有不利影响，导致产品质量参差不齐。虽然有少数企业在重点产区建立原料基地，但仍处于尝试阶段，尚未大面积推广。市内有些地方中药材种植不规范、不科学，产品质量不高，标准化程度低，致使中药材产品的市场竞争力受到影响，经常出现结构性过剩和季节性卖难问题，尤其是国际市场稍有变化，就会造成产品滞销，药贱伤农。因此，中药材基地建设的任务还很艰巨，吸引大企业大集团在药材产区建设基地，基地带动农户的工作有待于深化。

（6）科技含量不高，服务体系不健全。由于受技术、资金等条件的限制，中药材规范化生产、良种生产繁育、先进栽培技术推广、新产品研究开发、科技成果交流等工作还比较落后。目前，全市专门从事药用作物栽培、育种和技术推广的专业人员很少，与粮食、园艺等农作物相比，从事药用作物栽培技术推广的人员比例太低。政府有关部门对农户中药材生产经营的技术指导、信息引导和产后服务不到位，没有把千家万户的小生产与国内外大市场连接起来，生产经营带有一定的盲目性，农民增产不增收的问题依然存在。特别在偏远山区，中药材生产基地虽然建立起来了，但由于加工、销售没有很好地跟上去，资源优势尚未变成经济优势。另外，药农的专业素质较低，学习采用先进适用栽培技术的意识不够强，学科学用科学的自觉性、积极性还有待于进一步调动，凭经验种植、粗放管理的现象还比较普遍。

（7）产业化程度不高，加工业能力较弱。过去，定西市在产业政策上重视不够，中药材产业化生产、管理渠道不畅，缺少一个连续的比较科学合理的中长期宏观发展规划，导致中药材在规范化生产基地、市场基础设施、商品流通、信息网络服务，产后贮藏运销和产品包装加工等方面的基础条件比较薄弱。定西市企业规模较小，深加工比例较低。绝大多数地方仍以出售原料药材为主，加工增值严重滞后，极大地影响了中药材产业的发展和产区农民增收。

（8）公共服务平台建设滞后。公共服务平台是促进现代中药材产业形成与发展的加速器和催化剂。公共服务平台通过与企业建立广泛的联系，引导企业密切中药材产业上下游的结合，有效地使单一技术的突破尽快孵化为成熟配套的技术和工艺，向产业进行技术转移和辐射，从而加速具有商业前景的技术和产品尽快实现产业化。尤其是科技服务机构作为技术开发者与技术需求者之间的桥梁和平台，对提高其客户，特别是中小企业客户的创新能力发挥着十分重要的技术中介、合作创新的作用。定西目前公共服务平台体系建设刚刚起步，缺乏专业化服务机构的支撑，辅助性、服务型企业较少，如行业协会、法律和财务咨询机构以及临床服务等服务机构，企业信息、技术共享平台尚未建立。缺少物流、配送等专业服务企业。许多大企业自己承担了物流、配送等服务，但对于大多数小企业而言，由于规模较小，不能达到规模效应，势必将提高生产成本①。政府缺乏对这些公共服务平台的宏观指导，又无日常的贴近管理和服务，并且以政府为主体的运营模式和管理体制已经不能适应现代生物医药产业的发展，这些公共服务平台的后续建设、资源整合、功能优化显得十分薄弱，致使平台的社会效益和经济效益尚未达到预期的效果。

通过以上从外部和内部因素分析，可以看到，由于受计划经济的长期影响，定西中药材产业的种植生产乃至销售一直处于较封闭的状态，对于境外的经营模式、竞争实力都缺乏足够的了解，对可能受到的冲击也没有足够的认识和准备，生产企业始终处于规模小、效益差、管理水平低的状态，对劣质药材饮片也不能有效地监督和管理，导致市场上许多饮片鱼龙混杂，良莠不齐。生产出的产品质量不稳定、科技含量低，甚至有研究成果也难以推广。中药材产业要想迎接国际市场的挑战，进入国际医药主流，就必须改变经营战略和对策，在适应国际潮流的标准化和现代化上下功夫，并加强中药材管理软科学研究，在充分调查研究的基础上，制定配套政策，建立与社会、经济、科技、人才培养使用等诸方面相互配套的系统管理措施以提高企业市场竞争能力。

（三）提升定西现代中药材产业竞争力的对策措施

定西是中药材产业大市。无论中药材资源及种植业，还是中成药工业，在全国具有举足轻重的地位。定西发展中药材产业有传统、有条件，潜力巨大。当前要制订长远发展规划，要把产业链做大做长，把生物医药园区规划好建设好；要加强科技研发力度，加强品牌保护，使中药材产业真正成为该市经济引擎。

1. 加大中药材品牌战略的实施力度

品牌是一个全优的综合概念，对品牌的理解集中在美誉度、知名度、畅销度和效应价格四大指标上，它给人以安全、可靠、优质的感觉，其丰富的内涵综合反映出一个国家或地区的经济、科技、教育、管理水平和竞争实力。在中药材研究与开发的基础上，实施品牌战略，是一个最能代表中药材现代化水平的系统工程，其内容包括名牌规范、名牌认证、名牌保

---

① 郭凤燕：《定西市中药材产业现状及可持续发展途径》，《甘肃农业科技》2007 年第 1 期。

护、名牌实施和名牌监督五个方面。同时，名牌战略的本身，就是要创造优良样板，有效地推进中药材标准化与规范化由点到线、由线到面地发展，为药业工业提供优质原材料，更好地为创建名牌中成药奠定基础，进而提高产品在市场上的竞争力。市场竞争就是产品竞争，产品竞争就是质量竞争，质量竞争就是品牌竞争。品牌就是优势，品牌就是效益。加入WTO后，由于受"绿色壁垒"的限制，质量差的中药材产品由于很难拿到进入国际医药市场的"绿卡"而被拒之门外。因此，要加大中药材品牌战略的实施力度。

（1）强化各级领导和农业干部的品牌意识。不但要树立品牌，宣传品牌，还要学会利用品牌，靠品牌打市场，尽快促进定西市中药材产业从被动营销向经营品牌转变；从现实来看，许多种植户还缺乏规范种植的意识，如果脱离规范种植，今后生产的中药材将很难进入市场。因此，按照中药材管理规范种植，是大势所趋，是必由之路。要按照"生产有标准，质量有检测，认证有程序，市场有监督"的要求，加快药业标准化体系，制定无公害中药材基地认证和地理标志产品认证，引导农民和企业改变传统习惯、操作方式，在播种、施肥、灌溉、采收、加工、病虫害防治等各个环节都按行业标准操作，同时要对水质、空气、土壤进行分析，稳定当归、党参等中药材有效药性成分并符合标准，实现中药材种植的地道、绿色、环保、无公害目标。

（2）实施规范种植，打造种植品牌。按照"道地"原则制订中药材发展区划，确定重点发展品种，加快白术、金银花、获苓、杜仲等一批定西道地药材种植基地建设，鼓励野生变家种试验，大力发展订单种植；支持中药材企业采取"公司＋基地＋农户"的产业化运作模式建立中药材规范化种植基地。支持药材基地与医药工商企业、中药材专业市场加强产销联合，推进中药材种植业良性发展，大力促进区域经济发展。加快规范化、标准化中药材饮、中药材提取物生产基地的建设，扩大配方颗粒饮片、超微饮片的生产，支持中药材提取物集约发展和进一步扩大经营范围。延伸中药材产业链，大力发展以中药材为原材料的食品、保健品、化妆品、有机饲料及相关产业，扩大中药材应用范围和市场，积极拉动对本地中药材原料的市场需求。进一步完善中药材工业生产供应链，重点支持发展基础好、技术先进、创新能力强的制药机械装备、药用辅料及药包材制造企业发展。

　　按照"生产有标准，质量有检测，认证有程序，市场有监督"的要求，加快药业标准化体系、中药材产品检验检测体系、安全监测体系和质量认证体系，制定申报省级中药材地方标准和质量标准，通过无公害中药材基地认证和地理标志产品认证。

　　（3）扶持龙头企业，培植知名品牌。龙头企业是产业开发的主要带动力量，是打造品牌的重要载体。先进技术是提高产品质量的基础，要采取行之有效的措施，要充分利用定西开发中药材资源的有利条件，切实加大对药业创牌企业在基地建设、科研开发、技术服务、质量标准和信息网络等体系建设方面的资金投入。引导企业建立和完善自身的科技支撑体系，依托科研院所，发挥专家教授的作用，参与调查及课题研究、基地建设、资源保护和新产品开发，努力提升科研水平。在面向重大疾病、现代疑难病、恶性传染病、老年病、亚健康症等方面，企业要主动遴选临床效果确切、使用安全、质量可控的品种，高起点开发具有自主知识产权的中药材新品种；充分利用现代生物技术，集中资源进行中成药优势品种的二次开发，立足定西道地、大宗药材资源研究开发新产品；对传统经方、验方进行挖掘和研究，利用现代高新技术研发出科技含量高、优质高效的中成药现代制剂产品；加强缓释、控释、靶向给药、分子包合、高效喷雾制粒包衣等现代新制剂工艺技术应用，改进传统剂型，全面提高产品高科技含量、质量、疗效和市场竞争力。企业只有不断发展壮大，具备了一定的发展规模和发展实力，才能培育出技术含量高、竞争能力强、市场前景好、有自主知识产权的精品名牌。全力支持企业和产品通过 ISO9001 质量体系认证和 ISO14001 环境管理体系认证，争创知名品牌。[①]

　　2. 建立产学研合作机制，发挥中介组织作用

　　（1）建立官产学研相结合的新药研发投入机制。第一，政府扶持。政府应加大中药材产业投入，帮助中药材企业克服资金不足的困难，提高新药研发的数量与质量，为中药材产业保持良好的发展态势创造条件。第二，合作创新。企业间、企业与研究机构和高等院校之间的联合创新行为，是近年来许多国家普遍采用的一种创新模式。通过企业与企业、企业与研究院所的合作创新，可以整合有限资源、部分分散研发风险、紧密衔接技术供需双方、提高创新成果产出效率，通过资源共享和优势互补，使

---

　　① 滕海燕：《定西市中药材市场现状及营销策略》，《甘肃农业》2009 年第 4 期。

合作各方优势得以最大限度地发挥，从而在一定程度上解决新药研发投入不足的问题。需要注意的是，合作创新必须妥善处理合作过程中的双方工作衔接、利益分配和知识产权归属等问题，防止纠纷影响创新效率，甚至导致合作失败。

（2）创办中药材产业科技园区，充分发挥产学研结合的优势。科技园区是产、学、研、商结合的最佳模式，成功创办科技园区是发展高科技产业、提升传统产业质量和带动当地经济的可行方法。在推进中药材产业现代化的过程中，迫切需要创办科技园区，中药材企业进入科技园区可使资金、人才、技术、设备等有限资源集中使用，从而改变我国中药材企业规模小、效益低的不利局面。科技园的建设可充分发挥医药类高校的科技前沿作用，形成高校与企业合作的发展模式。高校科研人员往往只注重科研，忽视了将科研成果产业化。通过实行该形式，可充分利用高校的科研成果，将科研取得的成果转化为产品。同时以创新、创业，实现事业理想来吸引人才，以前沿性技术研发和产业化平台来培养人才的集聚和培养人才功能。

（3）构建专业人才支撑体系。大力实施人才战略，完善用人机制，创新人才培养模式，引进高素质人才，加快构建中药材产业发展所需的专业人才支撑体系。充分吸纳高校优质的教育资源，加快战略人才、管理人才、营销人才、综合人才、各类专业技术人才的培养。鼓励智力成果的资本化，通过建立技术股、创业股和管理股，依法从企业产权结构上解决智力、知识等无形资产的有形化，帮助和促进一大批高素质专业人才脱颖而出。加大高素质人才的引进力度，通过建设国家级、省级重点中医药项目，吸引和造就一批活跃在中医药领域的顶尖人才和学科带头人投身到定西中药材产业发展中来，对外地引进的专家和人才携带科技成果到定西创业的，在工作上创造好的环境和条件，生活上给予优先安排，为他们创业解决后顾之忧。加快建立继续教育和专业培训相结合的教培机制，依托甘肃省高校教师资源，搭建专业人才培训平台，通过职业教育、成人学历教育、自学考试、非学历短期培训等多种形式，加大专业人才的培养力度，以满足产业发展对专业人才的需要。

（4）以品种为重点，以项目为载体，组建产、学、研紧密结合的团队。要发挥企业优势，形成联合攻关工作模式，组成研究队伍，开展相关技术的研究与合作，共同开展并完成项目研究。建立联动机制。产学研各单位及时沟通信息，定期通报进展情况，不断解决出现的新问题。发挥企业主体创新能力，引导企业与高等院校、科研单位开展深入合作，以增强市场竞争力为核心，通过资源整合、技术升级，应用先进适用技术解决制约中药材品种做大做强的共性关键技术问题，增加产品科技含量，从传统中药材品种临床定位和优势评价、处方优化、药效物质及作用机制、有效成分提取及制剂工艺、质量控制、规范的临床研究、市场营销等方面进行全面深入的二次开发，并经过快速扩散和技术外溢，改变企业的产品结构，提高企业的生产水平，探索传统名优中药材的现代化提升新模式，构建定西中药材大品种，最终实现定西中药材现代化水平的全面提升，实现中药材产业的持续增长。将产学研结合从一种理念变为行动，以具体项目为载体，将产学研结合在一起，提升科研成果转化能力，培育市场意识促进学科建设和人才培养。同时，提高企业研发人员素质，增强企业整体创新能力。

（5）促进中介组织的发育，强化产业内企业合力。企业成长的竞争优势主要在于专业化带来的低成本、灵活适应市场需求和供货能力。但能否持续和保持这些优势，一方面在于要素成本的控制，另一方面在于企业之间长期合作关系的发展。要在整体上提升企业的竞争力和实现产业升级，就要发挥中介组织的作用，成立专业化机构，为企业提供包括技术创新、资金融通、人才开发、市场拓展、咨询信息在内的各项服务，中介组织可以充分利用自身的优势，帮助企业形成网络结构，通过垂直或水平联系，加强企业之间的合作，提高效率。

第一，充分发挥自发的行业自律组织——中药材行业协会的作用。中药材行业协会是处于企业和政府之间，由中药材行业内企业自发组织的协会。作为企业与政府之间的桥梁，中药材行业协会可以把现代中药材企业的需求告诉政府，让政府真正了解企业的微观需要，同时它也可以把政府对产业发展的政策传达给企业，从而增进两者之间的沟通。现代中药材业的行业协会还可以起到规范市场行为、维护竞争秩序，研究中药材行业发展，规划中药材行业发展战略等一系列作用。现代中药材产业的有序发展离不开中药材行业协会作用的充分发挥。中药材行业协会应履行行业服务、行业自律、行业代表、行业协调的职能，发挥在规范市场行为、信息交流与技术经济合作、推动企业技术创新和产品质量提升、保护知识产权及相关权益等方面的作用。第二，加强技术中介服务。在目前定西市研究与制造条块分割的格局尚未完全打破的情况下，政府相关职能部门有必要在生产和研究之间搭建高效的技术信息平台，为企业提供技术创新的新方向、科研成果的新信息；通过开办成果交易会等方式，帮助研究机构引入企业风险资金；开办、扶持各类技术中介服务机构，为企业、研究机构提供技术咨询、技术入股等方面的全方位服务。第三，应建立中药材研发的信息网络系统，搜集中药材的研究项目、研究成果、研发机构等信息，整理中草药及方剂的传统秘方、古方和验方，掌握现代研究成果方面的文献；搜集国外天然药物研究方面的资料；搜集各国关于中药材的法规及专利资料。这样就掌握了关于中药材研发的第一手资料。

（6）培育中介机构，充分发挥其在中药材产业过程中的作用。中介机构主要有两类，一是行业协会，二是提供专业化服务的机构。专业化服务机构在企业中广泛存在，为中小企业提供信用担保、筹资融资、信息咨询、市场开拓、人员培训、经营管理、国际合作等各种服务。而行业协会同样在企业发展过程中扮演着重要角色。特别是作为保护和增进协会会员企业利益的单位，行业协会的一个重要职责就是为会员企业提供各项服务。在现代中药材产业中，行业协会大多由政府牵头，企业自发成立的行业协会并不多见。政府在行业协会成立之初，主要起引导作用，协会成立后，政府逐渐放权，鼓励协会自主解决会员企业面临的各种问题。建立"政府引导，协会搭桥，部门联动"全方位、多层次、宽领域的协调服务体系。对于中介机构的培育，首先，地方政府需适当提供财政拨款，为中介机构的启动提供一定资金，并利用自身的资源、信息和组织优势从区外引入相关产业的研究机构、培训机构或其他专业性机构的专业人才以及设备，成立"政府主导型"的专业化服务机构。其次，当中小企业和中介机构的交易持续增多，中介机构实力持续增强时，地方政府就要实现退出，退出有两个方面：一是组织退出，就是使中介机构完全成为自主经营、自负盈亏的实体，而不是地方政府的某个职能部门；二是政策退出，包括最初的资金支持政策以及其他特殊的扶持性政策（补贴、价格等），目的在于在财务上与中介机构脱钩，从初始的资金垫付者的角色中摆脱出来，同时促进社会化服务机构的自发建立和成长，促进服务市场化。最终，通过退出，实现对中小企业的服务从"政府主导"向"市场主导"的转变。

3. 定西中药材产业未来发展方向

（1）全国最大的药材标准化种子种苗基地。全市组织市县区农业科研技术推广部门，依托主产县建设的中药材科技园区，积极开展中药材新品种选育、野生品种资源驯化、道地、地产品种提纯复壮、标准化新技术试验研究与示范等工作，大力实施中药材种子工程，按照企业化、集约化、标准化、市场化建设的原则，在全市药材主产区的不同自然气候类型区建立中药材标准化种子（苗）基地5万亩，其中当归2.5万亩。不仅承担市内药农的供种子（苗），而且肩负起省内同类区的供种子（苗）任务。并依法加强种子（苗）监管，规范种子（苗）市场，保护药农利益和确保原生产质量。

（2）全国最大的道地、优势地产药材GAP种植基地。药材种植面积稳定在100万—110万亩，确保中国药材种植第一市的位置；其中当归、黄（红）芪、党参三大主栽品种分别稳定在25万亩、30万亩和25万亩；今后要把工作重点主要放在标准化生产和提质增效上。组织市内外科研技术推广力量，按照国家出台的GAP种植规范，在完善已制定品种SOP的基础上，加快其他优势地产药材SOP的研制。同时依照企业或公司直接反租或订单建基地的模式，在全市不同药材主产区建立GAP种植基地80万—100万亩，实现GAP种植全覆盖，从根本上确保原料质量的稳定可控，打造定西药材绿色品牌，以质量求效益、占市场、保加工。

（3）全国最大的药材现代物流仓储基地。进一步完善五大市场，加强硬件设施建设，力争建成全国一流、功能完备、国内有影响力的集交易、批发、仓储、技术、信息服务于一体的现代药材产地专业市场。同时，在药材主产区的乡村建立一个中小型专业批发市场，使全市药材年交易量由现在的28万吨提高到30万吨以上。通过努力，将文峰、首阳、会川建成全国居前三位的药材专业批发市场和国内重要的药材集散地及大宗药材价格形成、控制和信息发布中心，争取列入全国十大药市。同时利用"南药北储"的有利条件，加大物流仓储设施建设，使全市静态仓储能力由现在的5万吨扩大到30万吨以上，成为全国最大的中药材现代物流仓储基地。

（4）西部最大的中药饮片生产基地。陇西文峰、首阳素有"西北药都"之称，常年参与交易的品种在500个以上，年交易量18万吨左右，为中药饮片加工实现西北最大的目标奠定了一个扎实的资源和原料基础。因此，我们要充分利用当地道地、优势地产药材和丰富的野生品种、外进交易品种资源，扩大中药材饮片的标准化（GMP）生产规模。实现西部最大的目标，一要加大高标准、符合（GMP）认证条件的饮片加工厂建设；二要迅速扩大加工总量。由现在的 5 家（较大规模）增加到 20 家，全部通过 GMP 达标，单个加工能力至少在 5000 吨以上，总的加工能力由现在的 2.5 万吨扩大到 10 万吨以上，加工品种由现在的几十个、一百个左右增加到 500—1000 个。同时确保加工产品质量，打造"定西"中药饮片的知名品牌。[①]

（5）西部最大的中药提取物生产基地。在我国出口的中药产品中，提取物所占比例只有 15%，大部分以原药出售为主，附加值很低。今后要围绕实现这一目标，加大投入，加快研发，引进资金、技术和设备工艺，依靠科技提升现有生产水平，提高技术含量，提高国内外市场竞争力。经过 2—3 年努力，全市中药材提取物生产线由现在的 5 条增加到 10 条以上，年加工药材的能力由现在的 1.5 万吨扩大到 3 万吨以上，成为中国西部最大的中药提取物生产基地，为现代制药和出口创汇提供支撑。

（6）西部最大的现代中药生产基地。回顾我国中药产业发展的历程，大致可分为三个阶段：剂型上从最初的汤药到丸、散、膏、丹，再发展到胶囊剂、片剂、注射剂等现代化剂型；生产上从最初的瓶罐熬药到店铺作坊，直至发展到今天的工业化大规模生产。目前，定西现有的几个较大规模的中药材制药企业规模很小，中成药产品仍以传统型为主，距离中药发展的更高阶段还有很大差距。要实现西部"老大"的目标，一要加大招商引资和积极对接的力度，引进国内外包括日、韩大型制药企业在定西落户；二要加大投入，依托有实力的科研机构，实行企业自主创新与科研机构相结合，加快新药现代化剂型以及先进生产技术工艺的研发进程，为中药现代化提供技术保障；三要重点培育现有扶正、金羚、岷海、众友等重点企业，使之尽快做大做强，单个企业产值由现在的几千万、近亿元提高到 3 亿元以上，其中有一个达到 5 亿元以上，制药业总产值由现在的不到 2 亿元提高到 15 亿元以上，成为西部最大的现代制药基地。

---

① 滕海燕：《定西市中药材市场现状及营销策略》，《甘肃农业》2009 年第 4 期。

五 陇南市特色农业产业开发研究

（一）陇南特色农业发展现状

1. 现状概述

特色农业是陇南农业和农村经济发展的优势所在，特色农业产业是支撑陇南特色农业发展的核心。经核查：全市特色农业产业基地建设适宜发展区域总面积1135万亩，至2009年年底已建成特色农业产业种植基地786.95万亩，其中核桃265.6万亩、花椒173.9万亩、油橄榄15.51万亩、中药材81.31万亩、蔬菜50.73万亩、茶叶12.7万亩、苹果48.67万亩、马铃薯138.53万亩，出栏牛13.56万头、猪95.18万头、鸡345.5万只；建成市级以上特色农业产业化重点龙头企业30户，其中省级4户；登记注册农民专业合作经济组织868个；建成农产品专业市场29个；注册农产品商标187件，其中获得中国驰名商标1件、甘肃省著名商标20件。特色农业产业总产值53.5亿元，增加值30.4亿元，农民人均纯收入中特色农业产业收入1018元。①

2. 陇南特色农业产业发展状况分析

（1）主要特色农业产业规模与数量分析。陇南市主要特色农产品的种植面积从2004年开始到2008年有一个急剧的扩张阶段，而后到2009年，由于灾后重建等各方面原因有所减少，到2012年又有所回升。但是所有特色农产品的种植总面积一直呈上升状态。由表2-1、表2-2可以看出，随着种植面积的不断扩大，特色农产品的产量也在逐年上升，2009年由于气候因素，花椒产量却大幅度减少。这种状态说明了陇南市一直把农业特色产业作为一项重要工作来抓，特色农业产业已经成为陇南市新崛起的支柱产业，成为陇南市农业发展的主力军。但是陇南市的特色农产品对气候的依赖性比较强，截至目前来看，靠天吃饭的现状依然比较严重，气候的变化对各特色农产品的产量有很大的影响，这直接导致了陇南市农业产业经济结构比较脆弱。

---

① 《改革开放以来全市农业发展变化情况》，陇南农业信息网，http：//www. lnnyw. gov. cn/，2010年3月5日。

表 2-1　　　　　　　陇南市主要特色农业产业种植面积　　　单位：万亩

	2004 年	2008 年	2009 年	2012 年
核桃	22	332.6	265.6	317.8
花椒	12	238.37	173.9	199
油橄榄	10.21	22.77	15.51	24.4
中药材	35.647	115.5	81.31	92.24
所有特色农产品总种植面积	584.21	695.32	786.95	911.5

表 2-2　　　　　　　　陇南主要特色农产品产量　　　　　单位：吨

品名	2004 年	2008 年	2009 年	2012 年
核桃	6785	12872	26805	34200
花椒	7498.87	25854	14645	23300
油橄榄	50	1420	2682	6700
中药材	44247	71136	79049	106200

资料来源：《陇南统计年鉴》2005、2008、2009 年。

（2）主要特色农产品收入结构分析

2009 年陇南农村居民特色产业人均纯收入 618 元，占农民全年纯收入 2284 元的 27.1%，比 2005 年提高了 0.8 个百分点。其中，花椒人均 136 元，占纯收入的 6%；核桃人均 102 元，占纯收入的 4.5%；蔬菜人均 92 元，占纯收入的 4%；茶叶人均 18 元，占纯收入的 0.8%；苹果人均 48 元，占纯收入的 2.10%；药材人均 56 元，占纯收入的 2.50%；油橄榄人均 9 元，占纯收入的 0.4%；牛、羊、猪养殖业人均收入 120 元，占纯收入的 5.2%；桑蚕人均收入 5 元，占纯收入的 0.2%；食用菌人均收入 32 元，占纯收入的 1.4%。剔除 2009 年受灾补助因素，占到正常农民人均纯收入 1995 元的 30.98%，比 2005 年提高了 4.68 个百分点。通过分析得出，农业特色产业在全市 GDP 中所占的比重越来越大，在农民人均全年总收入的比重越来越高[①]。农业特色产业的发展已经成为一种趋势，成为全市 GDP 增加的新亮点和农民增收的重要因素。

（3）龙头企业发展现状及辐射状况

---

① 何晓林：《陇南市农民纯收入 30% 来自于农业特色产业》，陇南市公众信息网，http://www. longnan. gov. cn/，2010 年 12 月 1 日。

近年来，陇南市上下把培育壮大龙头企业、优良品牌，作为加快推进特色农业产业化发展的关键措施来抓，随着农业特色产业基地规模的不断扩张，产业化龙头企业、品牌产品呈现出快速发展的势头。

这表现为，一是数量规模不断扩大。目前，陇南市投资 100 万元以上的农产品加工企业达到 180 户，实现增加值 5.07 亿元。陇南市有市级以上农业产业化龙头企业 42 户，其中省级 5 户；销售收入达 12.76 亿元，完成增加值 3.6 亿元，实现利税 2.2 亿元。42 户市级以上产业化龙头企业中，年营业收入亿元以上企业 2 户、5000 万元以上 1 户、1000 万元以上 14 户、500 万元以上 9 户、500 万元以下 16 户。从调研情况来看，陇南市农业产业化龙头企业数量逐年增多，规模逐年扩大。二是带动能力明显增强。龙头企业生产经营能力的不断提高，吸纳了农村剩余劳动力，带动了基地的快速扩张，同时也增加了农民收入。陇南市 42 户市级重点龙头企业现有从业人员 5600 多人，建规模化生产基地 48 万亩，带动农户 20 多万户。如文县中寨纹党产区代元有限公司与中药材产区 1800 户农户签订纹党种植协议，建规范化种植基地 30000 亩，每年为纹党产区农户带来 4000 多万元收入。甘肃金徽酒业集团公司，建成千亩白酒专用粮基地一处，辐射带动了当地种植业、养殖业、农产品加工和服务业等相关产业的快速发展。康神苦荞酒业公司发展协会会员 500 人，发展苦荞基地 2 万亩。太泉蜂业在陇南市建立起一支 300 多人的稳定养蜂队伍。在龙头企业强有力的带动下，陇南市特色农业基地面积不断扩张，2010 年陇南市特色农业基地面积达 530 万亩，其中油橄榄鲜果年产量已占全国总量的 80% 以上，核桃年产量已占到全国总量的 1/10，中药材产量占全省总产量的 1/4。

（4）主要特色农业产业企业品牌与销售情况分析

品牌建设起步良好。龙头企业通过加大科技创新力度，大力推进标准化、规模化生产，创建了一批有影响力、竞争力、具有陇南特色的农产品品牌。在 2010 年上海世博会上，金徽酒业"金徽酒"被联合国授予"世界特贡产品"和千年优秀奖。金徽酒业系列产品获中国驰名商标，甘肃红川酒业获得"中华老字号"称号，有 10 户企业的 11 个产品被评为省级名牌产品，25 户企业的 28 个产品被评为市级名牌产品，有 16 户企业通过 ISO9000 国际质量管理体系认证，有 5 户企业通过 HACCP 食品安全管理体系认证。武都油橄榄、红芪，文县纹党，康县龙神绿茶、黑木耳，西和半夏，礼县大黄、苹果，两当狼牙蜜，宕昌党参，哈达铺当归被认定为国家地理标志保护产品。

销售方面，由于产业链条短，产品附加值低。目前，陇南市12个农业特色产业（特色产品），除苹果、茶叶和油橄榄外，普遍缺乏加工龙头企业，而且现有的加工企业多数脱胎于家庭小作坊，企业缺乏精深加工技术和设备，产品处于初级加工阶段，产业链条短，加工增值能力弱，科技含量和产品附加值低。由于缺乏加工营销龙头企业的带动，畜牧、蔬菜、花椒等产业的产、加、销互相脱节的矛盾比较突出，贸、工、农相结合不紧密，甚至处于利益分割状态，适应市场变化的能力较弱，辐射带动能力不强，导致销售收入不高，增收效益不明显。

（二）当前陇南市农业特色产业发展政策分析

当前陇南市政府对于农业特色产业的主要发展思路是按照"尊重规律、扩大规模、强化科技、健全市场、壮大龙头、打造品牌、提质增效"的总体要求，坚持以科学发展观为指导，坚持继承与创新的有机统一，以调整优化结构为主线，以优势主导产业为重点，以标准化、规模化基地建设为基础，以培育壮大龙头企业为核心，以龙头企业和专业合作经济组织为纽带，以科技成果应用和体制机制创新为动力，立足市情县情，发挥比较优势，坚持分类指导，挖掘资源潜力，注重品牌建设，加大投资力度，着力推动特色农业规模化发展、标准化生产、商品化加工、市场化营销、科技化支撑，努力提升产业化发展水平。

从相关的文件来看，陇南市对于发展农业特色产业有着比较清晰的思路，从产业基地建设、龙头企业建设、专合组织建设、专业市场建设、名优品牌建设、科技体系建设、示范点（园区、片带）建设七个方面进行农业特色产业的深度开发，并有与之相关的保障措施相配套，这对推动特色农业产业化经营水平快速提升，进一步促进农业增效和农民增收，繁荣农村经济，加快特色农业发展步伐有着重要的意义。

（三）陇南特色农业产业发展中存在的主要问题

（1）龙头企业规模小，带动能力不够强。陇南市目前有市级以上重点龙头企业42户，其中：省级5户、占全省252户的2%；全省有国家级20户，陇南市目前没有一户，与基地规模很不匹配。在42个市级以上龙头企业中，资产总额超过亿元的仅有金徽酒业和独一味2家，超过5000万元的仅有华龙恒业1家，其余资产总额均在5000万元以下，规模整体偏小，县区级龙头企业规模更小。①

（2）产业链条短，产品附加值低。目前，陇南市12个农业特色产业（特色产品），除苹果、茶叶和油橄榄外，普遍缺乏加工龙头企业，而且现有的加工企业多数脱胎于家庭小作坊，企业缺乏精深加工技术和设备，产品处于初级加工阶段，产业链条短，加工增值能力弱，科技含量和产品附加值低。由于缺乏加工营销龙头企业的带动，畜牧、蔬菜、花椒等产业的产、加、销互相脱节的矛盾比较突出，贸、工、农相结合不紧密，甚至处于利益分割状态，适应市场变化的能力较弱，辐射带动能力不强。

（3）企业管理松散，品牌意识不强。陇南市农业产业化龙头企业大多规模小，尚未摆脱"作坊式"、"家族式"的管理模式，缺乏现代企业管理人员和管理机制。尤其是营销企业和外向型企业，缺乏与外商打交道的营销人员。个别企业，安全卫生设施简陋，产品质量安全意识不强，安全措施不到位。部分农业龙头企业品牌意识不强，企业产品科技含量不高，缺乏拳头品牌产品，甚至有的产品未注册，在市场上竞争力不强，所占份额相对较少。许多已经注册的产品，由于宣传营销力度不大，没有很好地发挥经济效益。茶叶、油橄榄产业存在品牌多而杂，恶意竞争，以次充好的现象。

（4）规模化、标准化生产经营水平低。近年来，陇南农业特色产业发展较快，经济效益不断提高，但产业规模总体偏小，规模化、集约化程度较低，分散经营问题突出，市场配置资源的基础性作用还没有得到充分发挥，企业化管理能力较弱，不能实行统一的标准化和规范化操作，从而导致农产品产量低、质量差，以上现象严重制约着特色产业发展的经济效益。在生产过程中，以农户为主，企业经营比重低。农户的分散经营导致其在农业产业化过程中处于弱势地位，这主要由于农户的市场意识淡薄，小农意识根深蒂固。例如，陇南中药材产业发展中，群众虽然有栽培中药材的习惯，但管理粗放，甚至放任生长，集约化、规模化、基地化栽培刚起步。农户与企业在生产中因资金投入、技术、市场信息方面存在较大差异，效益明显低于企业；由于企业资金紧张，对基地的投入不足，使种植比较分散，集中连片少，集约化程度低。从而导致主导产品不突出，缺乏

---

① 王义存、马玉明：《陇南市农业特色产业发展现状及发展措施》，《甘肃农业科技》2012年第11期。

有影响力的品牌效益,难以形成规模化的生产,产品外销优势不明显。

(5) 农业产业化经营主体之间的利益分配机制不完善、不规范。从发展农业产业化实际运行过程来看,陇南的农业产业化经营的组织形式,大多是"公司+农户"的模式。龙头企业在带动农户进入市场的产业化组织形式中,肩负着双重的责任:既要保证企业自身利益的实现,又要能够带动农户,并让利于农,但现实中农业生产组织化程度低,经营管理制度还不完善,多数龙头企业与农户之间达成的只是口头约定或君子协议,没有签订真正的书面合同,没有形成利益共享、风险共担的利益共同体和稳定的带动关系。在实际交易过程中,有的企业在农产品滞销时,由于市场价格比约定的价格低,企业为了减少成本从而忽视农民的利益而不愿买;而在农产品紧俏时,由于市场价格比约定的价格高,有些农民为了增加收入却不按合同约定把农产品卖给企业,造成违约事件屡屡发生。特别是由于农民或农户是单个的、分散的,缺乏谈判和讨价还价的必要的信息、素质、技巧和经验,在产业化经营中处于被动和依从的地位,其利益也得不到保障。

(6) 品牌意识不强,特色农产品的深加工有待开发。陇南各地特色农产品种类繁多,但在全国知名的农产品品牌不多,真正具有一定知名度的品牌寥寥无几。究其原因,并非陇南农产品没有特色,而是各级政府和企业以及农户对品牌农业的认识不足,缺乏创立、保护品牌的意识,对特色农业产品的品牌培育滞后。大多数农户对特色农业产业的认识还停留在农业初级产品的生产上,主要利用自然资源来培育初级农产品和养殖畜产品,大多数农产品都以初级产品加工为主进入流通领域,产品附加值高的农产品精深加工比重较低,加工产业内相同农产品类别的小加工企业数目多,低水平重复建设多,特色农业的高效益特征并未充分体现。不少企业一听说实施品牌战略,立即会想到陇南的当归、党参、花椒等产品早已名声在外,认为这些东西已经是名牌,觉得没有必要实施品牌战略,或误认为把目光投向生产和经营名牌商品,搞一些专卖、特约经销活动,就是推进品牌战略。但是,陇南特色农产品不是一个企业的品牌,而是许多产业的品牌,这个企业可以使用它,别的企业也可以使用它。在市场经济高速发展的今天,产品和企业品牌已经成为增强企业和产业竞争力的工具,成为占领国内市场和扩大国际市场的有效手段。真正的品牌战略不只是通过商业手段来推销品牌,更要从生产、加工、销售等多方面努力。在对陇南特色农业产业化发展调研过程中发现，特色农产品的深加工有待开发，靠品牌开拓市场的能力弱。目前陇南深加工企业总体情况是基地建设和深加工企业衔接不牢靠或者完全脱节，加工企业多采用反租倒包。许多龙头企业虽然也重视加工，但由于受到加工企业资金、技术、设备等限制，以及生产管理及监督机制不健全，基地生产质量就难以保证，导致深加工产品受到一定的影响，所以从事农产品初级加工者较多，从事精深加工者较少。尽管在生产、加工、销售方面初步实现了产业化经营，但产业化层级不高，龙头企业产业链短，带动农民增收的能力弱，亟待提升产业层级，增加产品附加值，进一步增加产品竞争力。

（7）农业投融资渠道单一，产业发展缺乏有力的资金支持。目前，我国农村银行类金融机构主要有四个种类、六种机构，分别是商业银行中的农业银行，政策性银行中的农业发展银行，农村合作金融机构中的农村信用社、农村商业银行和农村合作银行以及邮政储蓄机构。近年来，陇南农业特色产业投入严重滞后于生产建设的需求，市政府虽然出台了一系列强农惠农政策，加大了对农业特色产业建设的扶持力度，但由于我国政策性银行对农业支持范围狭窄，国有商业银行信贷资金从农村外流严重，农业贷款风险大，农村信用社难负重任，农村金融市场不完善等问题还没有得到有效解决，导致陇南农业产业化金融支持的力度一直比较低。现阶段，陇南农业在投融资方面存在的问题主要表现为：投融资渠道单一，信贷资金严重不足，满足不了龙头企业的发展、农户的生产、农业科技的创新。在调研中，龙头企业普遍反映的一个问题是融资比较困难，尤其是中小龙头企业。从企业本身来看，包括大部分区级龙头企业在内，企业总体规模偏小，大多在 1000 万元以下，抗风险能力较差，有效的抵押物不足，银行信用等级不高，较难获得银行贷款。从金融机构的角度来看，由于农业投入大，见效慢，受自然灾害影响比较大，银行放贷的风险相对较大，单笔成本也比较高，致使银行对中小龙头企业，特别是信用体系还未完善的企业发放贷款的积极性不高。农业投融资渠道单一，信贷资金严重不足，风险防范机制不健全，产业发展缺乏必要的金融支持，这些成为陇南特别是中部干旱带和南部山区制约农业特色产业快速发展的最大"瓶颈"。

（8）特色农产品的流通环节滞后，难以适应现代市场的要求。特色农产品物流相对于工业品物流存在很大的差别，传统农产品的物流一般都会经过如下几个主要环节：生产者→产地市场→运销批发商→销地市场→

零售商→消费者，这样多环节的流通链条，无论是时间和流通效率上，还是现有的保险手段上都无法适应新鲜特色农产品的销售形式。当特色农产品集中上市时，物流不畅，加工能力不足，产销脱节严重，损耗情况就显得尤为突出。目前，陇南市流通组织和营销队伍数量远远不能满足市场开拓的需要，主要是多数县、乡农产品销售渠道单一，特色农产品市场营销主体培育力度不够，特色农产品被动销售的格局没有得到根本改变。

（四）推进陇南特色农业产业化发展措施

目前，陇南特色农业产业化发展的劣势，已严重阻碍了农业产业化的进一步发展，虽然中药材产业、花椒产业、橄榄油产业、核桃产业、食用菌产业等已经初具规模，有自己的品牌，有的已经产生一定的经济效益，但总体来说覆盖面积小，对农村的拉动力低，没有实现产业化，这是由当地的自然资源条件和社会生产力发展水平不高所造成的。农业与工业发展不同，工业发展得好，可以整个区域开展同一种产品，但农业的发展不同，农业需要水、热、光照等各种条件匹配才能生产，所以要根据地理环境优势选择适合的农产品。对于陇南这种特殊的区域里的特色农业产业实现产业化发展，不光要有战略的选择同时还要对特色产业进行科学的选取，以及保障产业化实施的措施。因此，陇南特色农业产业发展要以科学发展观为指导，以壮大农村经济实力和农民增收为目标，坚持统筹城乡发展方略，坚持市场导向，挖掘潜力资源、发挥资源优势、大力推进农业结构调整，通过积极争取外部条件支持和建设内部环境，为陇南特色农业实现产业化提供强有力的保障。

1. 加快培养新型农民，提升农业特色产业的生产经营水平

特色农业的发展，离不开大量的农业科技人才，要大力实施新型农民培训工程和农村劳动力转移培训阳光工程，农民是建设农业产业化的主体力量，农民的素质直接关系到农业产业化建设的成效。始终把提高农民素质作为推进特色农业产业化建设的关键举措，要建立面向市场、多元办学的培训机制，加快培养有文化、懂技术、会经营的新型农民。坚持"政府引导，部门协作，市县组织，社会参与"的原则，突出抓好特色农业产业、设施农业、旱作节水农业、生态农业主推技术培训。在全社会强调科教投入和技术改造优先，为长远发展进行人才和技术储备，并多方筹资，为发展特色优势农业产业提供有效的经济保障。抓住冬闲农民培训的黄金季节，以新型农民培训工程为牵头，大力开展设施农业、特色农业、

农村劳动力转移就业和返乡农民工的培训，切实增强农民发展特色产业和外出就业的能力，全面提高农民的科技文化素质。培训要务求实效，突出重点，增强针对性，积极创新培训方式，充分发挥企业、合作组织、农村经营大户在农民培训中的作用，提高培训的针对性。此外，加快高等农业教育体制改革，调整学科专业结构，通过合并、转向、增设等方法拓宽专业口径，营造适合新型农民、技术人才全面发展的局面，要把培育"土专家"、"田秀才"作为一项重点工作，使农民的生产技能从根本上得到提升。

2. 建立健全农村金融体系

农村经济发展的最大"瓶颈"还是农村金融体系受到抑制，只有建立了适应"三农"发展的相对完善的农村金融体系，才会推动农村经济尤其是农村特色农业产业化的发展，资金是农业经济发展的根本动力，这一点在东部发达地区已经论证。所以要针对陇南各地农村经济发展中的金融需求以及制约农村金融发展的市场因素，需要有的放矢地加强今后的金融供给，构建多层次金融支持体系。① 各级地方财政要拿出相应的专项扶持资金，设立专项资金账户，用于鼓励和扶持特色农产品生产企业的科研、新产品开发技术的创新。通过财政、税收、利率等方面的优惠政策，鼓励金融机构增加县、乡两级金融网点配置，扩大信贷资金和金融产品投入，着力解决农村金融有效供给不足的问题。加大乡镇银行、贷款机构和农村资金互助社试点力度，进一步加大对"三农"的信贷投入，既给予农户一定的金融支持，又重点加强对特色农业产业化方面的金融支持，增加支农再贷款额度，完善扶贫贴息贷款管理，提高扶贫资金使用效率。进一步完善农业保险政策，创新政策性农业保险机制和模式，推进财政支农资金与信贷、保险等资金的业务组合，实现支农资金效益最大化。

3. 加快推进龙头企业上档升级

政府应在农用信贷、组建进出口外贸公司及鼓励国内外投资等方面给予必要的优惠政策，通过制定优惠政策，营造良好的环境，吸引和支持国内外有实力的大企业、大集团嫁接和改造区内农产品加工企业，围绕建设优势特色农业产业，着力培育一批大规模、高科技、外向型和核心竞争力强的农产品加工龙头企业，支持其建设优质原料基地，延长产业链条，开

---

① 王义存、马玉明：《陇南市农业特色产业发展现状及发展措施》，《甘肃农业科技》2012年第11期。

发新产品，打造优势品牌，与农民建立紧密的利益联结机制。同时，要提高农业综合生产能力和经营效益，从而适应国际市场，这就需要引导一批农产品加工中小企业通过重组建设，加快技术革新、产品换代、品牌重塑和管理升级的步伐，提高市场竞争力。

4. 加强农产品物流体系建设

与东部地区相比，陇南交通发展滞后，通信、邮政设施缺乏，供水供电设施不足，不利于外向型经济的发展，这给陇南农业产业物流的发展带来很大的挑战。陇南物流企业普遍基础设施差，大多数仍停留在仓储、运输、搬运上，各服务环节仍存在手工作业，自动化网络化程度低，限制了陇南农产品物流的发展。要加强农产品产地批发市场的建设，完善基础设施，健全特色农产品、鲜活农产品信息发布系统，实施"农超对接"。针对不易保存的鲜果，应借鉴美国水果物流的成功经验，使产品一直处于采后生理状态并形成一条冷链：田间采后预冷→冷库→冷藏车批发站冷库→超市冷柜→消费者冰箱，这样可以使水果蔬菜在物流环节的损耗率仅有1%—2%。因此对易腐烂的鲜果而言，要加大对鲜果保鲜库、冷藏库的建设，进行交通运输条件和运输工具的改进，降低鲜果在物流方面的损失，从而就降低了产品的成本。陇南特色农业产品物流模式选择方面的建设要根据实际需要选择不同的物流配送模式，主要可以从以批发商为主体、生产基地为主体或超市为主体等方面进行考虑。加快特色农产品流通无形市场的培育，大力发展农民专业合作社，引导和鼓励农民专业合作社走出去，同全国定点农产品批发市场和全国各地的农民专业合作社建立有效的联系机制，拓宽销售渠道，巩固目标市场，实现市场共享；大力发展连锁经营和集中配送等现代营销业，不断提高直销直供、地产地销能力；进一步完善鲜活农产品"绿色通道"政策，提高农产品的外销能力。

六　甘南藏族自治州工业经济发展现状及对策研究

（一）甘南州工业经济发展现状

1. 甘南州工业经济发展现状

工业经济总量持续快速发展。2012 年，全州工业企业 221 户，其中规模以上工业企业 19 户。全部工业企业实现增加值 23.54 亿元，增长 16%；工业增加值占 GDP 比重由 2005 年的 18.69% 提升到 2012 年的 26.9%，第二产业比重上升 1.7 个百分点；规模以上工业企业盈亏相抵后实现主营业务收入 27.66 亿元，增长 32.2%；实现利税总额 6.84 亿元，增长 44.3%；工业对地方财政贡献率达 56.25%。"十一五"期间，全州工业技术改造与创新重点项目 120 多项。总投资达 18 亿元，是"十五"期间的 1.6 倍。先后建成投产了华羚干酪素厂及科瑞乳品开发有限公司酪朊酸钠生产线改造、州燎原乳品公司乳粉生产线改扩建、夏河安多水泥公司日产 2500 吨水泥生产线改扩建及余热发电、玛曲格萨尔黄金公司和合作市早子沟金矿深部探矿等一批重点项目，进一步增强了甘南州骨干企业的实力，提高了企业整体竞争能力，为甘南州经济发展培育了新的经济增长点。

近三年来，全州工业投资力度不断加大，共实施工业项目 168 个，完成工业固定资产投资 86.92 亿元，年均增长 17% 以上。合作市循环经济产业园、夏河安多畜牧产业示范园、华羚公司年产万吨干酪素搬迁技术改造及牦牛乳酪蛋白营养粉精深加工等相继开工建设。玛曲雪原肉业公司牛羊肉冷藏加工及熟肉制品建设、舟曲县年产 60 万吨建华水泥粉磨站建设、合作市早子沟金矿采选 2000 吨/日配套工程建设等 22 个项目建成投入生产。

2. 甘南州工业经济发展优势及特点

（1）产业结构进一步优化。到 2012 年年底，全州共建成水电站 165 座，装机容量达 101 万千瓦，新建 330 千伏变电站 2 座，110 千伏变电站 6 座，新增电网 793 公里；累计探明新增黄金储量 40 吨，已形成年采矿量 200 万吨，日选矿量 3000 吨的生产能力；水泥建材已形成日产水泥 3800 吨能力；肉类产量达到 6.3 万吨，牛奶产量 8.6 万吨；全州种植藏中药材面积达 14.7 万多亩，生产藏中药 95.3 吨。能源、原材料支柱产业地位继续巩固，全州水电、畜产品加工、黄金矿冶、建材等几大支柱产业实现工业增加值占规模以上工业的 92.2%。全年实现发电量 24 亿千瓦时，黄金产量 4459 千克，鲜冻肉 4014 吨，乳制品 6752 吨，水泥 91.56 万吨。①

---

① 王超、张玉玲：《甘南州民营经济发展研究》，民族出版社 2011 年版，第 114 页。

（2）积极发展循环经济，节能降耗效果明显。"十一五"期间，把发展循环经济、大力开发清洁能源作为促进节能减排工作的重点，积极推行了一系列有效措施。合作市循环经济园区完成投资9600万元，夏河县安多畜牧产业园区一期工程已完成投资7200万元；关闭了夏河县安多水泥公司等11户企业的15条落后高耗能产品生产线，淘汰落后产能21万多吨；其中2007年以来关闭落后高耗能产品生产线21条，淘汰落后产能21.44万吨。已经实施的合作市热力公司等七户企业的节能技术改造项目，节约能源12吨标准煤；玛曲县绿源热力公司等两户企业的节能技术改造项目完成后，可节约能源近5万吨标准煤。合作市华羚公司建成的干酪素生产线污水处理项目日处理污水1000多吨，年削减化学需氧量排放32吨。科瑞乳品公司等其他畜产品深加工企业的污水处理和动物血液、内脏器综合利用项目正在积极争取和建设中。万元GDP能耗均在控制范围之内。

（3）农畜产品加工产业初具规模。甘南州境内有天然草原4084万亩，占土地总面积的70.28%，其中可利用草原面积3848万亩；有耕地总面积6.73万公顷，占总土地面积的1.76%。有优良的地方畜种藏羊、牦牛、河曲马、藏獒、蕨麻猪等，农作物以小麦、青稞、土豆为主，蚕豆、豌豆、油菜籽种植为辅。2012年，各类牲畜存栏383.8万头（只），当年全州出栏各类牲畜159.7万头（只），出栏率40.9%；各类牲畜商品畜136.36万头（只），商品率34.9%。全州肉类产量达到63031吨，增长5.1%；牛奶产量86254吨，增长3.3%；绵羊毛2209吨，下降0.6%。农作物播种面积105.1万亩，粮食播种面积53.91万亩，经济作物播种面积34.1万亩。全年全州粮食产量86446吨，比上年增长2.8%；油料产量18926吨，下降10%；蔬菜产量15994吨，增长4.4%。[①]

至2012年年底，全州有畜产品及农副产品加工企业37户，其中：畜产品加工企业22户，农副产品加工企业15户；从业人员2014名，完成产值57170万元，完成工业增加值16637万元。畜产品加工企业中：肉类加工企业14户，乳制品加工企业4户，生化制品1户，皮革加工企业2户，毛纺加工企业1户和1家国家级酪蛋白生物技术研究中心。现有冷库18座，总库容31590吨。实现销售收入6.396亿元，实现增加值1.795亿

---

①　王超、张玉玲：《甘南州民营经济发展研究》，民族出版社2011年版，第114页。

元，占全部工业增加值 18.46 亿元的 9.7%。生产乳制品 6533 吨、鲜冻肉 3611 吨。乳品加工企业实现出口总额 3400 万美元。[①] 主要产品有：以牦牛乳曲拉为原料酪蛋白系列产品、"燎原"牌系列奶粉、精卷牛羊肉、羊排、牛排、熏腊肉和特色蕨麻猪肉等。有 1 户国家级、3 户省级、7 户州级农牧业产业化龙头企业。形成了以华羚乳品集团有限公司、燎原乳业公司、科瑞公司为主的乳制品加工龙头企业；以夏河县安多清真食品公司、玛曲县雪原肉业公司、玛曲天玛生态食品公司、合作市晟羚公司、卓尼县宏盛食品公司、碌曲县大河生态食品公司、临潭县顺达公司、迭部县冷藏业公司等为主的肉类加工业龙头企业。这些龙头企业依托畜牧业资源，以有机畜产品生产为突破口，以市场需求为导向，加快新产品开发，注重品牌创建，提升产品档次，进行分类分割、精品包装，已成为甘南州最有活力、最富竞争力的企业。

（4）清洁能源工业发展潜力巨大。甘南州境内河流众多，水资源得天独厚，黄河、白龙江、洮河、大夏河四条河流及其 120 多条支流纵横全州，水资源理论蕴藏量 361.37 万千瓦，占全省水能总蕴藏量的 21%；可利用量 215.86 万千瓦，占全省可开发量的 22.42%。甘南风能、太阳能资源丰富，开发潜力巨大。据初步估算，太阳能年平均总辐射在 5200—5600 兆焦耳/平方米之间，日照时数在 1842—2584 小时之间。太阳能年利用天数为 160—210 天。由于全州大部地方高寒阴湿，地势开阔，所以风能资源比较富集，据测算，年风能利用时数为 3000—4600 小时，年平均有效风能储量为 200—320 千瓦时/平方米。

表 2 - 3 　　　　　　　甘南州水文理论蕴藏量统计表

分 区	理论蕴藏量（万千瓦）	占全州比例（%）	范 围
黄河干流	78.56	21.74	玛曲
大夏河	22.21	6.15	夏河
洮河	135.65	37.54	碌曲、临潭、卓尼
白龙江、拱坝河	124.95	34.58	迭部、舟曲
合计	361.37	100	甘南州

---

① 王超、张玉玲：《甘南州民营经济发展研究》，民族出版社 2011 年版，第 114 页。

目前，全州已建成水电站 165 座，装机容量达 101 万千瓦，占技术可开发量的 47%，2012 年实现发电量 29.58 亿千瓦时，完成产值 5.4 亿元。新建 330 千伏变电站 2 座，110 千伏变电站 6 座，新增电网 793 公里。甘南州的风能、太阳能资源测试工作已结束，正在编制开发规划。近几年先后兴起的水电集团公司有：甘肃电投九甸峡公司、舟曲鑫源发电有限责任公司、甘肃慧达有限责任公司、卓尼县浙河水电开发公司、甘肃明珠集团等。

（5）藏药产业发展优势明显。甘南州藏医药学历史悠久，源远流长，是祖国医学宝库中的一朵奇葩，是藏民族勤劳与智慧的结晶。随着人类生活水平的提高和医疗需求结构的变化，藏医药以其深厚的文化底蕴，精深的医学理论体系、特有的绿色药用资源和显著的疗效备受国内外市场的青睐。甘南州是藏医药的发祥地之一，既有得天独厚的藏药资源优势，又有独具特色的藏民族文化和众多独具建树的藏医药工作者，具有发展的雄厚基础和巨大的挖掘潜力。全州草原面积有 4084 万亩，有林地 1382 万亩，蕴藏着极其丰富的野生药材资源。据统计，全州共有中、藏药材 1000 余种，动物药 28 种，矿物药 101 种，能批量生产 300 多种优质、高效、安全的常用藏药和 70 多种名贵藏药，有 12 种藏药已取得批准文号。2012年，全州种植藏中药材面积约 14.72 万亩，药材产量 2.82 万吨，年创产值约 3 亿元，成为甘南州农牧民群众增收的重要渠道。

甘南州藏医药产业经过多年的发展，现在已初步形成集藏医科研、医疗、药物生产和教学实习为一体的藏药产业结构，生产经营水平有了较大的提高，企业生产规模不断扩大，技术水平进一步提升。目前，全州有藏药生产企业 2 家，即甘南佛阁藏药有限公司和甘南藏药制药有限公司，均通过 GMP 认证。另有藏医院制剂室 6 家，合计从业人员 300 余人，开发出了独一味流浸粉、仁青芒觉胶囊、红花如意丸、洁白丸等一系列优秀产品。销售方面除甘南佛阁藏药公司和甘南藏药制药有限公司的部分产品在外省市场销售外，其余的都在本省和本地销售使用。另外，玛曲县独一味科技开发有限公司和玛曲县黄河首曲药源开发有限公司是以藏药为主的保健品生产厂家。生产的"百治雅"牌香巴拉珍宝胶囊获得国家食品药品监督管理局颁发的保健仪器批准文号，该产品经省有关部门评为国内领先成果产品。藏药"独一味"药材流浸膏已通过初步论证投入生产，红景天系列保健产品也已投放市场，成为甘南州藏药颇具发展潜力的保健产品生产民营企业。2012 年，全州生产藏中药 95.3 吨，藏医药产业完成产值 5128 万元，实现增加值 1716 万元。

（6）矿产、建材产业占有重要的地位。甘南州地处青藏高原东部边缘地带，由于复杂多变的构造运动，形成了较为有利的成矿条件，是甘肃矿产资源比较丰富的地区之一。截至目前，全州累计发现各类矿产地 290 余处，包括能源矿产地 56 处，贵金属矿产地 49 处，有色金属矿产地 139 处，黑色金属矿产地 22 处，非金属矿产地 30 处和 3 处水气矿产地，其中大型矿床 13 处，中型矿床 37 处，小型矿床 53 处，其余为矿点或矿化点。全州共发现有铁、铜、铅锌、金、银、水泥灰岩等 45 种矿种。已基本探明储量的有 24 种，其中金、铀、砷、汞、铋、泥炭居全省第一位；铁、锡居第二位；铅、锑居第三位。优势矿种有铀、泥炭砷、铅锌、铁、金及水泥灰岩、制轻镁白云岩等 9 种矿产。

目前，全州共有持证矿山 33 个，现有勘查项目 169 个，总面积 4000 余平方公里，其中金矿 142 个，铜矿 11 个，铅锌 8 个，锑矿 3 个，铁矿 4 个，石灰岩 1 个。其余均为小型企业，其中金属矿山企业 16 户，其中非金属矿山 26 户。以玛曲格萨尔公司、合作市早子矿公司、碌曲忠曲金公司等为代表的重点黄金矿业公司，已形成年采矿量 200 万吨，日选矿量 3000 吨的生产能力。2012 年，全州共开采金矿石 98 万吨，生产黄金 4459 公斤，黄金矿业完成工业增加值 7.84 亿元。黄金矿业已成为全州经济社会发展的重要支柱产业之一。水泥建材行业依托资源优势，已经形成了以夏河安多水泥公司和临潭建华水泥公司为重点的建筑材料大小生产企业 39 家。其中，水泥生产企业 2 户；砖瓦生产企业 30 户；新型建材和其他生产企业 7 户；总资产达 2 亿多元，日产水泥达 3800 吨，砖生产能力达 1 亿块标准砖以上，直接从业人员达 2000 多人。2012 年，全州共生产水泥 91.56 万吨，砖 2000 万标准块，水泥生产实现工业增加值 1.92 亿元。①

（7）民族用品加工业初具规模。甘南是古丝绸之路唐蕃古道的重要通道，是离内地最近的雪域高原，自然风光秀丽，文物古迹众多，民族特色浓郁，风土人情独特，有藏、汉、回、土、蒙等 24 个民族。长期以来，由于历史、社会和自然环境等客观因素的影响，各民族形成了各自不同的

---

① 王超、张玉玲：《甘南州民营经济发展研究》，民族出版社 2012 年版。

历史文化传统、风俗习惯和不同的生产生活方式，产生了浓缩本民族历史文化传统特色的用品。主要包括针纺织类、服装类、鞋帽类、日用杂品类、家具类、文体用品类、工艺美术品类、药类、生产工具类等类别。扶持民族贸易与民族用品加工企业发展，是党中央、国务院加强统筹兼顾，关怀民族地区发展的重要战略，也是贯彻落实科学发展观的重要体现。"十一五"期间，以甘南州澎曹民族用品有限公司、夏河县摩尼宝唐卡制品有限公司、卓尼鼎元艺术品开发有限责任公司、临潭县伊华公司等为重点民族用品加工企业显示出强大的发展潜力，生产的唐卡、洮砚、藏毯、针织绣品和民族服装等为中外游客所青睐，部分产品出现供不应求的局面。甘南州 28 户企业被国家民委、财政部、中央人民银行审批确定为少数民族特需商品定点生产企业。2012 年，完成产值 54234 万元，完成工业增加值 14565 万元，实现利润 4252 万元，完成税收 1354 万元。2012年，民族用品加工企业达到 25 户，完成产值 8900 万元。

（二）甘南州工业经济发展存在的主要问题及原因分析

（1）工业发展的总体水平仍然十分落后，凝聚力和竞争力不强。经济总量小，生产力水平不高、自我发展能力弱，财政自给率低，"吃饭"与建设矛盾十分突出。2012 年，甘南州生产总值 96.74 亿元，仅占全省的 1.4%，在全国 30 个少数民族自治州中排在第 25 位，在 10 个藏族自治州中排在第 6 位；工业增加值为 10.1 亿元，仅占全省的 1.6%，在全国 30 个少数民族自治州中排在第 27 位，大多数工业经济综合指标一直排在全省 14 个市、州的末位，与省内其他地区相比差距仍在拉大；人均生产总值是全国水平的 29.65%，是全省平均水平的 55.56%。生产方式落后，自我发展能力弱，全州 8 个县市全是国扶重点贫困县，绝对贫困和低收入人口面较大。

（2）生态环境保护与经济社会发展间的矛盾日益凸显。一方面，作为黄河上游重要的水源补给区，甘南生态环境质量直接维系着黄河、长江中下游地区生态安全。近年来，受全球气候变化以及过度放牧、矿产开发等自然、人文因素影响，草场退化、湿地萎缩等生态问题日益明显，推进甘南生态环境保护与修复建设迫在眉睫；另一方面，甘南经济水平相对落后，2012 年，全州人均生产总值、城镇居民可支配收入和农民人均纯收入均居于全省倒数第二位、第三位，加快经济社会发展、提高人民群众生活质量的愿望十分迫切。如何调整优化产业结构，推动产业升级，提升发展质量，推动资源节约型、环境友好型社会建设，成为甘南社会经济发展的重中之重。

（3）产业结构性矛盾突出，产业链不长，特色产业不够突出。传统产业比重大，新型产业、高新技术产业发展缓慢。农业种植结构单一，规模经营水平低。工业企业历史包袱沉重，缺乏积累能力，三次产业比重是22.5∶26.9∶51.5，这种"三二一"型结构，与当前国家、全省"二三一"型相比，基础差、数量少、规模小，产业链条短，竞争力弱，缺乏拉动力强的大企业和驰名国内外的知名品牌。而非公有制经济的发展又相对滞后，工业增长过分依赖黄金等矿产资源开发和建材等高耗能行业，致使工业经济的活力严重不足，制约着本地区经济社会的发展。

（4）企业融资困难，资金投入不足。2010年甘南州地方财政收入仅占全省的1.03%，财政十分困难，自给率只有6.2%，地方财政无力解决项目资金，用于支持工业发展的资金不足，而企业自我发展能力弱，使很多好的项目难以实施。甘南州大多数企业是资源型企业，技术含量低，抗风险能力弱，市场竞争力差，信用等级普遍较低，企业自我资金积累和筹资能力有限。而金融部门将甘南州划为高风险区域，使工业企业得不到信贷方面有效支持。由于缺乏资金，无法从根本上扭转多年积累的设备陈旧、技术落后、产品老化的局面。致使企业技术改造和技术创新能力普遍不足，产业升级、技术进步和新产品研发步履艰难，新产品开发能力弱，特色产品少、名牌产品少，高技术含量与高附加值产品少，企业的竞争能力不强，后劲严重不足。

（5）企业管理水平低，技术和管理人才缺乏。中小企业经营管理水平不高。大多数企业没有建立现代企业制度，企业规模小，创新能力弱，技术装备水平低，生产工艺落后，竞争能力弱。职工队伍素质不高，懂经营、善管理的人才严重缺乏，企业中具有高中级技术职称的人才严重缺乏。

（三）甘南州工业经济发展的对策研究

要树立"生态优先"的理念，按照"保护优先、合理开发、节约资源、永续利用"的发展原则，发展循环型生态工业，走科技含量高、经济效益好、资源消耗低、环境污染少、人力资源优势得到充分发挥的新型工业化路子，推进"生态甘南"建设。加快推进循环经济发展，鼓励企业向园区集中。严格限制"三高一低"企业进入甘南州，科学制定循环型生态工业发展规划。大力发展特色优势产业，要把畜产品加工业作为甘南州第二产业首位产业来谋划发展，同时推进清洁能源、矿产建材、中藏医药和民族特需用品等产业，要在政策上给予倾斜，提高其在工业经济中所占的份额，推动工业产业结构优化升级。

1. 农畜产品加工产业

发挥甘南高原畜产品无污染优势，以资源为依托，大力培育"高原、绿色、生态"品牌，支持甘南州加快绿色食品加工企业的技术改造和技术创新，不断提高肉类加工企业自动化生产水平和市场竞争力。支持企业集团实施产业升级和上市融资，打造全国知名品牌。扶助壮大农畜产品加工龙头企业，加快组建绿色食品产业集团，做大做强以牦牛、藏羊肉加工等为主的高原绿色食品产业。支持企业综合开发利用肉类加工副产品，加快皮、毛、骨、血、肠、动物内脏等副产品的综合利用，积极采用骨骼粉碎降解、有效活性成分提取等新技术，开发生产骨素、胶原蛋白、骨肽、全血氨基酸、活性全骨复合物等生物产品，延伸产业链条，提高产品附加值。鼓励农畜产品加工企业采用现代信息手段和新型营销模式，积极开拓国内外市场，引导培育发展壮大一批新的高原绿色食品加工业。

2. 清洁能源产业

贯彻"开发中保护、保护中开发"的原则，充分论证、合理布局实施黄河上游大中型水电站建设，深入推进小水电项目建设，形成以大中型水电为核心、小水电配套，水能梯级利用、有序开发的水电清洁能源产业发展格局。进一步做大做强水电产业。加快太阳能、风能等可再生资源开发，协调引进央企等国内大企业、大集团积极参与甘南州风电开发，加大项目前期投入，加快论证太阳能光伏发电和风力发电项目，尽快把资源优势转化成现实生产力，逐步形成甘南州以水电为主体、多能互补的清洁能源产业体系。

3. 藏医药产业

加强藏医药产业研发能力建设，建立完善的藏医药研究机构，加强硬件设施建设，积极引进藏医药研究专家和人才，强化藏医药理论和新特药品的研制，力争在藏医药科研成果及知识等领域有新的突破和发展。支持中药材生产和重大新药研制及产业化工作，推进藏药加工产业升级，加快藏药新药和藏药保护品种的产业化和规模化生产。积极推进技术创新、产学研联合，扩大对外合作，提升制药企业的生产水平和产品档次，推进藏医药现代化和藏医药产业换代升级。加快藏中成药、生物制品及保健品的研发，做大优势产品规模，打造藏药知名品牌。把藏药产业培育成甘南州新兴特色产业。

4. 矿产、建材产业

支持黄金等优势矿产资源开发，加快建设一批黄金精深加工、石材深加工项目，推动资源型产业向精深加工发展。提升产业技术装备水平，支持重点黄金企业加快设备更新、升级换代及技术改造步伐。加强产业链上下游重组整合，提升重点企业的竞争力。支持企业加强对难选金矿石的选冶技术攻关，开展铜矿石、铅锌矿石、金矿石等矿山共伴生矿的技术攻关，切实提高资源开发利用水平，实现规模开发、快速转化、循环利用，提高资源利用率。支持夏河安多、临潭建华等建材企业发展，积极协调中材集团等央企，对甘南建材企业实施兼并重组，把资源优势转化为经济优势。

5. 民族特需用品产业

加大对少数民族特需商品定点生产企业扶持力度，支持民族服装、洮砚、藏毯、唐卡、藏式帐篷、藏式家具、藏式装潢雕刻饰品、藏族宗教用品生产等传统企业技术改造，积极发展旅游商品、民族手工艺品，支持企业在精、深、细上下功夫，全力打造甘南少数民族特需用品品牌，逐步形成重要的民族特色产业。

6. 培育山野珍品加工产业

利用青稞、燕麦、荞麦等特色杂粮，开发生产保健食品和方便食品。利用草原和林区山野珍品，加工地域特色突出、纯天然、无污染的蕨麻猪、熏肉、风干肉、食用菌、沙棘饮品、核桃、花椒、藏香、藏酒、药酒料等特色产品。做好"高原、绿色、生态、藏文化"文章，培育品牌产品。

（四）承接产业转移，借力合作发展

立足扩大开放，着力改善硬软件投资环境，切实提升服务质量和水平。要依托资源优势，以承接产业转移为契机，积极推进招商引资。

（1）实施大开放、大招商，承接一批产业大转移。要因地制宜，因企制宜，有重点地确定主导产业和主攻方向，主动承接一批关联度高、辐射力大、带动能力强、有竞争力的龙头型、产业链型、基地型大项目，不断延伸产业链条，促进上下游企业共同发展。创新招商方式，充分利用小分队招商、驻点招商、以商招商、专业招商、专题招商、网上招商、"点对点"产业对接、建立友好县市等有效形式，依托和发挥优势资源招商、优势产业招商、龙头企业招商、循环经济园招商等特色优势载体，做到精确招商、高效招商，招大商、大招商。要支持采取资源整合、异地托管、项目共建、税收分成、利益共享等市场主体双方能接受的方式，积极承接发达地区产业转移，重点承接产业薄弱环节和产业链补链项目，提高产业协作配套能力，把招商引资与加快结构调整、转变经济发展方式结合起来，提升招商引资质量。要进一步明确招商引资和承接产业转移的重点，重点承接长三角、珠三角、环渤海、闽东南、湖南、安徽、江西等省区的产业转移。

（2）承接特色优势产业，打造一批十亿级产业集群。依托各县市产业基础和劳动力、资源等优势，按照"有所为、有所不为"原则，结合各自优势，推动重点产业承接发展，进一步壮大特色优势产业规模，培育产业发展新优势。"十二五"期间，重点围绕乳制品加工产业、肉类加工产业、旅游土特产加工产业、山野珍品加工产业、民族特需用品产业、特色工艺品生产产业、黄金冶炼加工产业等，全力推进关联产业承接，着力打造一批十亿级产业集群，逐步形成几个有重要影响且承载能力强、发展潜力大、有较强实力的重点经济带。

（3）培育特色园区，建设一批环境优良的承接载体。工业园区作为承接产业转移的重要载体和平台，要积极适应承接产业转移要求，修订完善总体规划及产业规划，合理确定产业定位和发展方向，形成布局优化、产业集聚、用地集约、主导产业特色鲜明的园区体系。加强园区道路、电力、通信、供排水、污水和垃圾处理等基础设施建设，增强园区综合配套能力和承载能力。支持发展条件好的园区拓展综合服务功能，促进工业化与城镇化融合。引导转移产业和项目向园区集聚，引导同类企业集中发展，发挥集群协同效应，降低企业发展成本，积极创建关联企业优良的共生环境。各县市循环经济园区重点发展1—2个主导产业，以产业园区构建产业集群，促进工业园区由"百货店"向"专业店"、"精品店"和"品牌店"方向发展。要依托关联项目形成产业链，依托产业链构建产业集群，提高园区主导产业的关联度和集中度，进一步拓展产业发展空间，加快提升甘南州传统优势产业在市场上的份额和占有率。

（4）创新开发模式，形成一批承接产业转移合作示范区。推进园区体制机制创新，鼓励支持以发达地区政府、高校和有实力的企业、行业协会等为主导，在甘南州合作共建承接产业转移示范区，吸引东部地区大企业投资领办园区，组建和引进具有独立法人资格的园区开发投资公司，实行企业化管理、市场化运作。注重引进发达地区在园区建设、管理方面的优势资源。承接地县市政府要积极主动搞好拆迁安置、基础设施配套、社会管理等工作，明确双方利益分成比例，大胆探索跨区域经济发展的考核办法，允许地区生产总值、工业总产值、税收等经济指标在合作地区之间分解，努力推动创业、壮大产业、带动就业。

（5）提高承接质量，促进一批产业转型升级。坚持承接产业转移与调整产业结构、促进产业转型升级相结合，积极承接高新技术企业和新能源、新医药及生物产业、信息技术等战略性新兴产业项目，着力承接先进制造业、生产性服务业等知识技术密集型产业，大力承接轻工、食品、毛纺、服装、电子、医药等劳动密集型产业。尽快策划、推出一批起点高、带动力强，具有战略性、全局性的承接产业项目库，为招商引资和承接产业转移奠定基础。在承接东、中部企业整体搬迁时，鼓励支持企业实施技术和设备改造升级。

（6）建立以企业为主体的招商引资激励机制。抓住国内外产业转移的重大机遇，精心筛选一批项目，积极搭建产业承接平台，大力引进产业关联度高、市场潜力大、具有先进技术和管理优势的大企业、大集团，提高利用外资的质量和水平。一要利用现有企业吸引外来投资，通过入股参股、并购重组、合资合作等多种方式，引进国内外大企业大集团特别是央企同甘南州企业建立战略合作关系。二要围绕优势资源开发，充分发挥甘南州土地、劳动力价格比较优势，引进域外资本进行资源的规模开发和深度开发。改变招商方式，提升引资能力，营造引得来、留得住、能发展的良好环境。三要立足高起点、高水平引进承接项目，严把项目准入关、环境评估关、投资强度关。正确处理产业发展与节能降耗的关系，严格控制能源消耗和污染减排，努力实现协调推进，坚决杜绝新的高污染、高耗能行业进入甘南。支持企业积极采用节能环保新工艺、新技术、新设备，引导、支持高能耗企业转型发展。突出抓好重点领域、重点企业和重点区域，努力把能源消耗和污染物排放降到最低限度。

（五）发展循环经济，实现持续发展

循环经济是指在生产、流通和消费过程中进行的"减量化、再利用、资源化"（"3R"原则）活动的总称，是对"大量生产、大量消费、大量废弃"的传统线性增长方式的根本变革。循环经济以资源高效利用和循环利用为核心，以"资源—产品—再生资源"物质循环为基本模式，最终实现经济社会与生态环境的可持续发展。

1. 甘南州发展循环经济遵循的原则

一要坚持"科学发展、以人为本"的原则。全面识别甘南州情，科学转化生态及资源优势，统筹空间布局，以全面提高甘南人民生活水平、改善生产生活条件为出发点，确定甘南主导产业，构建科学合理的循环经济发展模式，制定完善的生态建设和保护措施。二要"5R"并重，"Repair"（生态修复）优先原则。贯彻循环经济减量化、再利用、资源化、替代、修复（"5R"）原则，制定发展甘南循环经济的具体内容；同时，全面考虑甘南生态环境的重要性与脆弱性，优先考虑"生态修复"原则，在保证生态效率的基础上，统筹兼顾经济、社会发展，实现生态效益、经济效益和社会效益相统一。三要坚持国家、甘肃省、甘南州发展定位相结合原则。规划制订过程中，全面结合国家、省对甘南经济社会发展和生态建设的相关的定位和要求，确定甘南循环经济发展战略、产业选择、规划布局等内容；同时，与州、各县市相关规划、思路紧密衔接。四要坚持"全面部署，重点推进，园区承载，项目支撑"原则。充分识别甘南生态、产业、区域发展基础，选择一批具备一定循环经济发展基础的企业、园区，进行循环经济试点建设；以园区为基本载体，依托园区内企业之间物质、能量、资金、信息网络的拓展重构，优化园区内企业分工协作；积极探索并推广促进甘南州生态环境保护、产业和区域循环经济发展的经验，实现企业、园区、社会的循环经济的全面发展；科学规划安排重点建设项目，先易后难，先急后缓，渐次推进，分步实施。五要坚持"政府推动、企业落实、公众参与"的原则。构建政府、市场、公众三方联动机制：政府充分运用政策扶持、投资引导和市场调节作用，强化监管、完善标准，为甘南州循环经济发展提供良好的政策环境和公共服务；强化企业在循环经济建设中的主体地位，在生产过程中要贯彻落实循环经济理念，推进清洁生产，努力推进企业间、产业间的生态产业链形成；通过开展宣传教育，倡导"绿色消费"，加强舆论引导，充分调动公众的积极性，营造社会共同参与的良好氛围，奠定发展循环经济的群众基础。①

---

① 王建军、曲波：《资源型企业与区域经济可持续发展研究》，民族出版社2009年版，第34页。

2. 发展重点方面

一是正确处理工业发展与节能减排的关系，切实加快工业发展。严格控制能源消耗和污染排放，努力实现协调推进。要提高环保准入门槛，从源头上控制新污染源，坚决杜绝新的高污染、高耗能行业进入甘南。对耗能高、效益差、工艺落后、污染严重的企业和项目坚决实施淘汰，支持企业积极采用节能环保新工艺、新技术、新设备，引导、支持高能耗企业转

表 2 - 4　　　　　　　　　甘南州循环经济评价指标体系

指标类别	具体指标		单位	2008 年	2009 年	2010 年	2015 年	2020 年
经济社会发展	地区生产总值		亿元	51.24	57.65	63.42	126.84	253.68
	规模以上工业增加值		亿元	7.557	8.630	9.550	25.368	63.42
	城镇居民可支配收入		元	7807	8822	9720	13600	18840
	农牧民人均纯收入		元	2049	2301	2650	3850	7210
资源产出	能源产出率		万元/tce	1.13	1.1967	1.25	1.49	1.82
	水资源产出率		万元/m³	0.132	0.133	0.134	0.216	0.21
资源消耗	万元 GDP 能耗		吨标准煤	0.88	0.8356	0.80	0.66	0.55
	万元 GDP 电耗		千瓦小时	1020	998	980	800	690
	万元工业增加值能耗		吨标准煤	0.92	0.92	1	0.85	0.72
	万元规模以上工业增加值能耗		吨标准煤	1.2	1.164	1.129	0.91	0.77
	重点产品综合能耗	水泥	千克标准煤/吨	112	110	109	105	102
		黄金		2700	2670	2600	2500	2450
		铁合金		2090	2050	2000	1900	1850
		乳制品		855	830	800	750	720
	万元工业增加值水耗		立方米	18.66	18.10	17.56	11.3	9
资源综合利用	工业固废综合利用率		%	5	5	7	20	45
	工业用水循环利用率		%	59	60.3	61.3	74	80
	城市生活垃圾无害化处置率		%	20	35	40	80	100
	生活污水处理率		%	20	30	35	85	100
废弃物排放	工业废水排放量		万吨	24.51	24.02	23.53	20.95	19.43
	二氧化硫排放量		吨	638	633	628	598	583
	化学需氧量排放量		吨	435	834	672	590	570

型发展，绝对不能以牺牲生态环境为代价盲目追求工业扩张。要积极探索发展低碳经济。大力开发"碳汇"资源，鼓励利用低碳技术，培育低碳产业，推广低碳生产，建立以低碳排放为特征的产业和消费模式。认真落实国务院和州政府出台的政策措施，切实加大节能减排监管力度，突出抓好重点领域、重点企业和重点区域，努力把能源消耗和污染物排放降到最低限度。更加严格落实目标责任，加大力度运用法律、经济和必要的行政手段，更加广泛动员企业、单位乃至全社会力量积极行动，确保完成国家控制指标。

二是加强工业节能减排、清洁生产、资源综合利用工作的政策指导。强化工业及通信业固定资产投资项目节能评估和审查，加大企业清洁生产审核力度，支持清洁生产中高费项目实施，提高清洁生产水平。支持甘南州重点节能减排工程建设，促进重点节能减排技术和高效节能环保产品在畜产加工、矿冶、建材、电子信息等行业的推广应用，鼓励企业与省外企业就节能减排先进技术进行交流与合作。推动循环经济发展，建设循环经济产业基地、园区和循环经济示范企业；加大对重大节能、节水项目，以及清洁生产、资源综合利用等示范工程节能减排和农产品资源综合利用项目的支持力度。

三是加强对工业园区和企业循环经济规划、产业定位和节能环保、安全生产等方面的指导，支持工业园区（工业集中区）围绕循环经济产业链打包项目，加强产业关联配套和技术协作，推动产业集群化发展。支持园区骨干龙头企业延伸产业链，实施补链项目。支持工业企业开展清洁生产，开展余热、余压、余气等回收利用和废渣、废水、废气综合利用。支持甘南州依托重点工业园区在优势主导产业领域积极创建省级新型工业化产业示范基地。

（六）扶持小微企业，开拓发展空间

小型微型企业是提供新增就业岗位的主要渠道，是企业家创业成长的主要平台，是科技创新的重要力量，小型微型企业在增加就业、促进经济增长、科技创新与社会和谐稳定等方面具有不可替代的作用，对国民经济和社会发展具有重要的战略意义。[①]

（1）扶持发展小微企业要着力推进企业技术改造升级、扩大生产规

---

① 董锁成：《西北比较优势与特色区域经济发展》，甘肃人民出版社 2001 年版，第 114 页。

模、鼓励企业转型跨越，小微企业兼并重组，积极培育龙头企业、促进产品加工产业链延伸，大力实施品牌战略，提高产品附加值，力争培育一大批新的规模以上企业。

（2）以促进经济增长为目标，推进承接产业转移和产业链延伸，实现优势特色产业聚集，大力培育龙头企业，进一步优化经济结构，逐步改变甘南州工业经济主要依靠黄金、水泥等资源性产业结构不合理的现状，以培育"专、精、特、新"产品为方向，加快结构调整和技术进步，推动区域、企业间合作和小微企业重组，促进优势产品培育、产业升级，着力培育一批特色优势企业尽快形成规模，按期进入规模以上企业行列。

3. 进一步强化监测管理，加大企业培育力度。对符合入规条件的企业要督促其完善企业各项管理制度、办理相关证照。政策上政府相关部门要加大扶持力度，在贴息、专项资金安排上要给予小微企业倾斜，以财政贴息、专项资金支持等方式提高企业造血功能，鼓励企业加快发展。商业银行要对小微企业信贷适当放宽条件，要优先扶持小微企业发展。通过扶持壮大，使符合条件的企业能够在第一时间进入规上名录库，切实起到拉动经济增长的积极作用，实现经济效益和社会效益双丰收。

第三章 县域经济特色优势产业发展研究

一 靖远县沿黄经济带发展研究

黄河全长约5464公里，流域面积约79.5万平方公里。靖远县位于黄河中上游，黄河流经县境9个乡镇，154公里，年过水量329.4亿立方米，为产业发展提供了丰富的资源。以黄河水为资源的黄河灌区、高扬程灌区承担着全县近80%的农业产出，承载着50%以上的人口，因此，黄河是靖远最大的资源优势，研究如何依托黄河资源优势和区位优势，发展沿黄经济带，加快靖远经济发展，十分必要。

（一）沿黄经济带概况

沿黄经济带就是指利用沿黄河的农业资源、工业资源、旅游资源等形成的带状经济。东与宁夏回族自治区海原县接壤，南与甘肃省会宁县毗邻，西南、西北、东北分别与榆中县、景泰县、宁夏中卫县相连，西与白银市白银区交界。总面积5809.4平方公里。海拔1300—3017米之间，属温带干旱半干旱气候，年均气温8.9℃左右，年降水量200毫米左右，年蒸发量1634毫米，年平均日照时数2696小时。从黄河流入靖远的平堡乡始，顺流而下，依次流经北湾、乌兰、糜滩、三滩、东湾、大芦、刘川、双龙等乡镇所辖的沿黄灌区和高扬程灌区，尤其是县城属乌兰镇，居沿黄经济带中心。涉及人口37万，水浇地51万亩。

根据甘肃省"建设黄河农业经济带"的发展定位，白银市在"十一五"发展规划和第六届人代会第七次会议上提出了"两带两翼"发展战略，其中的"一带"就是以沿河和高扬程灌区为重点的沿黄经济带。沿黄经济带将依托黄河优势，大力发展特色农业种植，统筹规划建设沿黄小城镇、旅游景点、农产品加工区、工业集中区、交通网络，形成农产品生产和集散加工基地、中心小城镇、新型工业园、生态旅游线的产业群，壮大沿黄地区区域经济。

近年来，靖远县在建设沿黄经济带方面进行了大量有益的探索和尝试，通过大力挖掘黄河区域优势资源和经济潜力，重点围绕"一带五区"建设，坚持以特色产业为基础，大力发展蔬菜、林果、畜禽三大支柱产业，积极开展无公害蔬菜、畜禽养殖、优质林果等特色农产品基地建设，并在此基础上大力开展科技示范基地和示范园区建设、农产品质量安全和标准化体系建设，不断完善农业服务与科技培训体系，改善生态环境和农业基础设施条件，沿黄经济带建设初具雏形。

（1）特色农产品基地建设规模不断扩大。以沿黄经济带上的沿黄灌区为重点，蔬菜播种面积达到 31 万亩，其中日光温室面积达到 5.18 万亩，塑料大棚面积 3.7 万亩。规模养殖业发展较快，羊、猪、鸡饲养量分别达到 76.5 万、55 万、465 万只。在沿黄经济带上的高扬程灌区大力发展特色林果业，枸杞种植面积达到 2.88 万亩，籽瓜 8.9 万亩，大枣 1.6 万亩，苹果 4000 亩。农业产业化龙头企业进一步发展壮大，省、市级农业产业化龙头企业达到 19 户，发展订单面积 5.55 万亩，带动农户 1.1 万余户。

（2）无公害和标准化生产稳步推进。全面推广无公害标准化生产，因地施策，分类划区，科学引导，积极推进农产品标准化生产进程，沿黄经济带无公害蔬菜面积达到 26 万亩，建成北湾、东湾、平堡、乌兰、三合、大坝等 9 个无公害蔬菜生产基地；靖远羊羔肉标准化示范区建设完成，确定标准化养殖小区 6 个。茄子、辣椒、洋葱、大蒜、双孢菇、黄河蜜瓜、西瓜、脱水青刀豆等 14 个农产品获得国家 A 级绿色食品认证；11 个农产品制定了绿色生产技术规程，有 19 个农产品获得中国绿色食品发展中心认证，1 个获得无公害农产品认证，10 个获得无公害农产品产地认定，认定面积 4.95 万亩，田园养殖场获得无公害畜产品产地认定，认定无公害肉猪 5 万头，该县被列为全省无公害农产品示范基地县。

（3）农业科技示范园区建设成效显著。沿黄经济带农业科技示范园区达到 14 个，其中省级重点园区 1 个，市级园区 7 个，占到全市 13 个园区的 54%，园区总面积达到 13 万亩，涉及蔬菜、畜禽、林果、粮食、花卉、中药材、农村能源等多个领域，年创产值 2.48 亿元。

（4）基础设施条件进一步改善。通过在沿黄经济带上各乡镇大力实施农田水利建设、农村人饮解困、土地开发、农业扶贫开发、外援项目，沿黄经济带农业生产基础设施得到不断改善。

（5）农业科技推广和服务体系不断健全。与蔬菜、畜禽、枸杞三大产业相关的农民专业合作组织日益成熟壮大，成为连接农民与市场的桥梁。在种植业上，变温管理、节水保湿、配方施肥、抗逆嫁接、多茬种植、立体栽培、新型高保温 EVA 膜等多项新技术得到推广使用，引进筛选推广了一批名、优、特新品种，使沿黄经济带蔬菜种植种类增加到 7 大类 28 种 120 多个品种，反季节蔬菜栽培的综合技术水平明显提高。养殖业重点推广了暖棚养殖、规模化养殖、青贮氨化、疫病防治、饲料配方等新技术，建成了一批规模化养殖基地。蔬菜良种覆盖率达到 98% 以上。主要粮油品种得以更新换代、提纯复壮，粮油良种覆盖率达到 85% 以上，主要林果良种使用率达到 85% 以上。①

（二）靖远县沿黄经济带发展的优势

（1）地理位置优越，交通通信便捷。靖远沿黄经济带地处甘肃省委、省政府重点规划建设的兰白核心经济区和白银市规划建设的黄河农业经济带中心区域。黄河公路大桥及省道 207 线建成通车，正在规划建设的包兰铁路兰州至惠农段二线工程纵贯经济带，交通便捷，货运畅通，自古就是连接中原与西域的必经通道，是历史上有名的丝绸之路重镇和西北重要的商埠旱码头，具有良好的市场扩散条件和辐射带动能力。距白银只有半个小时车程，距银川 3 小时，并逐渐融入兰州 1 小时经济圈。京呼银兰光缆贯穿全境，已建成交换程控化、传输数字化、有线和无线相结合的现代化信息通信网络，交通通信十分便捷。

（2）农业基础良好，特色产业优势明显。靖远沿黄经济带包括沿黄灌区和高扬程灌区，沿黄自流灌区主要包括八个自流灌区及 30 个千亩提灌工程，覆盖平堡、北湾、乌兰、东湾、三滩、糜滩等乡镇，有效灌溉面积 14 万亩，人口 21 万人。由于水资源相对丰富，自然条件优越，成为发展日光温室、塑料大棚等设施农业和生猪、鸡等畜禽养殖的理想区域。高扬程灌区包括兴电、刘川和三场塬灌区，主要覆盖北滩、靖安、东升、五合、刘川、大芦等乡，灌溉面积近 37 万亩，人口 16 万人。② 由于高扬程

---

① 赵贵宾：《甘肃省发展特色农业的优势和措施》，《甘肃农业科技》2011 年第 10 期。
② 同上。

灌区土地面积大，人均拥有土地多，发展多种经营和特色产业优势明显，是靖远县枸杞、地膜洋芋、四季豆、洋葱、番茄等林果蔬菜及羔羊肉主产区。多年来，该县依托优越的黄河自然资源，坚持实施"产业富民"战略，强力推进沿黄经济带建设，在沿黄大力发展蔬菜、畜禽、林果三大特色支柱产业，不断壮大特色产业基地规模，通过典型引路、行政推动、投入启动、科技带动、市场牵动等有效举措，使三大产业迅速壮大为带动当地农业增效、农民增收的特色主导产业。因此，靖远先后被列为全省绿色食品示范区、省级无公害蔬菜生产基地县、全国第二批创建无公害农产品生产基地县和全国蔬菜生产重点县。靖远羊羔肉、北湾的呱呱富鸡蛋等畜禽产品获国家 A 级绿色食品认证，陇上佳肴"靖远羊羔肉"是我国首例以哺乳类动物为地理标志保护注册的商标。枸杞、大枣被评为"甘肃省十大名果"，"小口大枣"获得国家地理标志认证，大枣、早酥梨、蜜梨、果糕等 9 个林果产品获绿色食品认证。靖远沿黄经济带上农业科技示范园区达到 15 个，其中省级重点园区 1 个，市级园区 7 个，园区总面积达到13 万亩。靖远先后被列为省级绿色食品示范区、无公害蔬菜生产基地、全国第二批创建无公害农产品生产基地县和国家级羔羊肉生产标准化示范区。被评为"全国科普示范县"和"国家科技进步先进县"。

（3）矿产资源储量丰富，园区发展潜力巨大。水力、风能、太阳能资源丰富。黄河水电资源 300 多万千瓦。装机容量 14 万千瓦的乌金峡水电站已并网发电，靖南峡、黑山峡梯级水电站正在积极争取。"十二五"期间，我县将依托丰富的矿产资源优势，大力实施"工业强县"战略，在靖远沿黄经济带上规划建设刘川工业集中区、银三角非公经济集中区、杜寨柯农产品加工贸易集散区三大工业园区和精细化工、冶金焦化、煤炭能源、建筑建材、农副产品加工等五大主导优势产业。刘川工业集中区已被列入"兰白都市经济圈"产业规划建设范围，白银市把刘川工业集中区作为"十二五"规划和"一园三区三基地"的重点建设区域，已编制完成了 50 平方公里总体规划和一期 17 平方公里控制性详细规划，并积极合作开发"稀土新材料园"项目，正在进行土地平整和主干道路建设。

（4）中心城镇功能完善，城乡环境文明宜居。县城居沿黄经济带的中心，城区面积扩展到 7.3 平方公里，城镇化水平达到 25.2%。乌兰镇道路及排水工程、集中供热工程投入使用，新修改造城区主干道路及巷道18 条，城市服务功能显著提升。嘉靖园、恒丰花园、水岸花都等商住小区建成入住，开发商品房 90 万平方米，入住人口达 1.5 万人。会州广场、钟鼓楼维修保护工程全面完成，城市环境明显改善。改造农村危旧房 1.85 万户，硬化乡村道路 610 公里，靖远县被确定为全省城镇化建设试点县。建成农村集中供水工程 17 处，解决了 12.5 万人饮水不安全问题；改造改建小水工程 99 处；跨越沿黄经济带的省道 207 线红色旅游扶贫公路和靖若、杜小等 10 条通乡油路及 97 项通达通畅工程建成通车。双永供水工程、黄河大桥至吴家川二级公路、坝滩至吴家川四级公路、天然气管道输配工程、滨河南路等一大批重点基础设施建设项目正在建设。东湾镇、刘川乡张滩村分别被列为全省小城镇改革发展试点镇和省级新农村试点村。

（三）靖远县沿黄经济带发展的劣势

（1）缺乏科学规划。未进行科学论证规划，既没有沿黄经济带总体的规划，也没有产业、旅游等专业规划，缺乏科学理论指导。

（2）基础薄弱。县域经济总量偏小，沿黄经济带的基础设施薄弱；能够拉动经济增长的大项目偏少，道路、水利等基础设施欠账较大；特色产业规模化、产业化程度不高，工业经济规模偏小，园区建设任务艰巨；城镇建设管理滞后，承载能力还不强，投资环境还需进一步改善。

（3）旅游业发展机制不全。政府主导、三方联动机制尚未建立。旅游合作更多的只是一种政府层面上的链接和表面化的呼应，政府、企业、社会联动发展的机制仍未实质性地建立，旅游企业介入合作的主动性和积极性不高，旅游产业布局和功能定位也存在比较明显的各自为政问题。

（4）旅游业产业化程度低。企业规模小，竞争力弱。沿黄旅游产业中的旅游企业普遍存在"小、弱、散、差"的状况，规模化、集团化、综合化经营程度低，旅游规模经济不显著，企业组织结构不合理，产业内部竞争过度，外部竞争乏力，从而导致了该区域总体竞争力不强。

（四）靖远县沿黄经济带发展的机遇

（1）改革深入的机遇。把握改革持续深入推进的新机遇。党的十八大提出要坚定不移走改革开放的强国之路，做到改革不停顿、开放不止步。下一步，中央将更加注重改革的系统性、整体性、协同性，根据不同阶段要求，密集出台各项改革举措，这是最大的政策利好。

（2）宏观经济政策机遇。把握宏观经济政策趋热的新机遇。新一轮西部大开发战略的实施，国办 29 号文件、甘肃省循环经济总体规划等一系列重大政策措施的落实，支持"三农"、保障性安居工程、农村水利、城乡公益性基础设施建设、节能减排和生态环保、战略性新兴产业等领域的力度加大，为该县争取项目投资、扩大招商引资、谋求跨越式发展营造了良好的外部环境、提供了难得的机遇。2012 年中央财政赤字规模达到 1 万亿元以上，主要用于结构性减税、支持小微型企业发展、农田水利建设等方面。信贷规模和社会融资将进一步扩大，预计新增信贷 9 万亿元以上，社会融资总量达 16 万亿元。城镇化是政策支持的重要平台，全国新一轮城镇化 10 年内将拉动 40 万亿元投资。这些政策措施对于沿黄经济带加强基础设施建设、加速城镇化、发展循环经济、开发新兴产业、推进转型发展都具有重要意义。

（3）内生新机遇。把握靖远发展厚积薄发的新机遇。从交通格局看，随着黄河大桥至吴家川等级公路的建成通车，靖远融入兰白都市经济圈的步伐明显加快。从城乡格局看，全县城乡一体化发展进入了加速期，以县城为核心的城镇群加快形成。从产业格局看，传统产业转型升级，现代服务业加快发展，特别是三个园区的开发建设，为逐步壮大县域经济构建了优势平台。

（4）外部环境机遇。从干部作风看，通过持续深入地推进"效能风暴"行动和开展"发展环境创优年"活动，各级干部思想更加解放、思路更加明晰、精神更加振奋、作风更加务实。靖远已初步具备了蓄势待发、乘势而上的条件，必将迎来一个空间潜力充分拓展、优势资源竞相迸发的重要时期。要抢抓这些优势和机遇，加大思想解放力度，调动一切积极因素，增强科学发展的信心和动力，顺势而为、奋勇前进。

（五）加快靖远县沿黄经济带发展的思路和对策

1. 构建沿黄经济构架，夯实沿黄经济基础

（1）科学规划，构建框架。聘请国内外一流专家，从沿黄经济带的战略地位和资源能源禀赋及经济基础条件出发，着眼于体现科学性、时代性和超前性，高标准、高水平编制沿黄经济带发展总体规划和产业发展、路网交通、生态环境保护和区域水资源利用、旅游开发等专项规划及沿黄经济带 7 个中心城镇体系规划，为沿黄经济带建设提供科学依据。①

（2）突出特色，准确定位。根据沿黄经济带各乡镇的特色，发挥比

---

① 赵贵宾：《甘肃省发展特色农业的优势和措施》，《甘肃农业科技》2011 年第 10 期。

较优势，准确定位功能，形成功能互补型城镇集群。平堡乡以现代观光农业、古街文化、休闲生态园为主，建议定位为历史文化名乡平堡；糜滩乡以新型农家乐为主，建议定位为农家乐园糜滩；东湾镇以现代农业为主，建议定位为现代农业之镇东湾等。

2. 加快中心城镇建设，完善辐射带动功能

城市是经济发展的产物，同时它所包含的经济能量和社会能量又反作用于经济发展，成为经济增长的动力。从 1800 年到 1980 年的 180 年间，世界人口增加了 3.5 倍，而同期城市人口增加了 35 倍，高于平均水平 10 倍。这就说明城市发展的速度越快，它聚集人气和财力、人力、物力也越快越多。当今世界一些主要发达国家的城市以 2% 的国土面积创造了全国 97% 以上的社会财富，我国的城市以 4.3% 的国土面积创造了 68.6% 的国内生产总值。所以，新型城镇化是今后经济发展的最大潜力。那么，地处沿黄经济带中心的县城发展就显得尤为重要。靖远县城镇化水平仅达到 26.04%，比全国低 25.23 个百分点，比全省低 11.11 个百分点，比全市低 13.34 个百分点；与其他兄弟县区相比，靖远县仅高于会宁县。因此，要以中央更加重视城镇化建设为契机，把加快城镇化建设作为当前经济工作的另一重点。

（1）完善县城功能，增强辐射带动能力。一是加快成立县城乡规划管理局，进一步健全完善规划审批和监督管理机制。重点做好《靖远县全面小康社会建设规划》、《靖远县循环经济发展规划》、《沿黄产业布局规划》、《文化产业规划》、《乌兰等 7 个乡镇中心区域小城镇建设规划》等 20 项专项规划的编制工作，包含有全县各项产业发展规划。高标准、高质量尽快编制完成新城二期控规、重点街区控规、城市色彩风貌规划、小城镇建设规划和 96 个村庄建设规划。二是提升城市品位促集聚。全力以赴做好征地搬迁工作，确保南滨河路、人民路、三台九塬及宋家滩安置区配套道路和东二环路路基工程等项目建设通车。切实加快城区供水扩建、城区污水处理厂管网配套工程等项目的前期工作，确保供水厂、给排水管道、污水处理系统等重点工程顺利开工建设和投入使用。加速完善城市市政、配套服务功能，切实提升县城综合承载能力，争取实施五合路铺油罩面、东关桥头畅通、北大街南口畅通和永新街贯通延伸工程，完成党政综合办公楼主体工程、双永供水工程综合服务用房和消防大队执勤中队业务楼，要确保西片区集中供热工程和金地天然气实现入户供热、供气。

继续实施城区亮化美化绿化工程，开工建设南滨河景观带、全民健身中心、会展中心和火车站广场改造项目。不断完善城市功能，打造"最佳人居地，兰白后花园"的城市空间，使县城成为人口和生产要素流入的"洼地"。三是全面提升城市管理水平。加快成立城市管理行政执法局，以解决县城私搭滥建、乱挖道路、乱停乱放、占道经营、噪声污染等问题为重点，切实加强行政执法管理，大力改变城市环境形象。

（2）统筹发展中心城镇，推进城乡一体化进程。城乡一体化是实现区域协调发展的必然要求。加快经济转变方式、转变要求，促进公共资源在城乡之间均衡配置、生产要素在城乡之间自由流动，实现城乡统筹协调发展。一是加快中心集镇群建设。靖远县中心乡镇的发展相对其他地区比较滞后，县、乡两级要共同携手，上下联动，加快建设平堡、北湾、东湾、三滩、糜滩、刘川等一批现代中心集镇群。东湾、三滩乡镇综合服务楼要尽快开工建设，力争年内建成；东湾、北湾、刘川、北滩、五合等乡镇要加快乡镇政府所在地中心村道路整修改造和供排水管网建设，争取建成市、县级小城镇建设示范镇，刘川、乌兰、五合三个乡镇要率先发展，确保实现全市、全县小城镇建设示范镇的目标任务。要积极推行东关村新农村建设模式，多方吸引民间资本投资新农村建设，完成东关村新农村一期工程，开工建设东关村新农村二期工程和东湾镇新农村建设项目。构建"县城—重点镇—中心村"三个层次框架体系，引导企业和人口向体系集聚，增强城镇对经济发展的辐射带动能力。二是构建四通八达的水路大交通格局，进一步拉大城镇框架，拓展城镇发展空间和经济腹地，促进城乡统筹发展。

3. 坚持工业园区引领，提升工业发展水平

坚持把工业经济作为推动跨越式发展的引擎，大力开展"工业经济发展年"活动，全力加快园区建设，加快传统产业改造提升，积极培育新兴产业，切实抓好生产经营，进一步增强工业经济实力。

（1）加强三大园区建设，夯实工业发展基础。举全县之力加快刘川工业集中区建设。市上将按照"一区多园"的发展思路，将刘川工业集中区作为白银工业集中区新区建成优先开发区和核心区，并作为白银东城区和高新技术产业开发区新区纳入主城区规划范围。在全面完成一期17平方公里规划区土地储备、居民动迁安置、征地补偿等工作的基础上，积极搭建筹融资平台，激活融资方式，全面启动先期5平方公里土地平整、

道路、供排水、供电、通信等基础设施建设，开工建设集中区南北、东西两条主干道路，争取完成投资4.9亿元。加大招商引资力度，积极引导符合条件的工业企业向园区集聚，努力争取西北物流产业园、电解锌废渣综合利用、生活垃圾处理、废旧塑料回收处理等重点项目开工建设。银三角中小工业园和金三角生态农业科技创业园土地征收全部完成，金三角农业生态科技创业园的东湾驴肉深加工、中药饮片及中药保健茶生产线、枸杞深加工、红枣深加工等项目要尽快开工。要通过吸引资金、引进企业、借力发展等途径破解园区发展难题，全力把三大园区建成靖远县沿黄经济带上工业经济发展的支撑点和增长极。

（2）加快改造传统产业，提升工业发展水平。依托焦炭、电石、磷肥、煤炭、砖瓦等资源优势，加快推进重点工业企业技改扩能、产业升级、设备更新，实施博翔电石炉节能改造、新力水泥生产线技术改造、金久矿业砂石生产、金杞福源枸杞汁加工、嘉瑞陶瓷釉面瓦抛光砖生产线扩建、德炘园烘焙食品异地扩建等项目。严格落实节能降耗目标责任制，督促和引导企业引进新工艺，开发新产品，淘汰落后产能，加强污染治理，提高资源利用效率，确保完成节能减排年度目标。

（3）培育新兴产业，优化工业结构。大力推进水电、风电、光伏发电等新能源产业发展，优化工业发展结构，培育新的工业增长极。积极争取北滩、东升风电场、国电靖远发电公司"上大压小"工程、太阳能光伏发电场等项目立项建设。

（4）加大扶持力度，加快非公经济发展。靖远本来就是全省非公经济十强县，在当前东南沿海中小企业发展困难，外向型经济受阻的情况下，外出就业难度加大，回乡务工人员明显增多。要增强加快发展非公经济意识，鼓励全民创业，只要符合国家政策，凡没有明令禁止的，无论是靖远人还是外地人，工商、税务、国土等相关部门都要全力以赴地支持，提供优惠，提供方便，大开绿灯，降低门槛，吸引各界人士到靖远来投资兴业，在繁荣第三产业的同时增加城乡居民收入。要认真落实国务院非公经济"新36条"及42项实施细则，结合省市相关政策，进一步完善靖远县关于促进非公经济发展的政策措施，支持非公有制经济进入公用事业、基础设施等领域。要加快地方金融发展步伐，认真抓好村镇银行、小额贷款公司、投资担保公司建设，积极吸引各类金融机构来靖远县设立分支机构，通过举办"银政企"座谈会、项目对接会等形式，促进银政、银企、银园合作。

4. 发挥农产品特色优势，提升农业产业化水平

按照发展现代农业的要求，在沿黄经济带上着力"壮大三大产业，建设三大园区，拓展六大基地"（即壮大蔬菜、林果、畜禽产业；建设以果汁、蔬菜、畜禽加工为重点的农产品生产加工产业园区，以生产、加工和研发、旅游为一体的枸杞产业园区，以日光温室、塑料大棚为重点的设施农业产业园区；拓展设施农业示范基地、高原夏菜生产基地、枸杞生产加工基地、畜禽产品生产供应基地、饮料果汁生产供应基地、旱作农业示范基地），提升农业产业化水平。[①]

（1）建设省级沿黄农业示范区。按照高产、优质、高效、安全、生态的现代农业发展目标和省级现代农业示范区建设的总体要求，在靖远县平堡、北湾、糜滩、三滩、乌兰、东湾、刘川、大芦等乡镇高起点、高标准、高水平规划建设以设施蔬菜为主、种养加工业协调发展的省级现代农业示范区。示范区规划建设总面积 12 万亩，分为核心区、示范带动区和辐射区三部分。核心示范区：涉及 4 个乡镇 7 个村，分别为东湾镇大坝村、三合村，乌兰镇东关村、二十里铺村，糜滩乡下滩村、独石村，三滩乡中二村，规划建设总面积为 4.1 万亩；示范带动区：涉及平堡、北湾 2 个乡镇 11 个村，规划面积 2.3 万亩；辐射区：涉及刘川、大芦等乡镇 19 个村，规划面积 5.6 万亩。壮大基地规模。每年改扩建日光温室 4000 亩、塑料大棚 3500 亩，发展高原夏菜 1500 亩，建成蔬菜标准园 10 处。完善基础设施。加强示范区内渠、路、林、水、电等配套设施建设，达到渠、路、水、电配套完善。加强高标准农田和高效节水设施建设，强化农机装备建设，确保示范区设施装备先进。

（2）建设优质特色蔬菜生产基地。一是无公害蔬菜基地建设。重点建设东湾镇大坝、三合、杨柳、北湾 4 个日光温室无公害蔬菜生产基地，总面积为 2 万亩，辐射带动周边面积 2.5 万亩。糜滩乡下滩，大芦乡塑料大棚无公害蔬菜生产基地，总面积为 1 万亩，示范带动周边 1.5 万亩，确保基地蔬菜达到国家无公害蔬菜生产要求。二是有机蔬菜生产基地建设。在糜滩乡独石村荒废旱地上规划建设总面积为 1000 亩的有机蔬菜示范生产基地。三是高原夏菜生产基地。在乌兰镇、刘川乡、糜滩乡建成三个高原

---

① 李耀勇：《关于甘肃县域经济发展的思考》，《科技情报开发与经济》2010 年第 2 期。

夏菜生产基地，力争靖远县沿黄经济带成为我国北菜南调的重要基地。四是南方水生蔬菜北移生产基地建设。在北湾镇原水稻种植区建设优质水生蔬菜茭白核心区 1000 亩，示范带动三滩乡等适宜茭白生长的地区发展 5000 亩。

（3）建设农业科技服务体系。一是建设技术研发与推广示范基地。在核心示范区内建成新品种、新技术研发与推广示范基地 7 个（面积200 亩以上），加强与甘肃农业大学、甘肃省农科院等大专院校和科研院所的合作，走"产、学、研"相结合的路子，大力引进推广新技术、新品种、新材料、新设备、新工艺，从单项技术的推广向标准化技术的集成配套、组装运用转变，不断提高示范区内的科技应用水平。二是健全和完善农业服务体系建设。加强农业科技队伍建设，积极组织农业技术人员参加继续教育和专业业务培训，不断补充和壮大农业科技人员队伍，全面提升服务能力。加强农产品质量安全检测、农业废弃物综合利用、农业信息化设施建设，在核心示范区内配套建设农产品质量安全检测中心、农业信息服务中心和农民技术培训中心。

（4）建设现代农业产业体系。一是发展壮大农业产业化龙头企业。围绕蔬菜、畜禽等主导产业，大力发展规模化养殖，农产品加工业、冷链仓储与物流配送业，建成标准化养殖小区 15 个，扶持壮大产业化龙头企业 12 家、农民专业合作社 60 家，完成靖远县蔬菜批发市场新建，建成以蔬菜产业为主、种养加工业协调发展的示范区。二是提高农民组织化程度。积极引导、政策扶持、规范建设，大力推动农业专业化组织发展，提高农民组织化程度。对产业规模大、社员带动较多、服务设施较全、利益联系较紧、市场品牌影响较大的合作社，加大扶持力度，着力提高示范带动能力。鼓励和支持农民专业合作社申请注册产品商标，不断开拓产品市场；鼓励农民专业合作社创办自己的加工企业，支持农民专业合作社之间、合作社与农业龙头企业之间加强合作，实现资源和优势的合理配置和整合。三是积极发展其他相关产业。结合现代农业示范区建设，积极发展以蔬菜采摘、观光和农家乐为主的休闲农业。

（5）建设农业经营体制。一是规范土地流转。以土地规模化经营、资金投入及生产合作等为切入点，通过规范土地流转，培育和引导农民专业合作社、龙头企业加快发展。二是创新运行机制。积极探索适合当地实际的运行模式，构建政府扶持、市场带动、农民参与的示范区建设运行管理新机制。三是加强农民培训。充分发挥示范区科技及设施装备先进的优势，建设新型农民培训基地，大力培养懂生产、会经营、能创业的新型农民，每年培训新型农民 5000 人（次）。

二 景泰县特色农业发展研究

景泰县位于甘肃省中部，是白银市下辖县。景泰县东濒黄河与靖远县、平川区相望，南与白银区、兰州市皋兰县、永登县交界，西与武威市天祝县、古浪县毗邻，北与内蒙古自治区阿拉善盟阿拉善左旗、宁夏回族自治区中卫市接壤。景泰县是甘肃省河西走廊东端门户，全县总面积 5432 平方公里，总人口 23 万人，拥有耕地 69 万亩，其中水浇地 36 万亩，天然草场 590 万亩。全年日照 2726 小时，年辐照量 147.8 千卡/平方厘米，是全国光能资源最丰富的地区之一。县内有寿鹿山、昌林山两大森林群。煤、石膏、石灰石等非金属矿藏丰富，金、银、铜、锰等金属矿藏也有一定储量。近年来，景泰县以农民增收为核心，以项目建设为载体，按照"产业调特，品质调优，规模调大，效益调高"的发展思路，大力发展特色农业，着力建设全省特色种植业示范县。

景泰县立足地区资源比较优势，以发展"一村一品，一乡一业"为着力点，制定了《景泰县建设特色种植业示范县五年规划》，确定了特色种植业发展目标。规划期内，重点发展蔬菜、玉米制种、洋芋、枸杞、红枣、梨六类特色种植业。建立以喜泉、草窝滩、芦阳、一条山、五佛、红水等乡镇为主的蔬菜基地，引进推广蔬菜新品种新技术，新建高标准日光温室 2000 座，引进番茄、辣椒、黄瓜等新品种，示范推广日光温室周年生产、无土栽培、微灌、滴灌等技术，建成优质蔬菜生产基地 3.5 万亩，到 2015 年，优势区建成无公害蔬菜生产基地，良种覆盖率达到 95% 以上。以草窝滩镇、上沙沃镇、漫水滩乡、红水镇为主建设枸杞基地，到 2015 年种植面积达到 10 万亩，优势区良种覆盖率达到 95% 以上，无公害标准化栽培技术的普及率达到 100%。在五佛乡建成以红枣生产、加工为主的产业基地，到 2015 年种植面积达到 8 万亩，产品优质率达到 95% 以上。以一条山镇为重点区域，大力发展优质梨基地，到 2015 年种植面积达到 5 万亩，优势区 5 年生以上梨亩均产量达到 3000 公斤。在中泉乡及景电一、二期灌区的各乡镇建成玉米制种基地，到 2015 年，优势区做到精制种，制种玉米亩均产量达到 500 公斤，面积达到 5.5 万亩。在正路乡及景电一、二期灌区的各乡镇建成洋芋基地，到 2015 年，优势区洋芋亩产量达到 2500 公斤，商品率达 85% 以上，形成生产、加工、营销一体化的产业链，增强产业竞争力，全面提高洋芋生产的经济效益。

（一）景泰县特色农业的优势分析

1. 自然条件

景泰县地处中纬度，雨热同期，积温与降水的有效性高。虽然全年热量偏低，但在作物生长活跃期的暖季热量都比较充分，大部分地区 ≥10℃ 的积温可达 2000—3000℃，尤其是 ≥10℃ 期间的月均温度在 20℃ 左右，正适合特色农产品的生长，其生长期间最适温度正好为 18—25℃。受海拔高度的影响，降水随海拔高度的高低而增减，受季风气候的影响，降水主要集中在夏秋季的 4—9 月，占年降水的 90%。这种正值农作物生长活跃期雨热同步的特点，提高了降水的有效性，这为景泰县特色农业的发展提供了有利的气候条件。总体来说，景泰县气候常年偏旱。由于杂粮杂豆属于耐旱作物，在其他大田作物因旱减产时，杂粮杂豆的种植可以弥补损失。

2. 环境优势

目前，景泰县农业生产仍以传统农业为主，现代化程度低，农用化学品的使用量较少，农业生产的环境污染小，资源破坏程度较轻，加之地域辽阔，大气环境、水环境、土壤环境等状况明显优于开发较早、开发程度较高的其他地区，具备开发和生产绿色食品的基本要求，是我国最适合发展无公害食品、绿色食品的地区之一。

在 21 世纪，绿色食品需求巨大，价格高昂。近年来，景泰县特别重视绿色农业的发展。充分利用和发挥景泰县生态环境遭受工业污染较少的优势，发展绿色农业，突出产业发展的绿色标志，适应消费者追求绿色消费的时尚，把产业绿色化作为结构调整的灵魂，将景泰县建设成为全国重要的绿色农产品生产基地，必将带动农业跨越式发展。

3. 区位条件

在具有一定的交通便利的条件下，地理位置决定了一个区域产品的可进入性，从而决定了区域与外界接触的难易程度和频繁程度。景泰县地处甘宁蒙交界处，交通发达，发展区域贸易优势明显。国道、省道等公路网的建设，现有的铁路网，必将带动景泰县特色农业的大发展，可以大大方便景泰县地区特色洋芋、杂粮杂豆、大枣的外销量。优越的地理位置为景泰县特色农产品的内销和出口创造了便利条件。按照区位理论，景泰县独特的区位与甘肃省其他县区相比，大大降低了空间交易费用，有利于为国内市场提供特色农产品。

4. 科技条件

科学技术是第一生产力，特色农业建设必须依靠科技创新。依靠科技解决"三农"问题。建设新农村科技支撑体系是贯彻落实科学发展观的要求，是实现新农村建设与科技紧密结合的有效方式。充分发挥科学技术的支撑和引领作用，紧紧围绕发展生产、提高生活、改善生态的目标，以提高自主创新能力为核心，以现代农业、生态产业、乡村社区化和农业科技成果转化为重点，大力发展特色农业、高技术农业，大力实施科教兴农战略，加强区域农业科技创新体系建设。①

甘肃拥有专门培养农业科技人才的高等院校，如甘肃农业大学。多年来，凭借教育优势培养了一大批懂生产技术、会管理的农业科技人才。人才优势为景泰县农业的发展，尤其是特色农业的发展，提供了强有力的技术支持。借鉴国内外的发展经验，我们认为内蒙古自治区乌拉特中旗建新型农牧业"科技合作社"是科技部门探索适合本地特色农业发展的创新举措。新型农牧业"科技合作社"，旨在建立一套适应全旗农村牧区市场经济发展，适应现代农牧业规模化、集约化发展模式的新型农牧业科技服务体系。乌中旗科技局在经过充分调研后，针对全旗农牧业科技服务体系服务不到位，投入成本大，农牧民收到实效少等问题，提出了按照市场经济发展规律，以利益机制为动力，创建一种"农牧民主体、产业布局、市场运作、科技支撑"适应现代农牧业发展的新型农牧业科技服务体系，即"农牧业科技合作社"。合作社服务体系聚集农牧户，按照市场经济规律，利益机制运作，实行风险共担、利益共享。景泰县科技部门也应加强借鉴学习，按照生产发展要求，实行统一的生产质量标准，进行引进、试验、推广新品种、新技术，实行统一管理措施、技术指导，实行统一指定的无公害有机化肥和农药以及生产技术，使景泰县特色农业走科技发展之路。

---

① 高新才：《区域经济与区域发展》，人民出版社 2002 年版，第 126 页。

（二）景泰县发展特色农业面临的问题

1. 特色农产品尚未形成规模化生产

景泰县杂粮杂豆种植历史悠久。近十几年来，虽然杂粮杂豆生产有了长足的发展，并已初具规模。从全省看，杂粮杂豆作为特色粮食作物，播种面积占全省粮食播种面积的18.0%，占全省粮食总产的16%，发展潜力还很大。从营养价值来看，杂粮杂豆富含各种营养素，既是传统食粮，又是保健珍品，同时也是传统的出口农产品。景泰县所生产的杂粮杂豆无公害、无污染，营养丰害，品质好，属天然绿色保健食品。杂粮杂豆的种植生产是一种绿色的朝阳产业，需要政府的扶持、农户的配合、政策的支持，需大力发展，扩大规模，做大做强；还要重点抓好优质杂粮杂豆适度规模化生产，改良品种，提高加工能力，改进包装，创建名牌，健全市场营销体系，形成杂粮杂豆的大产业化生产经营格局。

2. 品牌、名牌产品少，市场竞争力不强

由于景泰县特色农产品科技含量不高、单产低、品质退化、粗放经营等问题，导致特色农产品在市场上缺乏竞争力。许多地区仍盲目生产农产品，单纯追求数量而忽视抓质量。名优品牌意识淡薄，有品牌的特色农产品太少，也造成了产品市场竞争力不强。

3. 主要特色农产品尚未形成支柱产业

杂粮杂豆是景泰县主要特色农产品之一，也是容易做大做强的支柱型农业产业。市场上缺乏改善膳食结构需要的杂粮加工食品，许多杂粮加工产品仅仅停留在样品宣传或展销上，市售的杂粮加工食品少之又少。目前，景泰县杂粮加工业发展仍处于起步阶段，企业创新能力弱，管理水平低。多数企业和农户之间是买卖关系，订单农业少。分散生产与集中加工的矛盾突出，区域优势发挥不充分，发展水平低与结构趋同并存。此外，农产品加工制品质量标准体系不健全，难以与国际接轨。还没有将杂粮杂豆做成景泰县的支柱型产业。

4. 加工企业能力有限

杂粮杂豆是景泰县的传统特色作物，主要集中在正路乡等山区。景泰县杂粮杂豆历来享誉中外，畅销不衰。但全县现有杂粮杂豆加工企业多数为小型企业，年处理能力不足。由于杂粮食品加工发展滞后，未能创造产品的高附加值，从而影响经济效益。目前，虽然一些地方开始投资兴建了一些杂粮杂豆加工厂，进行了一些杂粮杂豆品种的产后加工，但是绝大部

分还是采用传统的加工方式，加工技术落后、加工规模小、产品附加值低、综合利用效果差。大多数产品仍然以原粮或半成品出售，产品的深加工依然还是一个薄弱环节，这也是制约杂粮杂豆发展的重要因素。

（三）景泰县发展特色农业的主要对策

景泰县地域辽阔，气候和自然条件差异很大，发展特色农业具有很大的潜力和优势。各地要遵循自然规律和市场经济规律，按照因地制宜、发挥区域比较优势的原则，认真研究当地的资源特点，区位优势，科学地分析和预测国内外市场需求，制定当地特色农业的发展规划。要确定重点生产区域，明确主攻方向，推行一套特色农业配套生产技术，建设一批特色农业标准化生产基地。

1. 确定主攻方向，优先支持主要的特色农业建设项目

根据景泰县的自然条件、区位优势以及特色农产品在全省的规模、效率和综合比较优势指数分析，结合生产及市场的现状，应该将大枣、马铃薯、杂粮杂豆生产作为主攻方向发展，将其扶持建设成实行标准化生产和管理的重点特色优势农产品生产基地，并做大做强。同时，在财政、税收、信贷等方面制订优惠政策，从基地建设、原料采购、设备引进、产品销售方面支持一批有发展前景、带动作用强、以"公司＋农户"为经营方式的龙头企业，为龙头企业的发展营造良好的政策环境。

2. 提高产业化程度，实行标准化生产与管理

在农业生产过程中，化肥、农药、除草剂等被大量使用，不少农产品及其加工品，由于农药、化肥、有害重金属残留量过高，不仅降低了农产品质量，也严重影响人体健康，致使我国农产品的出口在国外"绿色壁垒"面前屡屡受阻。因此，必须尽快健全完善统一的与国际标准接轨的农产品质量标准体系和生产标准体系，推行农业标准化生产，指导生产者科学合理地使用化肥、农药、除草剂、生长素等。同时在产品采收、加工、储运保鲜、批发销售等环节也要实行标准化管理，以提高产品质量和确保产品的营养。

特色农产品商品率较高，又多是食品加工业的重要原料。发展以种植业为主的特色农业产业化，除了把好质量关外还需要抓好以下四个环节。一是落实好龙头企业扶持政策，选准主导产业和主导产品，坚持集中连片区域化布局，扩大规模经营。二是围绕龙头企业，加强原料生产基地建设，以龙头企业对产品的要求为标准进行生产。三是根据特色农产品要求

鲜活的特点，注重生产、加工、包装、储藏、运输和销售等各个环节的连接和经营利益分配。四是加快发展农村合作经济组织，通过"公司＋基地＋农户"、"公司＋农户"等形式，形成产加销、贸工农一体化的现代农业生产经营组合体。

3. 加大对特色农业的科研投入，科技推广和农民培训力度

加强科技扶持和科技推广，一是要依托农业科研院所，积极抓好国内外与特色农业有关的新技术、新品种的引进、消化、吸收；二是建立科学的耕作方式，大力推广使用农家肥、有机肥，确保农产品原有特性和无公害性；三是要加大增产增效显著的适用技术在优势农产品区域的推广力度，突出抓好专用型优质品种的开发和推广，重点推广地膜覆盖、种子包衣、配方平衡施肥、节水灌溉、机械作业、病虫害综合防治等有利于提高农产品质量和效益、降低生产成本的适用技术；四是在稳定农技推广机构的基础上，改革现有推广的方式、方法，走国家扶持与自我发展相结合的路子；五是对基层领导干部、农村科技骨干和农民要进行多层次、多形式的职业技术培训，坚持不懈地抓好培训工作，提高农民科学种田水平和适应市场能力。

4. 重视信息化建设，引导农民重视特色农业

实施信息进村入户工程，扶持优势产区、重点乡镇优先建立网络信息服务平台，逐步建立农产品批发市场、中介组织和规模场户的信息网络。加快建立特色优势农产品产销预警系统，提高有关特色优势农产品的信息采集、处理、发布的能力和服务水平，加强对科技、市场购销、价格等方面信息的收集和分析，提高准确性和权威性，及时为政府提供决策依据，引导农民按照市场需求调整品种结构。

在重视信息化建设前提下，积极引导农民种植特色农产品。要重视引进新品种和新技术。农业部门要根据市场需求引导农民发展特色农业，政府要在农民与企业之间搭建桥梁，使农民与一些龙头企业建立产销联系，让农民感觉到有企业做后盾，特色农产品不会没有销路。这样才会使农民逐渐增加特色农产品的种植，扩大规模，增加收益。

5. 加大对特色农业的宣传力度，创建品牌优势

实行广告宣传是推介产品知名度的有效手段，采取主管部门"搭台"，农户与企业"唱戏"，推广服务机构"帮腔"，新闻媒体"伴奏"的方式，分别在不同作物主产区域举办一次产品推介、营销、展示会，让

全社会为景泰县名、优、特农产品走向国内外市场共同唱好一台戏。

特色农业要发展成为地区主导产业，就必须提高产品质量，创建品牌。通过品牌效应赢得市场，成为竞争中的胜利者。景泰县独特的人文地理环境赋予了特色产品培育成为名牌产品的可能性和有利条件。特色农业的发展要积极制定品牌发展战略。品牌知名度是市场竞争力的重要标志。现代市场所获得的超额利润主要就是靠经营品牌。景泰县农产品之所以竞争力不强，一个很重要的原因就是我们对经营品牌重视不够，还存有过去那种"好酒不怕巷子深"的思想，对品牌经营的重要性认识不足。政府要通过加强宣传引导，提高农民经营品牌的意识，发挥他们经营品牌的主体作用，增强其经营品牌的积极性。要积极建立品牌推进机制，通过行政、法律等手段对品牌发展中的各种活动进行调节和规范。

三 舟曲县县域经济发展研究

（一）概况

舟曲位于甘肃省南部，位于白龙江上游，甘南藏族自治州东南部，东临陇南市武都区，北接宕昌县，西南与迭部县、文县和四川省九寨沟接壤。全县总土地面积 3010 平方公里，辖 2 个镇 17 个乡，210 个行政村，总人口 14.3 万人，其中藏族 4.6 万余人，占 33.79%。[①] 舟曲县地处秦岭山地，岷山山系呈东南—西北走向贯穿全境。地势西北高、东南低，海拔高度在 1170—4504 米之间。山大沟深，地形破碎，沟壑纵横，高差悬殊，是典型的高山峡谷区。气候属温带大陆性气候，垂直变化明显，年均气温 14℃，极端最高气温 38.5℃，极端最低气温零下 10℃，全年无霜期平均 223 天。年日照时数为 1842 小时，年均降水量 400—800 毫米左右，降水呈地带性，高山降水比较充足，随海拔的降低，降水量逐渐减少。由于自然条件差，受大陆性气候影响和地势分布的复杂性，全县不同程度的气象灾害几乎年年发生，主要有大暴雨、干旱、大风、冰雹、寒潮、强降温等。舟曲县有着丰富的电力、矿产、劳动力、林果、山野珍品、中药材和

---

① 《甘南州年鉴》（2012），第 146 页。

旅游等优势资源。长江二级支流白龙江犹如一条飘逸的哈达，与其支流拱坝河、博峪河穿境而过，水能蕴藏量76.8万千瓦，目前全县已开发水电站55座，总装机46.4万千瓦；境内已探明储量较大的矿藏有金、煤、铁、铜、锌、锑等20多种；全县农村富余劳动力3.54万人，劳务经济突破亿元大关；盛产于"一江两河"沿岸的花椒、核桃、石榴、柿子等林果品质优良，享誉陇原大地。黑木耳、狼肚菌、蕨菜、乌龙头等山野珍品不仅品种繁多，而且纯天然无污染，可谓膳食上品；遍布高山和半山的各类野生中药材达600余种，其中纹党、猪苓、半夏等10多种名贵中药材远销东南亚；县内旅游资源独具特色，既有雄伟奇观的自然景致，又有古老神奇的藏羌民俗文化和景观。有林海浩瀚的国家级森林公园——沙滩森林公园；有寺庙群集的陇上名山——翠峰山；有峰奇洞幽的拉尕山；有神秘奇特的巴藏潮水节、博峪采花节、坪定跑马节、县城元宵楹联灯会。旖旎的自然风光，丰富的矿藏资源，独特的人文景观，灿烂的民俗文化构成了舟曲经济发展的有利因素和强大优势。

（二）舟曲县县域经济发展现状

长期以来，由于受自然条件、思想观念等主客观因素的影响和交通、教育、能源、资金、技术等因素的制约，群众生产生活方式仍沿袭传统的方式，绝大部分群众过着"土里刨食、靠天吃饭"的日子，缺乏带动县域经济快速发展的特色支柱产业，群众增收项目非常少，缺乏稳定的经济来源，加之自然灾害频繁，抗灾减灾能力弱，因此县域经济发展水平低，后劲不足，现状不容乐观。2009年城镇居民人均可支配收入和农村居民人均纯收入分别为8820元和2241元。随着灾后恢复重建的完成，舟曲城乡基础设施得到改善，县域经济重建正在恢复、加强，县域经济实力明显增强，为富裕舟曲建设奠定新基础。

1. 农业产业结构不断优化，特色产业初具规模

"十一五"时期，农业产业结构不断优化，粮经比由2006年的82∶18调整为目前的77∶23；特色主导产业初具规模，共建成花椒、核桃、中药材、无公害蔬菜等各类特色产业基地16.7万亩；"农牧互补"战略深入实施，扶持建成了标准化养殖示范园区、3个养殖示范基地、6个养殖示范小区、2个专业养殖村、1个奶牛养殖场和县饲草加工经营公司、兴达腊肉加工厂等草畜产品龙头加工企业，培育发展种草养畜专业户和规模养

殖户 2349 户①。全县经济作物播种面积达到 5.47 万亩，粮经比由"十五"末的 84∶16 调整为目前的 77.5∶22。扶贫开发扎实推进，完成了 55 个村的整村推进项目，减少贫困人口 1.1 万人；劳务经济发展势头强劲，五年共输转劳务 17.64 万人（次），创收 7.67 亿元，劳务输转已成为增加农民收入的重要渠道。特色农业和生态农业发展迅速起步，农业产业化进程加快，新农村建设扎实推进，实施"农牧互补"战略已见成效。2012 年全县实现第一产业增加值 26746 万元，同比增长 6.8%；其中，农业实现增加值 13249 万元，同比增长 2.5%，林业实现增加值 6514 万元，同比增长 14.6%；牧业实现增加值 6822 万元，同比增长 6.3%；农林牧渔服务业实现增加值 161 万元。②

2. 大力培育支柱产业，工业强县战略迈出新步伐

"十一五"期间，始终坚持以水电、矿产、农产品三大优势资源为支撑，加快发展具有舟曲特色的主导产业，工业经济从小到大，总量和效益逐步大幅提高。一是水电产业率先实现跨越式发展。全县已建成水电站 42 座，总装机 18.5 万千瓦，在建 21 座，总装机 30.7 万千瓦；相继建成丁字河口 110 千伏输变电、虎家崖、立节开关站等一批重点电网工程，使长期以来困扰电力外送的"瓶颈"问题得到有效破解。二是特色农产品加工产业稳步发展。扶持建成以经济林果、中药材、山野菜、腊肉加工等为主的农产品加工销售龙头企业 19 家，舟曲"农"字号品牌效益逐步显现。三是建材产业蓬勃发展。依托灾后重建，扶持建成 21 个机砖厂等一批工业企业，年产 50 万平方米保温板材生产线项目投入生产，60 万吨水泥粉磨站年内建成投运。四是招商引资成绩斐然。五年累计签约项目 35 项，合同引资 50.96 亿元，目前已完成投资 25.3 亿元，15 个已建成发挥效益，有力地推动了县域经济快速发展和财政持续增收。2011 年，全县预计实现工业增加值 1.36 亿元，是 2006 年的 3.7 倍，工业增加值占 GDP 的比重由 2006 年的 9.2% 上升为 12.4%。2012 年，第二产业增加值 14871 万元，同比增长 13.7%。全部工业实现增加值 13605 万元，比上年同期增长 15.3%。其中，规模以上工业企业实现增加值 3705 万元，比上年实际增长 20.8%；规模以下工业实现增加值 9900 万元，同比增长

---

① 《舟曲县"十二五"经济社会发展规划》，第 10 页。
② 《舟曲县统计年鉴》（2012），第 155 页。

13.0%。全县建筑业实现增加值 1266 万元，比上年增长 0.4%。[①]

3. 旅游业开发升级加速，第三产业呈现新的活力

"十一五"期间，始终坚持以重点景区建设和提升服务层次为抓手，不断培育和壮大旅游产业，建成了拉尕山国家 4A 级旅游景区，成功举办了第十届"中国·九色甘南香巴拉旅游艺术节"等重要节庆活动，编排演出"梦幻拉尕"、"舟曲锅庄"等民族民间民俗歌舞。对龙舟大酒店、青峰大酒店、华瑞宾馆进行了提升改造，扶持开办 65 家具有民俗风情和地方特色的"农家乐"、"林家乐"，旅游基础设施逐步健全完善，"藏乡江南泉城舟曲"旅游品牌全面打响。依托县城改造、小城镇建设和旅游业发展，积极改扩建和培育各类集贸市场，推动旅游商贸、货物运输、餐饮娱乐业蓬勃兴起，有力地促进了第三产业发展，五年来累计实现第三产业增加值 15.83 亿元。2012 年，第三产业增加值 48107 万元，同比增长 20.7%。其中交通运输、仓储和邮政业增加值 5186 万元，同比增长 4.6%；批发和零售业增加值 5076 万元，同比增长 5.3%；住宿和餐饮业增加值 2181 万元，同比增长 43.5%；金融业增加值 3512 万元，同比增长 26.2%；房地产业增加值 2165 万元，同比增长 5.0%；营利性服务业增加值 1229 万元，同比增长 70.1%；非营利性服务业增加值 28758 万元，同比增长 25.2%。

（三）舟曲县县域经济发展的特点

与全省十四个地区相比，甘南州各项经济指标倒数第一。与全州八县市相比，舟曲县域经济发展有三个明显的特点：一是三产结构不合理。一、二、三产业增加值占生产总值的比重 2011 年为 30.7:15.9:53.4。二是经济总量小。据统计，2011 年全县生产总值仅为 89724 万元，大口径财政收入仅为 13774 万元，一般预算收入仅为 7971 万元。三是虽然排名靠后，但经济增速保持稳定。在全州八县市经济实力 2011 年排序中，生产总值位居第五（第一产业增加值位居第三，第二产业增加值位居第八，第三产业增加值位居第四），人均生产总值居第八，全部工业增加值居第六，全社会固定资产投资 383562 万元，位居第一，社会消费品零售总额 20884 万元，居第五，城镇居民人均可支配收入 12587 万元，居第二，农牧民人均纯收入 3046 元，居第六名，一般预算收入 7971 万元，居第三

---

① 《舟曲县统计年鉴》（2012），第 155 页。

名；一般预算支出 172041 万元，居第二名；粮食总产量 30717 吨，居第一名；肉类总产量 5169 吨，居第六名；在岗职工平均工资 32306 元，居第七名；金融机构存款余额 49.6 亿元，居第一名。2012 年全县经济生产总值达到 11.5 亿元，增长 28%，并保持速度、质量、效益同步增长；大口径财政收入达到 1.18 亿元，增长 29%；全社会固定资产投资达到 41.8 亿元，增长 9%；社会消费品零售总额达到 2.2 亿元，增长 15%；城镇居民可支配收入达到 13526 元，增长 13%；农民人均纯收入达到 3496 元，增长 15%。

（四）舟曲县县域经济发展中存在的问题及原因分析

在实施第二轮西部大开发战略这个大背景下，舟曲县经济社会发展的主要任务是改善生态环境和摆脱贫困，其实质是由自然经济向工业化、市场化、城镇化迈进。实施西部大开发战略后，各地都在着力打造地方经济特色。值得注意的是，必须认识社会发展规律和经济规律，工业化、市场化、城市化是社会经济发展规律，要在遵循规律的前提下认真探讨和发展自己的特色，只有体现规律的特色才是真正的特色。按照经济社会发展规律，舟曲县在发展过程中，以下问题无法回避。

1. 农业基础脆弱，农畜产品加工业发展慢

近年来，舟曲县以建设中药材、蔬菜、马铃薯、豆类、肉牛育肥及仔猪繁育等产业基地为主的农业产业结构调整全面展开，取得了一定成效。农业内部结构趋向合理，初步改革了耕作制度，提高了作物产量和效益，群众以粮为主的膳食结构得到改善，收入得到增加，为今后发展现代农业积累了丰富经验。由于受自身财力薄弱、投资能力低、区位条件差、吸引外资能力弱、投资管道多元化不足等因素影响，基础设施建设滞后已成为制约城乡经济发展的"瓶颈"，全县交通、水利、电网、通信、文化、广电等公用基础设施不完善的问题仍然突出。特别是农村基础设施由于历史欠账多，不能满足群众的基本生产生活需要。突出表现在农田水利设施建设严重滞后，多数农村还处于靠天吃饭的局面。农民生产生活条件落后，一些地方人畜饮水长期没有保障。农村交通不便，乡乡通油路、村村通公路的任务十分艰巨。农村燃料普遍缺乏，部分地方主要依靠薪柴烧饭取暖。农村电网建设不足，广播电视"村村通"延伸到自然村的工程量依然很大。农村的教育、文化、卫生等基础设施薄弱。农业产业化水平低，基础地位不牢，城镇化建设步伐和产业跟进相对滞后。县域经济增长仍属

于高投入、粗放型的增长方式，保持经济增速在较大程度上依赖于政府对投资的主导作用，消费需求拉动不力，经济整体素质亟待提高。农牧业产业层次不高，结构调整任务仍然艰巨。农畜加工业发展基础薄弱，规模企业数量少、总量小、整体效益不高，同时，产品结构单一、产业链不长、带动性不强、市场份额小。

2. 工业整体规模偏小，技术创新能力不强

舟曲的工业主要是水电业，"十一五"时期全县通过招商引资累计签约水电开发项目61项，总装机容量50.823万千瓦，其中已建成水电站35座，装机容量15.95万千瓦，在建21座，装机容量25.54万千瓦。丁字河口110千伏输变电工程、虎家崖、立节开关站等一批电网工程的建成，破解了长期以来困扰电力外送的"瓶颈"制约问题。2009年全年发电量达到64896万度，是"十五"末期的8.78倍。建成正泰特种合金有限公司、丁字河口铁合金厂、黑水沟铁矿、坪定金矿和10个机砖厂等一批工业企业。2009年全县工业及规模工业增加值达9191万元和5210万元，分别是2005年的5.38倍和2.15倍，工业增加值占GDP的比重由2005年的6.23%调整为14.64%。发展工业存在的主要问题是工业企业整体素质偏低，技术创新能力不强，以传统的水电、工矿、建材企业为主。

3. 第三产业潜力巨大，但发展滞后

从纵向上看，由于近年来国家投入巨资进行了两次大规模的灾后重建，舟曲经济发展速度较快，但仍存在较大差距。舟曲财政对省上转移支付的依赖性强，还处在吃财政饭的境地，实现富民强县的目标任重道远。经济社会发展的矛盾比较突出，其主要原因是体制机制不健全，经济结构不合理，发展方式粗放。经济结构和体制中许多深层次问题尚未得到根本解决，经济发展主要依靠服务业支撑，2011年全县第三产业增加值为48107万元，占国民生产总值的53.4%，高出第一产业增加值近两倍，高出第二产业增加值3.6倍。非公企业和中小企业发展滞后，非公经济比重偏低。以服务业为主的第三产业，发展潜力大、空间多，但由于缺乏强有力的政策支持、资金投入和技术培训，第三产业的发展还是比较滞后，应从政策、资金、人才、就业等方面加大扶持力度，同时，通过调整产业结构，增加第三产业的比重和贡献率。

4. 财政资金严重不足，投资增长难度加大

长期以来，舟曲县级财政非常困难，停留在"吃财政饭"的境况，

政府投入不足，金融支持不够，民间投资较少，历史遗留问题导致经济社会发育程度太低，远远落后于发达地区和兄弟县市。舟曲山大沟深，交通不便，气候严酷，自然灾害频发，市场发育不良，基础建设成本高，土地利用率低，干部群众的思想观念落后，整体素质较差，优惠政策落实不力，社会环境不稳定，吸引生产要素资金、人才、技术的能力弱等一系列不利因素严重制约着经济社会发展。舟曲县县域经济的现状是一产薄弱，二产短缺，三产滞后。以 2009 年为例，完成 GDP6. 2782 亿元，仅占全省GDP 的 0. 19%。人均 GDP 为 4731 元，仅占全省人均数的 36. 8%；一、二、三产增加值分别占 GDP 的 30. 52%、16. 71%、52. 77%。2009 年实现地方财政收入 1815 万元，仅占全省地方财政收入的 0. 06%，本级财政自给率仅为 3%。财政资金严重不足，导致投资增长难度加大，限制了县域经济的发展。

基础差、底子薄、后发地区的基本县情还没有根本改变，经济总量偏小，竞争力不强，主要经济指标远远落后于全国、全省平均水平，在发展中与先进地区的差距在逐步扩大。交通、水利、能源等基础设施和教育文化等公共服务设施以及城镇水准低，人口、资源、环境、基础设施等制约经济社会发展的矛盾突出。县级财政极度困难，自主创新和自我发展能力差。

5. 城镇化发展缓慢，就业压力大

舟曲县千沟万壑，自然条件严酷，生产方式落后，居民的居住非常分散。积极地、科学地推进城镇化是舟曲县反贫困的必由之路，但要将居住分散的居民逐步集中，需付出很高的成本。从工业化、市场化、城镇化的要求来看，我们的干部先天不足，无论是党政领导还是企业家和业主，大多数来自农村，观念、知识、技能都不适应现代经济发展需要，这些人必须要经历工业化、市场化的实际磨炼和熏陶，广大农民群众更要在生产经营实践中逐渐摆脱小农经济的影响。在工业化、市场化、城镇化的发展过程中，不仅要完成资本的原始积累，还要完成观念的更新。舟曲有 19 个乡镇，其中有城关镇、大川镇和曲告纳镇，这三个镇实质上与乡没有多大差别，要实现城镇化任重道远。由于经济总量小，社会管理差，思想观念落后，政府提供的就业机会少，没有大型企业，因此社会就业压力持续增大，大中专毕业生就业问题尤为突出，全县就业形势异常严峻。

6. 生态环境十分脆弱，扶贫任务非常艰巨

全县生态环境脆弱，尤其是水电、矿产资源开发和项目建设中环保措施落实不够，经济增长的资源环境代价较大，面临着发展经济和保护生态的双重压力。由于农村基础设施差，扶贫开发难度加大，任务艰巨。主要表现在五个方面：一是"行路难"。由于舟曲山大沟深，县级财力有限、投资不足，大多数自然村、部分行政村不通公路，已通公路的，由于建设等级低，加之没有维修和养护，路况十分差，生产生活资料运输仍然沿用传统的人背畜驮的方式。"行路难"、"过河难"问题突出，给群众外出、生产生活带来诸多不便。二是"吃水难"。全县大多数村庄在高山、半高山上，山高坡陡，水源奇缺。因人畜饮水工程、农田水利设施资金投入不够，覆盖面较低。加之白龙江、拱坝河、博峪河流域水电站建设梯级开发，导致河道干涸，造成人畜饮水、灌溉浇地通水时断时续，群众生产生活用水相当困难。三是"看病难"。虽然全县各乡镇中心卫生院硬件设施完善，但软件管理跟不上，缺少会操作仪器、能治病救人的医疗工作者。标准的村级卫生室基本没有，个别村级卫生室无法发挥职能作用，老一辈"赤脚医生"所剩无几，农村义务工作者奇缺，群众看病吃药多有不便。四是"上学难"。随着教育资源整合政策的实行，大部分村学撤并，教师集中到乡镇寄宿制中心小学，基层村学"师去楼空"，书声难在。由于大部分中青年夫妇外出打工，儿童多由老人照顾。自然村星罗棋布，与乡镇中心小学距离较远，加之农村幼儿教育的缺失，家庭条件较差的儿童失去了上学的机会，只能在农村玩耍。家庭条件好的个别家庭，儿童则在县城租房，由老人陪读，无形中增加了群众的教育负担。部分已就学的儿童，由于生活自理能力差，不适应集体住宿和生活，学校宿管不到位，家庭教育和父母呵护缺失，生病后又得不到及时治疗，往往选择逃学和辍学。教育资源过分集中，使教育的不公平性在农村凸显，已经剥夺了一部分儿童受教育的权利。因此，适龄儿童上学太难！五是"住房差"。农村大部分群众居住条件十分简陋，且全部属土木石结构的踏板房，既不牢固又不安全，"火烧连营"的现象时有发生，导致群众因灾返贫。

（五）舟曲县县域经济发展对策

1. 加快综合交通运输体系建设

结合灾后重建，加快交通基础设施建设进度。尽快建成县城至峰迭新区城际公路，加快恢复"8·8"泥石流损毁公路。积极争取公路建设政

策支持力度，提高公路通达等级和服务水平，实现所有乡镇通沥青（水泥）路，行政村和自然村都通公路或机动车道路。在提高现有公路技术等级和通行能力的同时，围绕"三纵四横"公路骨架网建设布局，重点建设联网路、出口路、旅游路，加快村道升级改造，使公路网整体服务水平明显提高。想方设法争取直升机停机坪项目建设，提高预防和处置突发公共事件应急保障能力。

2. 加强综合能源设施建设

加大综合能源开发体系建设扶持力度。加快"一江两河"水电资源送出骨干电网建设，加大电能输送能力，使该县水电开发项目建成后能尽快上网发挥效益。加快城乡电网改造步伐，提高供电质量，消除农村无电盲区，实现无电人口全覆盖。加快建设陇南至舟曲天然气管道建设。加大沼气、太阳能光伏电源、太阳能暖房等综合能源建设投资力度，新建"一池三改"沼气池1万户、服务网点30个、培训基地2个，推广藏式节能炉2.6万台、太阳灶1万台、秸秆气化炉1万台，推广太阳能热水器2万台、太阳能光电板2万套、改建被动式太阳能暖房320万平方米、修建太阳能光伏书屋210处，在有条件的村每村配备1—2台风力发电机，从根本上解决长期以来群众用能过分依赖森林植被的状况。

3. 加强水利设施和水资源保障能力建设

以建设生态水利为目的，全面加强水利基础设施建设和水资源管理，有效缓解工程性和资源性缺水问题，提高水利服务和支撑经济社会发展的保障能力。重点抓好安全饮水等农村基础水利设施建设，加强区域水资源统一管理，重点建设"一江两河"沿岸农业灌区，加大水利建设投入力度，规划建设一批重点水源和水利工程。实施大江大河河道治理、重要河流河段防洪、重点城镇堤防、中小河流治理、病险水库除险加固工程建设，加快建设县城防洪工程。初步建立适应经济社会发展需要的抗旱防洪减灾体系和水资源保障体系。

4. 加快信息化工程基础设施建设

加大基础电信网络、宽带通信、网络信息安全、无线电监测系统建设，完善应急通信系统，提高信息化保障能力，实现现代信息网络无缝隙全覆盖。加强农村通信网络和通信设施建设，加快通信村村通工程、移动网广覆盖工程、宽带通信工程、新一代信息基础设施建设。加快实施乡乡通邮工程，完善邮政基础设施，提高邮政服务水平、农村邮政运输和投递能力。建立邮政、电信普遍服务有偿机制。

5. 大力发展现代农业

围绕农业提质增效、农民持续增收，积极引导和扶持发展高效农业、特色产业，在河川地带大力发展以大棚蔬菜、经济林果为重点的精品、高效设施农业，进一步扩大白龙江沿岸及半山地区花椒、核桃、柿子、葡萄为主的特色经济林果连片产业区；积极推进高半山地带中药藏药材、畜牧业、草产业发展步伐，扩大以全膜双垄沟播为主的旱作农业种植推广力度。按照"建基地、壮龙头、兴产业、占市场"的思路，扎实推进特色产业基地建设和标准化生产，扶持发展一批龙头企业，延长和拓宽产业链条。今后5年，要在河川地带新建蔬菜大棚1000座，日光温室50座，建设中、藏药材基地4万亩，在大川、立节、丁字河口建立中药材收购加工厂和中转仓库，新建花椒加工厂3个，在老城区、峰迭新区、立节新建农贸市场3个；在大峪、城关、山后建成5个山野珍品加工厂和22个山野菜加工收购点；新建腊肉加工厂、藏香厂和小杂粮加工厂；建设两处苗木繁育基地，在河川和半山地区发展经济林果1万亩，在山后新建蜜蜂养殖及蜂产品开发加工基地。巩固扩大"一特四化"成果。坚持基地支撑、龙头带动，大力引导和扶持群众继续扩大草产业和舍饲圈养规模，新建养殖小区15个，人工种草10万亩。① 加大畜种改良和引进推广力度，不断提高牲畜出栏数、商品率和市场竞争力，使全县以生猪养殖、腊肉加工、养鸡和种草养畜为主的具有舟曲特色的"农牧互补"战略不断取得新实效。加快农村土地有序流转，大力发展农产品流通中介组织和行业协会，建立健全农业社会化服务体系和农村市场体系，不断提高农民的组织化程度和农业综合效益。

6. 加大第三产业发展力度，大力推进旅游业发展

以打造高原民族特色生态旅游示范县和民族文化旅游目的地为目标，以拉尕山国家4A级旅游景区、峰迭新区山水秀城、老城区白龙江风情线和地质灾害纪念园为重点，全面推进旅游灾后重建和旅游产业"二次创业"，奋力实现旅游产业整县跨越。打通旅游景区连接通道，争取立节至九寨沟高等级公路项目，加快融入九寨沟旅游经济圈。建设峰迭新区民俗风情园、县城地质灾害纪念园及与翠峰山连线工程，打造城关、峰迭、立

---

① 《舟曲扶贫开发"十二五"规划》，第14页。

节特色旅游小城镇。到 2015 年年末，全县旅游接待量突破 47.2 万人（次），旅游综合收入达到 3.78 亿元。依托旅游业发展，开发"舟曲锦带、藏毯、民族饰品"等旅游新产品，提升改造"农家乐"、"林家乐"，积极兴办餐饮娱乐、货物运输、商贸流通、信贷消费等各种现代服务业，推动第三产业蓬勃发展，力争"十二五"末第三产业增加值达到 12 亿元。进一步加强少数民族文化资源保护和开发利用工作，整合民族文化资源，发展民族文化产业，重视具有民族文化特色的文学艺术和民间文化事业；实施民族文化精品工程，创建民族文化品牌，重点打响舟曲藏文化品牌，着力发展具有舟曲藏羌文化特色的民族演艺业、民族文化特色旅游业，突出藏羌民族文化风格的语言、文字、建筑、服饰、歌舞、礼仪和饮食等，营造浓郁的民族文化氛围。

舟曲县集生态、民俗、人文、宗教为一体的高原生态旅游业发展前景广阔，但目前旅游产业尚处于起步阶段。"十二五"时期，从保护民族民俗文化、高原生态的角度出发，加大资金投入力度，进一步加快各重点景区规划、建设和管理，支持拉尕山、大峡沟、翠峰山、沙滩森林公园等 A 级旅游景区道路、停车场、环保、卫生等基础设施和紧急救援能力建设，打通旅游景区连接通道，将拉尕山、大峡沟培育成为民族文化旅游示范景区，打造城关、立节等一批特色旅游小城镇。加大"朵迪舞"世界非物质文化遗产保护力度。扶持发展"农家乐"、"林家乐"、"藏家乐"，依托水电、矿产开发和特色农业，大力发展沿河生态农业观光游、水电工业观光游。加强各类旅游人才的培训和引进，不断提高接待服务层次和水平，加快形成以拉尕山为龙头、各重点景区相互映衬，布局更加合理、景区各具特色、交通更为便利、服务更趋完善的高原生态旅游新格局。进一步完善旅游产品体系，创新旅游市场营销，加大旅游基础设施建设、旅游产品的开发宣传和促销力度，实现旅游二次创业和旅游业跨越式发展。同时，依托旅游业发展，开发"舟曲锦带"、藏毯等民间手工艺术品、舟曲中藏药、藏香等民族特需用品和原生态天然加工食品等旅游新产品，积极兴办餐饮娱乐、货物运输、商贸流通、信贷消费等各种现代服务业，繁荣消费市场，推动第三产业蓬勃发展。全力提升金融服务现代化水平，实现各项存款增长 30%，贷款增长 60% 总体目标，为县域经济跨越式发展提供支撑。

7. 激活民间资本加快发展民营经济，实现投资的多元化

要加快投资管理体制和要素市场化改革，建立和完善民营经济服务体

系，加强对民营经济的引导，帮助民营企业拓宽融资渠道，兑现和落实鼓励民间投资健康发展的政策措施，着力破除民营经济发展的"玻璃门"和"弹簧门"等体制障碍，大力营造公平、公正的法制、政务和市场环境，把舟曲县打造成民间资本青睐的高地。要坚持全民创业，掀起民营经济蓬勃发展的势头。民营经济是县域经济的最大特色，在县域经济相对较弱、政府投资相对乏力的情况下，必须进一步激发各类民间主体创业创新的热情，让民营经济成为壮大县域经济的阵地，成为推进县域经济统筹发展的重要力量。要进一步降低准入门槛，坚持县、乡、村齐头并进，一、二、三产业全面开放，为民营经济彻底松绑与放行，让更多的群众加入到民营经济行列中来。同时，要从解决民营经济"融资难"入手，在建设完善金融担保、技术服务、创业培训三个体系上下功夫，使更多的民营经济壮大崛起，形成拉动县域经济的龙头企业优势，积极调整经营战略，加快推进技术进步和产业升级，敢于把握市场竞争的主动权，不断增强在复杂考验中生存发展的综合能力。

8. 进一步提高城镇化水平，增强劳动力转移转化能力

要加快城乡一体化建设步伐，加大住房建设及改造扶持力度，在2012年年底前全面完成城乡住房、城镇建设、公共服务、基础设施、白龙江和沟道整治、地质灾害治理、产业重建、生态环境等各项恢复重建任务。加大廉租房和农村危旧房改造扶持力度。依托中心城市，优化城镇空间布局，构建具有特色的地方城镇群。围绕"低碳、生态、宜居、宜游"，重点加快旧县城和瓜咱坝新区水利、能源、通信、广播电视、绿化、照明、污水处理、垃圾处理等基础设施建设，加快形成合理的市域城镇体系架构，提高城镇综合承载能力，加快推进城镇化进程，提高城市品位。开展绿色生态文明村试点示范建设。加快推进城镇民族特色化建设和城市绿化、美化建设，完善城镇市场体系、公共服务设施，提升城镇品位。建立和完善救灾应急体系，加快建设一批城镇疏散场地和避险场所、救灾物资储备设施，加强救灾应急装备建设。加快泥石流灾害公园建设。到2015年，全县城镇化率达到40.58%，垃圾无害化处理率达到90%，污水处理率达到75%。到2020年，全县城乡人居环境进一步提升，城镇基础设施各项指标接近全国平均水平，城镇化率达到60%。①

---

① 《国务院舟曲灾后重建总体规划》，第41页。

同时，要加大财税、金融、产业等政策扶持力度，努力增加就业岗位，大力推进城乡统筹就业，突出做好城镇下岗失业人员、高校毕业生、城镇转业退伍军人和失地农民的就业工作，保持城镇零就业家庭动态清零，规划建设返乡农民创业园。健全社会保障体系。努力扩大养老、失业、医疗、工伤、生育等保险覆盖面，突出完善基本医疗和基本养老保险。进一步完善城乡居民最低生活保障制度，落实解决被征地农民和退耕农民的社会保障政策，将完全失地的农民农转非，纳入城市最低生活保障和城镇零就业家庭就业援助范围，部分失地的农民和退耕农民依照相关政策纳入农村低保，通过设立生态管护公益性岗位、组织劳务输转和劳务移民，开展就业服务和就业援助，促进转产就业，逐步建立起社会保险、社会救助、社会福利、慈善事业相衔接，覆盖城乡、多元投入、高统筹层次的社会保障体系。完善公共财政体制，着力建设民生财政，加大民生投入，集中财力、物力，实施为民办实事项目，支持"8·8"特大山洪泥石流灾后重建、现代农业发展、健全城乡社会保障体系、扩大就业和做好住房保障工作为重点，着力改善民生。① 大力推行"一册明、一折统"管理发放模式，全面落实强农惠民政策，进一步强化乡镇财政服务和监督职能。尽快协调落实"省财政直管县"和省级农业综合开发县，积极争取国家级农业综合开发县。稳步提高居民收入在国民收入分配中的比重，探索建立城乡居民收入增长与 GDP 增长基本同步的保障机制。按照良性互动、优势互补、组团发展的思路，加快实现区域均衡发展和协调发展。

（六）突出优势产业发展壮大城乡经济

突出优势产业发展壮大城乡经济，要从以下几方面推进：

1. 大力发展绿色食品产业

通过落实贴息贷款、发展资金及优惠政策等，大力扶持发展以经济林果、中药材、山野菜、腊肉加工为主的特色农产品加工销售龙头企业，使"舟曲腊肉"、"舟曲药材"、"舟曲山野珍品"、"舟曲小杂粮"品牌效应不断增强，畅通物流和销售渠道，使舟曲"农"字号产品组团走向省内外市场。在 19 个乡镇建立中药、藏药材基地共 4 万亩，建设 3 个中药材收购、加工厂和中转仓库，建设集加工、研发、生产、销售为一体的县中藏药产业公司；在两河口、立节、丁字河口新建花椒加工厂 3 个；建设 5

---

① 《国务院舟曲灾后重建总体规划》，第 41 页。

个山野珍品加工厂和22个山野菜收购基地；新建腊肉加工厂、小杂粮加工厂；在山后5乡新建蜜蜂养殖及蜂产品开发加工生产基地。

2. 加快发展特色优势工业

加大工业发展扶持力度，通过减免税收、加强信贷等政策支持，进一步加快水电资源开发步伐。认真落实《甘肃省循环经济总体规划》，加大政策和项目扶持力度，加快以丁字河口循环经济工业园区为主的用电工业建设，大力发展循环经济和低碳经济，提高资源开发利用综合效益，延长产业链，使之成为带动全县工业发展的"火车头"。紧抓兰州秦王川舟曲新区建设的难得机遇，想方设法规划建设舟曲产业园，争取签约、引进、培育、壮大一批"高新尖"产业，使产业园建成后产值达100亿元，争取达到200亿元。尽快开工建设已签约的投资14.16亿元的国际商贸城、大功率LED封装及照明应用等项目，把产业园建成"高新尖"和高效益的现代大型循环经济体，推动县域经济实现大发展、大跨越。力争到2015年年末，全县工业经济比重达到25%。

"十二五"期间，根据舟曲的资源禀赋，潜力在山林，希望在水利。舟曲水利资源丰富，开发潜力巨大。主要河流有白龙江、拱坝河、博峪河，境内共有支流40多条。受地形影响，"一江两河"均顺山势由西北流向东南，流程平均60公里，且落差较大。三条江河多年平均径流量37亿立方米，水能资源总储藏量76万千瓦。因此，要立足水电优势，加快发展特色优势工业。通过减免税收、加强信贷等政策支持，进一步加快丁字河口循环经济工业园区建设。要进一步加强对水电开发工作的监管，严格履行项目建设基本程序。积极实施丁字河口至博峪110kV输变电工程、喜儿沟开关站工程及县城、峰迭新区电网建设工程，着力破解电力输送网络瓶颈，大力发展工业经济。依托较为雄厚的电力工业基础，大力发展关联产业，延伸产业链条，五年内基本建成丁字河口循环经济工业园区。

3. 要加快发展文化产业

发展文化产业是社会主义市场经济条件下满足人民多样化精神文化需求的重要途径。要坚持社会主义先进文化的前进方向，坚持把社会效益放在首位、社会效益和经济效益相统一，推动文化产业跨越式发展，使之成为新的经济增长点、经济结构战略性调整的重要支点、转变经济发展方式的重要着力点，积极壮大县域经济发展实力。按照甘南州"十二五"期间"47155"文化产业发展思路，落实各项优惠政策，加大投资力度，积极实施计划总投资 9720 万元的甘南白龙江流域民俗和生态文化园区、5600 万元的迭部生态文化元建设项目（包括舟曲多地舞传习、舟曲织锦带、舟曲藏族服饰开发利用等）、6100 万元的舟曲多地舞演艺中心建设项目、5230 万元的舟曲楹联文化展示中心建设项目。

4. 要有序推进矿产建材业

进一步加大国土、水政等专项执法力度，实行严格的矿产资源开发准入制度，坚决杜绝无证乱采滥挖和低水平的开采，严厉打击违法聚采、小规模黄金资源堆浸生产。开展好南峪等矿点环境恢复治理工作。加快新型墙体材料年产 50 万平方米保温板材生产线建设、年产 60 万吨水泥粉磨站建设，为全县基础建设提供建材保障。

5. 启动实施白龙江上游水土保持重大项目

白龙江流域生态环境问题不仅关系到舟曲藏区群众生产发展、社会进步的问题，而且直接关系到长江中下游广大地区的生态安全和经济社会的可持续发展。加强白龙江流域生态系统的全面保护，提高生态自我修复能力，加大水土流失和地质灾害综合防治力度，增强水源涵养能力和水土保持能力，保护白龙江沿岸群众的生命财产安全。大力发展特色产业和生态经济，促进农民转变生产生活方式，增加农民收入，加快脱贫致富步伐。到 2015 年，生态恶化的趋势得到遏制，水源涵养能力逐步提高，水土流失和地质灾害得到初步防治，减少地质灾害损失，恢复白龙江流域甘南舟曲段的生态环境。

6. 加强生态环境保护与建设工程

进一步加大生态环境保护与建设投资力度。针对全县水土流失导致草场退化和沙化严重的实际，采取改良草地、人工补播、草场围栏等措施，对全县 82.6 万亩可利用草地实施草场沙化治理项目，加大对森林植被保护与恢复力度。继续实施"天保"工程，加大二期工程基础设施、有害生物防治、森林防火、抚育更新和管护等方面的投入。继续扩大退耕还林规模，对全县海拔 1800 米以上的坡耕地全部实施退耕还草还林，对植被恢复困难区域实施封山育林、封山禁牧，在宜林荒山荒坡实施人工造林。全面完成集体林权制度改革，大力发展林下经济等后续产业。加强林业服务体系建设。新建县森林公安局指挥中心、4 个基层森林派出所、县林业站科普中心、22 个乡级林业站、15 个森林管护及木材检查站。实施"一江两河"流域生物多样性保护项目。实施退耕还林、封山育林、易地搬迁和动植物疫源疫情监测防控等项目，在武坪、插岗熊猫出没地设立自然生态保护区。

7. 建立生态补偿长效机制

按照政府主导、社会参与的原则，进一步加快争取建立以中央财政为主的生态补偿长效机制。一是争取由中央财政建立生态补偿专项基金，对因全面封山育林、关闭矿山和污染性企业等地方财政减收部分和政府为确保生态环境保护与建设项目规划、科研、监测、监管等工作的实施增加的财政支出给予补偿。二是结合国家级主体功能区规划，进一步加大作为限制或禁止开发区域重点生态功能建设转移支付力度。三是建立水电资源开发有偿使用和补偿机制。按照县未来发展需要，科学合理确定留存地方电量，实现水电资源就地转化，为工业强县提供电力保障。四是争取建立和完善下游对上游的生态补偿机制，用于水资源环境治理工程的实施。五是尽快实施"以电代薪"项目。立足丰富的水电资源，从保护当前极其脆弱的生态环境角度出发，加快开发和推广新型清洁能源，制定特殊的电价政策，实施"以电代薪"项目，以有效解决群众生活燃料和能源问题。六是推进生态保护奖励机制试点工作，对居住在生态功能核心区的群众，加快实施生态移民工程，采取产业引导扶持、提供生态管护公益岗位等多种方式，解决退耕、退牧农牧民和生态移民的后续生活和转产问题。七是建立水电资源开发有偿使用和补偿机制，进一步落实电站建设中的移民补偿政策和生态环境保护措施。八是进一步加大环保设施建设投入力度，加强可再生资源综合回收利用水平，积极扶持环保产业发展。到2015年，工业"三废"基本实现达标排放和综合利用。地表水水质和主要城市空气环境质量达到环境功能区划标准的比例超过95%，集中式饮用水水源水质达标率达到100%。

8. 加快生态环境和重大自然灾害监测体系建设

进一步加大监测预警人才队伍建设力度，全面加强地震、山洪、滑坡、泥石流等地质灾害和气象、水文等自然灾害的监测预警和防治体系建设，实施重大灾害监测预警及防御工程，提升应对各类灾害的能力。加强森林、草原、水资源和水土流失等生态环境监测能力建设，为生态建设与环境保护提供科技支撑。完善农业防灾减灾体系建设，全面加强森林、草原防火能力建设，提高有害生物防治水平。

四　岷县中药材特色产业发展研究

（一）岷县中药材特色产业发展现状

1. 中药材发展的历史过程

新中国成立前，岷县中药材由私商经营。据统计，全县有私人药商70多家，每年药材上市，药商直接从农民手中收购，经粗加工后，销往天水、陕西、武汉、四川等地。私人药铺、中医大夫一边行医一边收购，加工成水蜜丸、散等成药，供城乡医疗之需。

新中国成立后，对私营医药业进行了社会主义改造。1952年，成立县土特产贸易公司。1953年，成立甘肃省供销合作社西北经营处岷县购销站。次年撤销，业务归岷县贸易公司和岷县供销合作社。原土特产贸易公司并入岷县贸易公司。1956年，成立岷县药材公司，与岷县贸易公司统一经营中药材购销业务。1958年县药材公司与供销合作社合并，隔年又分家。1959年成立岷县医药采购供应站（二级站）。1961年，二级站迁往陇西文峰镇。同年4月成立甘肃省岷县药材公司。"文化大革命"期间加挂了岷县药材公司革命委员会牌子。1978年又加挂了岷县外贸公司牌子，1980年成立岷县医药管理局（两块牌子，一套人马），1983年撤销，并将县药材公司改名为岷县医药公司，同年划原武都地区医药公司管理，名称变更为甘肃省医药总公司武都地区岷县分公司。1985年划入定西地区医药公司管理，名称变更为甘肃省医药总公司定西地区岷县分公司。1986年，甘肃省医药总公司在组建甘肃医药集团时将县一级公司下放到地方，县级公司原名称没有变。1989年成立岷县医药总公司，在总公司内部成立了中药材贸易货栈、中药材经销公司、城关中药材公司、中西药批发公司、汽车队等部门，将乡一级药材收购组改名为岷县医药总公司某乡医药分公司，共设18个分支机构。1996年，在岷县医药总公司的基础上改制成立了岷县医药有限责任公司，并保留原医药总公司牌子。1997年恢复成立岷县医药管理局，2003年撤销。2002年12月成立定西地区药品监督管理局岷县分局，（省以下垂直管理的行政编制）2005年变更为定西市药品监督管理局，2006年12月至今变更为岷县食品药品监督管理局。2008 年岷县医药有限责任公司被改制。① 2012 年，全县建设中药材标准化基地 13.3 万亩，其中：当归种子基地 3600 亩，当归种苗基地6500 亩，以当归、黄芪为主的 GAP 种植基地 12.29 万亩。由于在标准化方面成效明显，岷县被农业部确定为"全国农业标准化示范县（农场）"，示范产品为当归。同时，被中国中药协会授予"道地药材保护与规范化种植示范基地"，被中国药材 GAP 研究促进会授予"西北示范基地"，被中国中药协会中药材种植养殖专业委员会、中华中药商业同业公会全国联合会联合颁发"优质药材指定出口基地（当归）"。

目前，全县有各类中药材加工企业 121 户，其中年加工能力在 1000吨以上的有 7 户，有 1 户制药企业和 6 户饮片加工企业的 10 条生产线通过 GMP 认证。全县中药材饮片年加工量 2 万多吨，占全县药材总产量的40%。岷海制药公司 2012 年实现销售 2 亿元，该公司在合肥、西安、武汉建立了三个销售分公司，同时被甘肃省工业合作协会、甘肃工合质量信用评价中心评为"质量服务信誉保障 AAAAA 级单位"，被中国医药卫生行业协会、中国民族医药开发委员会评为"2012 全国医药卫生行业质量安全双优企业"、"2012 中国医药行业十大放心药品企业"、"2012 中国最具竞争力医药企业 100 强"；天容牌系列产品、当归美肤水等产品销售量不断攀升；"岷海"、"顺和"、"天容"荣获甘肃省著名商标。② 蘅阳中药材有限公司饮片生产线、方正公司红三叶异黄酮生产线全面建成；天容堂公司 2000 吨中药材 GMP 生产线技改扩建项目已建成 2000 平方米仓储库及附属配套工程；为了扩大和规范中药材饮片生产，岷县正在加紧建设梅川、岷阳、茶埠三个乡镇集中饮片加工园，规划建设年加工能力在 1000吨以上的 GMP 饮片生产线 30 条。规划占地 11.8 平方公里的中药材循环经济产业园，已按照"以中药材产业为主，相关产业配套发展的生态型工业新城"的要求和"两核、四轴、八区"的规划布局，完成了控制性详规评审。随着中国当归城的建成，形成了以当归城为中心，辐射周边乡镇的中药材生产、加工、销售体系，中药材特色产业稳健发展，市场体系日趋成熟。

2. 岷县中药材生产的基本环境

近年来，为了尽快把岷县丰富的中药材资源优势转变为经济优势，大

---

① 白淑芳：《岷县中药材加工企业现状及发展对策》，《甘肃农业》2009 年第 4 期。

② 同上。

力发展特色经济，实现富民强县的目的，岷县县委、县政府提出了"川区药材山区薯"的产业结构调整思路，按照"基地规模化、种植区域化、生产标准化"的要求，把培育提升中药材特色产业作为实施"产业富民"战略的重要措施，通过全县上下的不懈努力，全县中药材种植面积稳步扩大，产业化进程明显加快。中药材特色产业已成为增加农民收入的重要支撑和全县最具发展潜力的支柱产业。按照建设国家级规范化药源基地的目标，通过政府指导、市场引导，因地制宜，着力构建各具特色的中药材优势产业带，稳步扩大中药材种植面积。

目前，全县已基本形成了梅川、北路片以红黄芪、党参为主的中药材优势产业带，种植面积占到全县中药材种植总面积的40%以上；西川片以当归为主的优势产业带，占到全县当归种植面积的50%以上，中药材区域化、规模化种植格局已基本形成。县上依托岷海制药有限责任公司、岷当生物工程有限公司等药材精深加工企业，加大科技投入，增强自主创新能力，研发出了当归浓缩丸、当归嫩肤水、当归香草依、春秋宝、速效止泻胶囊、丹参滴丸、微孔草油胶囊等系列当归药品、保健食品和化妆品。特别是岷海制药有限责任公司自通过 GMP 认证以来，生产工艺进一步规范，生产能力进一步提高，目前可生产准字号国药 42 个品牌。同时，县上还重点扶持并积极实施了岷海制药和康达公司 CO_2 超临界萃取中药材有效成分等一批具有较高科技含量的中药材精深加工项目，全县中药材加工率达到了 23%。多年来，岷县县委、县政府十分重视当归生产技术革新，组织县当归研究所等科技部门，在研究当归早期抽薹、病虫害，尤其是麻口病、根腐病的防治等方面积累了一定的经验，并向全县推广当归丰产栽培技术。

为了加快中医药现代化进程，发挥道地中药材这一产业优势，以提高中药材的优质化、标准化和市场竞争力为主攻方向，县上与中科院西北高原生物研究所、佛慈集团、甘肃农业大学、甘肃中医学院等院校、企业建立长期稳定的合作关系，投入大量人力、物力、财力，积极开展中药材科技攻关，完成了当归麻口病防治和当归优质丰产栽培技术研究等科研课题，大面积示范推广了地膜当归栽培技术，有力地推动了全县中药材特色产业发展。在当归优质新品种（系）选育、规范化种植、生物肥料应用、低残留新农药、新肥料筛选、工厂化育苗、有效成分提取等方面开展了卓有成效的工作，取得了突破性进展。同时，为了使中药材品质能够适应国际市场的需求，县上按照国家中药材 GAP 标准，制定了当归质量安全标准、当归生产技术标准、当归产地环境标准和甘肃丹参质量安全、生产技术规程及当归标准操作规程。2002 年"岷归"获国家原产地标记认证，成为西北地区第一个获得原产地标记认证的农产品；2003 年通过了绿色食品认证；2004 年取得了岷县当归证明商标；2005 年通过了国家 GAP 基地认证，实现了甘肃中药材 GAP 认证零的突破；岷海制药有限责任公司、岷县顺兴和中药材有限责任公司、岷县金当归药业有限责任公司先后通过国家 GMP 认证，岷县医药有限责任公司通过国家 GSP 认证。[①] 通过 GMP、GSP 认证的企业，正以其先进的经营理念，完善的管理模式，上下齐心的合作精神，默默耕耘在宽敞明亮的营业大厅、设施齐全的库房重地，确保着一批批药材从生产到销售的质量关，使其达到标准化要求，岷县中药材特色产业的发展环境明显改善。

3. 岷县中药材产业发展的作用

岷县是国家贫困县，社会经济发展缓慢。振兴地方经济，改善人民群众生活是各级政府工作重点。首先，将岷县中药材的生态优势，资源优势和区位优势转变为经济优势，从而优化农业产业结构，加速中药材的规模化，引导农民的生产活动向产业化、标准化、高科技、高收入方向发展，不断增加农民收入，尽快脱贫致富，符合岷县农作物种植结构调整和促进农村经济发展政策。其次，由于中药材栽培上管理上的一些特点可充分利用各类土地实行不同种类中药材的栽培，这对改革农村产业结构、增加农民收入都具有重要意义。

（二）岷县中药材特色产业发展的优势

1. 药源优势

岷县特殊的自然气候条件和地理环境，形成了中药材资源的水平分布和垂直分布相互交错，境内盛产中药材资源 238 种，生态环境保护良好，中药材适宜生长区土地资源丰富，大部分山区、半山区的土壤土层深厚，土质疏松，腐殖质含量高，土壤养分丰富，且土壤质地普遍为中壤、团粒结构，符合土壤质量二级标准，是生产天然、绿色、生态中药材的理想区域；岷县气候属于高原性大陆气候，气温低，有利于多种中药材的安全储藏。随着兰渝铁路建设及公路交通网络发展，岷县必将成为"南药仓储"

---

① 白淑芳：《岷县中药材加工企业现状及发展对策》，《甘肃农业》2009 年第 4 期。

的最佳地区。

2. 历史文化优势

岷县中药材文化源远流长,民间中草药单验方应用广泛,尤其是当归有 1500 多年的种植历史,1700 多年的药用历史,岷归曾是历史上珍贵的贡品,《神农草本经》、《本草纲目》、《尔雅》、《广雅》、《古今注》、《本草衍义》、《本草别说》、《名医别录》等诸多古籍中对岷归的产地和药用价值给予了很高的评价,当归文化沉淀厚重。岷县自古就是中医先祖颇为青睐的道地当归祖源。

3. 地方品牌优势

岷县是传统的中药材主产区,大宗道地中药材品种当归、黄芪、党参具有规模大、品质优等优势,尤其是当归,其产量占到全国总产量的 26% 以上;借助"千年药乡"、"岷归"两大金字招牌及其系列产品的地理标记保护,通过强化品牌意识,打造品牌产品,提高了产品知名度和市场竞争力,"岷海"、"顺兴和"、"天容"等品牌,获得了甘肃省著名商标,省内外市场口碑良好,另外岷县所产板蓝根、大黄、黄芩、秦艽、柴胡等品种亦具有品质好、发展空间大等优势。

4. 环境位置优势

岷县位于兰州、西安、成都三个顶点形成的平面正三角形的中心区,地处定西、天水、陇南、甘南几何中心,自古就是"西控青海,南通巴蜀,东去三秦"的交通要道。我国大西北进入大西南的国道 212 线贯通南北,省内东西大动脉 306 线横贯东西。随着"兰渝"铁路、"兰海"高速公路的相继开工建设和省道 306 线的升级改造,岷县的区位优势更趋凸显,将成为甘肃南部重要的交通枢纽、商贸集散中心和物资能源仓储供运基地。

5. 科技支撑优势

多年来,岷县与甘肃农业大学、甘肃中医学院、中科院兰州分院、兰大医学院、定西旱农中心等科研机构建立了长期稳定的合作关系,先后开展了以当归为主中药材标准化基础试验研究 90 多项,诸多的基础研究工作为产业的发展奠定了基础,中药材加工的科技含量逐步增加,为发展中药材特色产业提供了有力的科技支撑。

(三) 岷县中药材特色产业发展特色

1. 依托地理优势发展特色产业

岷县位于甘肃省南部、定西市西南部,洮河中游,地处陇中黄土高原、甘南草原和陇南山地接壤区。境内海拔为 2200—3872 米之间。县域气候属于高原性大陆气候，年平均日照时数 2214.9 小时，年平均气温 5.7℃，年平均相对湿度 68%，年平均无霜期 90—120 天，年平均降水量 596.5 毫米，最热 7 月平均气温 16℃，最冷 1 月平均气温 -6.9℃。特殊的地理气候条件，孕育了丰富的中药材资源，县境内盛产当归、黄芪、红芪、党参等中药材 238 种，享有"千年药乡"、"中国当归之乡"之美誉。岷县当归种植历史长达 1500 多年，所产当归素称"岷归"，因品质优良、功用广泛而驰名中外，在中药方剂中有"十方九归"之说，当归被尊为"药王"、"血中圣药"，被欧洲人誉为"中国妇科人参"。

长期以来，岷县立足发挥资源优势，实施"药材立县"战略，传统的中药材特色产业得到了长足发展。目前，全县中药材种植面积达到 25 万亩，种植的品种主要有当归、黄芪、红芪、党参、大黄、黄芩、甘草、秦艽、丹参等 10 余种；总产量达到 5 万吨，其中：当归 2 万吨，年出口量达 2000 多吨，占外销量的 90%。2010 年全县种植中药材 25.03 万亩，其中：当归 10.04 万亩，黄（红）芪 8.7 万亩，党参 5.5 万亩，其他中药材 0.8 万亩；总产量 3.6 万吨，其中：当归 1.3 万吨，黄（红）芪 1.7 万吨，党参 0.5 万吨，其他中药材 0.1 万吨。2010 年全县中药材总产值达 7.4 亿元，占全县 GDP 的 51%，农民人均药材纯收入 1130 元，占全县农民人均纯收入的 50%。中药材特色产业已成为增加农民收入的重要支撑。

2. 种植面积逐年扩大基地建设逐步规范

自 2005 年西寨镇当归种植基地顺利通过 GAP 认证后，全县每年建设优质当归种苗生产基地 3000 多亩、当归 GAP 示范基地 1 万多亩，积极动员县内外中药材加工企业参与基地建设，基地订单比达到 30% 以上，甘肃岷归中药材科技有限公司在岷县每年建设当归 GAP 基地 500 多亩；结合基地建设积极开展基础研究工作，先后与中科院兰州分院、甘肃农业大学、甘肃中医学院、定西旱农中心等科研机构合作，开展了中药材优质新品种（系）选育、规范化种植、病虫害防治、生物肥料应用、低残留新农药引进与筛选、药效成分形成与积累规律研究等方面的试验研究，制定了当归质量安全标准、当归生产技术标准、当归产地环境标准、甘肃岷归饮片加工质量标准等一系列生产标准和规程。

3. 龙头企业牵头带动初级加工初具规模

全县现已办理登记注册手续的中药材加工企业有 117 户，其中年加工能力在 1000 吨以上的有 7 户, 通过 GMP 认证的中药材加工企业有 7 户; 固定从业人员达到 5400 多人, 年加工中药材 2 万吨以上, 占全县药材总产量的 40%, 其中当归饮片 1 万吨, 红、黄芪饮片 0.5 万吨。全县加工企业实现产值 2.23 亿元, 上缴税金 500 多万元。催生了以岷海制药公司为代表的中成药生产, 以顺兴和公司、岷海饮片公司、岷归公司为代表的中药饮片生产, 以康达公司为代表的中药提取物生产, 以岷当公司、草春堂公司为代表的化妆品生产, 以天容公司为代表的保健食品生产等一批龙头企业。

4. 药材销路稳步拓宽, 市场体系不断完善

近年来, 重点实施了中国当归城和梅川中药材市场扩建等项目, 市场的带动服务功能不断显现, 服务体系不断完善。"中国当归城"中药材市场占地 560 亩, 已累计投资 8000 多万元, 建成商铺及配套服务设施 3 万平方米, 并配套建设了当归博物馆、电子显示屏、中国当归网等服务设施, 市场年交易量达 5 万吨, 年交易额近 5 亿元, 亳州、玉林、成都、河北、湖南等地常驻当归城的客商达 200 多人, 外地流动客商达 500 多人, 年外运中药材近 5 万吨。梅川中药材市场占地面积 180 亩, 已建成商铺 8300 平方米, 年交易量达 3 万吨, 交易额近 3 亿元, 常驻梅川中药材市场的外地客商达 100 多人, 外地流动客商达 200 多人, 年外运中药材 2 万多吨。另外, 岷县中药材主产区的中寨、清水、西寨、十里、禾驮、蒲麻等乡镇已形成了产地区域市场, 这些乡镇的农贸市场年中药材交易量均在 5000 吨以上。同时, 积极扶持发展中药材骨干营销企业 10 多户, 药材加工贩运大户 2100 多户, 运销人员 3 万多人。

5. 宣传力度不断加大, 品牌形象初步确立

为提升中药材的市场竞争力, 岷县借助"千年药乡"、"岷归"两大金字招牌及其系列产品的地理标记保护, 通过强化品牌意识, 打造品牌产品, 提高了产品知名度和市场竞争力, "岷海"、"顺兴和"、"天容"等品牌, 获得了甘肃省著名商标, 省内外市场口碑良好, 岷海制药有限公司生产的浓缩当归丸被确定为国家标准; 当归产业协会运行不断规范, 企业合力逐渐显现, 形成一致打品牌的良好局面; 以举办和参加各类节会为平台, 加大宣传推介力度, 并积极组织企业参加中药材相关节会, 成功举办了两届中国当归节和三届高层次的当归产业发展论坛, 尤其是 2009 年 8 月在北京举办的第三届中国当归产业发展高端论坛规模大、规格高, 取得

了较好的宣传推介效果。

（四）岷县中药材特色产业发展有待解决的问题

1. 产业内部结构不合理，标准化基地建设推进机制不健全

目前以中药材种植为主体的中药农业尚处于初级形态，中药材工业规模小，中药材商业也很薄弱，这三者的比例是 6∶3∶1，整个产业头重脚轻，发展不平衡，中药材精深加工转化率不到 10%。良种繁育供应体系与基地建设对接不力，标准化技术的应用普及面不大，标准化种植面积不够，企业和群众在标准化基地建设中不够热心，缺乏有效的推进机制。致使标准化生产滞后，中药材初级产品质量参差不齐，标准化程度不够。

2. 加工能力不强精深加工欠缺

中药材加工不够规范，大部分饮片为农户家庭式分散加工，加工标准不统一，加工比较粗放，饮片生产规格不等，缺乏质量监控，中药材质量难以保证。由于受资金等方面的制约，部分中药加工企业对 GMP 认证的积极性不太高。现代制药是中药材现代化的主要标志，目前岷县仅有岷海制药一户制药企业，制药企业总量少，与中药材特色产业的战略要求还有很大差距。

3. 市场建设相对滞后，仓储能力不足

当归城中药材市场的信息服务、电子交易、物流配送、展示展销等环节薄弱，尤其是饮片露天交易问题比较突出；梅川中药材市场基础设施建设还不完善，配套设施建设严重滞后；区域产地市场不健全。岷县是宕昌、卓尼、临潭、迭部、漳县等周边县中药材的集散地，加之岷县气候相对干燥、气温低，适宜中药材的安全仓储，是"南药北储"的理想之地，但是，仓储设施建设严重滞后，从而制约了市场优势的发挥。

4. 品牌宣传工作不够，信息化建设滞后

特色药材的品牌宣传力度不够；中药材系列产品的开发不够，缺乏有影响力的名牌产品；虽然有"岷归"、"天容"、"顺兴和"等一批道地的岷县中药材品牌，但至今未能形成一个战略品牌，占据全国中药材市场的品牌不够。这样不仅失去了应有的竞争力，更重要的是无法与中药材资源大县、生产大县的地位相适应，失去了应有的市场竞争力和中药材特色产业发展的机会。信息化建设滞后，全县的几大中药材市场对信息的收集、整理、分析、传递与共享水平不高，目前仍处于单个或几个个人之间和企业之间的行为，中药材特色产业与中药材科研院所之间缺乏信息交流平台，无法实现产、学、研的紧密结合，药农对市场价格及供求信息了解不够。其原因主要是目前全县还没有一家具有权威性的现代信息网络机构收集和分析中药材市场信息，没有将信息准确地传递给中药材企业和生产经营者。

5. 发展资金严重不足，人才严重缺乏

岷县大部分中药材企业尚处于起步发展和原始积累阶段，且以家庭加工为主要模式，中药材企业发展资金严重不足，基础设施比较落后，加之财政投入有限，金融融资困难等方面的制约，中药材特色产业整体发展资金投入不足。由于岷县中药材特色产业发展主要以家庭为单位，对从业人员的专业知识要求不高，不重视人才的作用，致使目前没有专业人才和中药材特色产业发展接轨，出现专业人才断层现象，极度缺乏市场营销、现代企业管理、科研等方面的人才。

（五）促进岷县中药材特色产业发展的基本对策

1. 优质中药材药源基地建设

因地制宜，科学规划，促进道地和优势中药材向最佳适宜区域集中，不断提高基地规模化、集约化、标准化生产水平。围绕重点品种，建立稳定的种子种苗生产、供应和销售体系。以麻子川、禾驮、秦许、茶埠、蒲麻、申都、清水、西寨、梅川等乡镇为重点，每年建设当归种苗基地1万亩；以麻子川、申都、秦许、茶埠、禾驮等乡镇为重点，每年建设当归种子基地5000亩；以梅川、茶埠、西江、维新、中寨等乡镇为重点，建设黄（红）芪、党参种苗基地5000亩。积极鼓励支持能人大户、专业合作经济组织以及企业参与种子、种苗基地建设，逐步形成优质种子、种苗供应与GAP种植基地的有效对接。同时，加强中药材种苗标准化储藏库建设，保证种苗安全仓储。采取农业项目支持、企业参与建设、合作经济组织营销的模式，建立"安全、有效、稳定、可控"的标准化基地。以十里、西寨、清水、秦许、岷阳等乡镇为重点，建设高标准的当归GAP种植基地5万亩以上，每年递增8000亩，2015年达到8.2万亩；以梅川、茶埠、西江、维新、中寨等乡镇为重点，建设高标准的（红）黄芪、党参GAP种植基地3万亩以上，每年递增1.5万亩，2015年达到9万亩以上；以蒲麻、禾驮、申都等乡镇为重点，充分利用天然、生态的环境和无污染的耕地，积极发展有机中药材生产，建设当归等多元化特色适宜中药材有机生产基地2万亩，每年递增4000亩，2015年达到3.6万亩。积极鼓励县内企业和引进国内知名企业参与基地建设，加大项目引导扶持力度，充分发挥专业合作经济组织的作用，形成与农户、企业有效对接的规模生产、规模营销机制。同时，加大以企业为主体的中药材 GAP 基地认证以及产品的产地认定和有机产品认证工作力度，进行黄芪、党参 GAP 基地认证以及当归、黄芪、党参等重点中药材品种的无公害产地认定和有机产品认证。适当发展具有市场竞争力和发展潜力的特色优势品种。当归、板蓝根、黄芩、大黄、秦艽、甘草、柴胡、贝母是岷县的优势品种，要有选择性地适当扩大种植，提高药源基地的市场竞争力和药农抗市场风险能力。

2. 中药材加工体系建设

中药材循环经济产业园建设。按照中药材循环经济产业园的总体规划，通过培植龙头企业和招商引资，引导企业向产业园集中，形成规模效益，打造集精深加工、物流仓储、科技研发、商务配套于一体的现代中药材循环经济产业园。5 年内，入驻以饮片加工、中药制药、中药提取物、保健品等高端下游产品生产以及物流营销为主的企业达到 50 户，力争培育或引进产值达亿元的企业 3—5 户、5 亿元企业 1 户以上。通过 5 年发展，西川工业园内中药材生产企业总量达到 20 户以上，中药饮片加工能力达到 3 万吨，实际加工量达到 2 万吨；力争培育产值达亿元企业 3—5 户、产值达 5 亿元企业 1 户以上。在中药饮片加工已形成规模且具有区域带动性的梅川、岷阳、茶埠规划建设 3 个有一定规模的中药饮片加工园，形成规模化、标准化、现代化的中药饮片加工基地，设计总加工能力达到 4.5 万吨，实际饮片加工量达到 2 万吨以上，入园饮片加工企业全部实现 GMP 生产。规范提升饮片加工。以岷海、顺兴和、岷归、永康泰、金当归、汇利等中药饮片加工企业及"饮片加工园"为主，规范提升饮片加工业。已通过中药饮片 GMP 企业认证的企业要在扩大认证工艺、增加认证品种、创新产品等方面寻求突破，积极开发配方饮片、超微粉等新型产品。同时，积极鼓励现有规模饮片加工业和新建饮片加工企业进行中药饮片 GMP 认证，提高全县饮片加工的技术装备和产品水平。全力发展现代制药。以岷海制药为龙头，扩大现有批号药品的生产规模，创新产品开发，争创省内制药行业龙头。同时，以最优惠政策和投资环境积极引进国内外有规模、有实力、有市场竞争力的制药企业到岷县投资办厂，扩充制药企业数量。积极推进中药提取物生产。以康达公司为龙头，鼓励有条件的企业建设中药材提取物生产线，扩大中药提取物生产，加快提取物系列产品开发，使全县中药材提取物生产能力达到 1.5 万吨（原药）以上。积极发展保健食品、化妆品等特色产品。以天容公司、草春缘等保健食品生产企业为主，围绕当归、黄芪、红芪、党参等药材药食两用功效的开发，积极开发茶制品、食用汤料、口嚼饮片等高附加值产品；以岷当、草春堂、当归源公司等化妆品生产企业为主，积极开发新型系列化美容、美肤及洗液类等产品。

3. 中药材市场营销体系建设

建设以当归为核心的中药材市场，把当归城建设成为全县中药材（饮片）的交易中心、仓储中心、信息中心、展示展销中心的定位，着力改善市场硬件环境和软件环境，完善基础设施及配套设施建设，建设集信息服务、产品展示展销、电子交易于一体的对外宣传和营销服务窗口；改善中药饮片交易环境和条件，逐步使露天交易向室内交易转变。在规范提升梅川中药材市场的基础上，规划建设西寨、中寨、蒲麻 3 个乡镇区域市场。梅川中药材市场要以产地交易为主，着力改善种子种苗及饮片交易环境，要按照政府引导、市场运作的办法，积极招商引资，为市场建设注入投资，完善基础设施建设，加大商铺开发和服务设施建设力度。新建市场要按照长远规划、设施完善、服务功能齐全的专业市场去规划。同时，积极完善十里、清水、秦许、麻子川、寺沟、茶埠、西江、维新、马坞、申都、禾驮、闾井、锁龙 13 个农贸市场的中药材市场服务功能，每年改造 1—2 个农贸市场，侧重规划建设原药材交易区。加大市场环境秩序整治力度，维护公平交易，为客商提供良好的市场交易环境。结合当归城市场建设，充分发挥中国当归网等现有资源和设施，组建当归城信息服务中心，形成以当归城信息服务中心为主，以梅川、中寨、西寨等区域市场信息站为补充的中药材信息服务体系。加强与中药材天地网等国内主流专业网站的交流与合作，建设中药材电子交易平台。积极发展中药材期货，探索大宗地产品种的上市机制和交易机制，发展市场中介组织，制定完善商品标准及检测评价机制，配套建设实物交割设施。

4. 中药材仓储物流园建设

岷县周边的漳县、宕昌、迭部、卓尼、临潭的中药材产量约 15 万吨，加上岷县中药材产量，以岷县为中心的区域中药材拥有量达 20 万吨左右。目前，岷县的中药材仓储能力在 4 万吨左右，远远不能满足企业和市场的需求。因此，应充分利用岷县在甘肃南部的区位优势、交通优势和地理气候优势，加快建设以当归城中药材物流园和中药材循环经济产业园仓储区为主体、企业仓储设施为补充的中药材物流仓储基地，使全县中药材年静态仓储能力达到 10 万吨以上，动态仓储能力达到 20 万吨以上。结合当归城市场建设，规划建设当归城中药材仓储物流园，建设静态仓储能力在 5 万吨以上的标准化中药材储藏库，配套专业物流配送队伍；依托兰渝铁路岷县站建设，加快南川中药材物流园区建设，使之成为辐射整个甘肃南部的大型中药材物流中心；积极鼓励支持企业和大户建设自己的仓储设施，采取大户联建、集中仓储等多种形成加快企业和大户的仓储设施建设；积极发展中药材营销企业，在鼓励有条件的营销企业改造提升并进行 GSP 认证的基础上，积极鼓励支持发展专业中药材（中药材）营销企业，5 年内，取得 GSP 认证的中药材营销企业达到 10 户以上，进一步规范提升全县中药材仓储物流标准化水平。

5. 科技创新平台建设

加强道地中药材当归黄芪等加工炮制及种植工程研究中心建设（以下简称工程中心），着力解决种植领域的技术难题和技术"瓶颈"。工程中心要围绕为中药材特色产业提供工程技术试验和征询服务，建设中药材加工炮制基地、中药材规范化种植基地和中药材质量检测服务基地展开工作。加强与甘肃中医学院、南京中药材大学等科研教学单位合作，重点破解制约"岷归"生产的熟地育苗、早期抽薹、麻口病防治等技术难题，积极开展新农药、新肥料、新技术、新品种的引进、示范和推广。解决中药材加工炮制基地、中药材规范化种植基地和中药材质量检测服务基地建设中的技术难题，将新技术运用到中药材特色产业第一线，为岷县中药材特色产业发展提供科技支撑。引导企业加强与省内外科研机构、医疗机构及中药材院校的技术研发和合作，开展多学科、多领域技术协作和联合攻关，实现中药材科技创新和重点项目的重大突破，建立起以企业为主体、市场为导向、产品为核心、产学研相结合的较为完善的中药材创新体系，开发和引进新技术、新产品，加快中药材科研成果的推广、转化和应用。以企业运作、科研单位和大专院校参与的方式，积极争取在岷县建立省级、市级重点实验室或研发中心，建立中药材现代化研发孵化基地，创建下游产品研发平台。

6. 中药材特色产业标准化体系建设

完善中药材生产质量标准体系建设。加快研究制定当归、黄芪、党参等优势地产中药材种子标准、种苗标准、成药质量标准及生产技术规范、操作规程，研究制定中药材种苗安全储藏技术、中药材标准化干燥及安全仓储标准，建立完善的中药材生产质量标准体系。在此基础上，依托当归产业协会，进一步引导全县中药材加工营销企业对原药及饮片实行统一标准、统一包装、统一品牌。研究制定当归、黄芪、党参等中药材加工标准体系。开展中药饮片、中药提取物生产工艺、设备软件及产品质量标准体系研究制定，主要包括原料 SOP、工艺 SOP、检测 SOP 三项规程的制定，努力实现道地药材当归、黄芪等加工炮制的标准化流程。加快标准化体系认证进程。积极开展中药材种植生产环节的无公害产地认定、无公害产品认证、绿色认证、有机农产品认证、GAP 认证等质量认证；鼓励支持中药加工企业进行 GMP 认证、药品经营企业进行 GSP 认证、食品加工企业 QS 认证等行业强制性认证。

7. 品牌营销战略规划

要充分发挥"中国当归之乡"和"岷归"品牌作用，立足产业资源的独特性和差异性，塑造"个性"、突出"亮点"，要突出道地产区、优质药源基地、天然仓储条件、产业发展潜力以及投资环境，做好宣传与推介。坚持"政府做形象、企业做市场"的原则，建立政企联手、部门联合、上下联动的机制，进一步强化产业品牌宣传推介。

五　秦安县林果优势产业发展研究

（一）林果优势产业现状分析

1. 林果产业现状

秦安县素有"瓜果之乡"的美誉，是我国北方落叶果树最适宜栽培区之一。20 世纪 80 年代以来，历届县委、县政府立足县情，因地制宜，把发展以蜜桃、苹果、花椒为主的林果业作为调整产业结构、增加农民收入的重要措施，一届接着一届干，届届都有新发展，林果业已成为富民强县的一大特色优势产业。

近年来，秦安县委、县政府按照突出特色、质量优先、集约经营的原则，坚持做好绿色无公害生产、实施品牌战略、龙头企业带动三大文章，在调整林果种植结构、扩大规模生产基地上打基础，在提高果品档次、争创优质品牌上下功夫，在加大深加工力度、延长产业链条上求实效，林果产业发展迈上了新的台阶。2011年，全县果椒产量42.3万吨，其中苹果23.9万吨，桃9.9万吨。果椒总收入14.2亿元，人均2190元，占农民人均纯收入3294元的66.5%。林果产业收入已成为农民收入的半壁河山，为实现农民持续增收奠定了坚实基础。[①]

表3-1给出了2011年秦安县农业生产的基本情况，虽然由于种种原因，其中有些统计数据（如水果的种植面积）等不够全面，但也能够看出，在秦安的农业中，水果种植占有很大的比重，尤其是苹果和桃近几年发展较快。目前，秦安的苹果和桃不仅数量多，而且品质优，已成为当地最主要的输出性农产品以及最重要的农民收入来源。这也是秦安农业这几年增长十分强劲的一个最重要的原因。

2. 资源优势

（1）气候资源优势。秦安县属陇中黄土高原西部梁峁沟壑区，山多川少，梁峁起伏，沟壑纵横。县域东西长约65公里，南北宽约50公里，地势西北高而东南低，葫芦河纵贯秦安中部。县境内海拔1120—2020米。属陇中南部温带半湿润气候，年平均气温10.4℃，正常年景年均降水量507.3毫米，为蜜桃生产提供了得天独厚的地理条件。古老的文化和悠久的历史造就了勤劳、智慧的秦安果农，独特的气候土壤资源优势孕育出了独特的秦安林果优势产业。

（2）品质品牌优势。秦安果品无论是硬度、含糖量还是色泽风味等各项指标均高于全国标准，以其外形美观、肉质细嫩、香味浓郁、货架期长而享誉海内外，在国内外各类果品展销会中屡获殊荣。秦安蜜桃、红富士苹果、金冠苹果、新红星苹果、早酥梨、凯特杏、花椒七个果椒品种先后通过了国家绿色食品认证。秦安蜜桃、秦安苹果以个大、色艳、味美、质优、安全而被评为北京奥运推荐果品一等奖，并获"中华名果"称号。秦安蜜桃、秦安花椒、秦安苹果均获国家地理标志产品保护。

（3）产业基础优势。近年来，秦安按照因地制宜、突出特色、发挥优势、合理布局、深度开发、提高效益的原则，科学规划，不断加大政策

---

① 《秦安县统计年鉴》（2011），第65页。

表 3 – 1 2011 年秦安县主要农产品播种面积及产量

作物品种		播种面积（万亩）	单产（公斤）	总产量（吨）	较上年 ± %
1. 粮食		85.05	232	179443	1.09
其中：	小麦	36.02	128	46016	– 13.87
	玉米	21.55	355	76412	3.13
2. 蔬菜		8.58	1703	1452254	4.13
3. 瓜类		0.69	1123	7745	5.16
4. 油料		10.49	79	8242	8.49
5. 中药材		1.88	114	2148	– 64.08
6. 水果		37.39	945	353363	11.58
其中：	苹果	27.64	864	238718	3.64
	桃	7.5	1324	99135	36.85
	梨	1.17	979	11456	15.27
	杏	0.4	399	1591	– 0.31

资料来源：《2011 年秦安统计年鉴》。

扶持力度，大力发展以苹果、桃、花椒为主的林果生产基地，继续扩大基地规模。至 2011 年年底，全县林果总面积达 83.92 万亩，其中以苹果、桃为主的水果面积 63.33 万亩，以花椒为主的干果面积 20.59 万亩，建成林果千亩村 38 个，专业村 64 个，全县 17 个乡镇林果面积都达到万亩以上。大力推广果树设施栽培，全县累计建成日光温室桃棚 417 座，年产反季节油桃 42 万公斤，产值 810 万元。无公害果椒基地建设也取得了新的突破，全县果椒优质无公害生产基地达 31.46 万亩，其中无公害果品基地 21.26 万亩，无公害花椒基地 10.2 万亩。

（4）科技支撑优势。近年来，先后引进推广果椒新品种 100 多个，建成新品种示范园 2 处，面积 120 亩。累计通过高接换优更新老果园 7.9 万亩，林果良种优化程度大幅度提高。水果套袋、果园覆盖、桃树长枝修剪、果园高垄覆膜、节水灌溉、水果设施栽培等先进实用技术得到广泛应用，完成水果套袋 5.63 亿个，生产套袋果 10.13 万吨，实现产值 4.66 亿元，净增产值 1.52 亿元。

（5）市场竞争优势。先后建立果品专业市场 22 个，其中兴国北大果品市场被农业部确定为果品重点批发市场，通过 3000 多果椒营销的经纪人、县政府网站及其他果品销售信息网站，年交易果品 30 万吨，成交额 5 亿元以上。累计建成冷库 43 座，各类简易果窖 10528 个，年储藏果品 19.8 万吨。组建了成纪、泰达印务、盈动等果品储藏、包装和果汁生产相关企业 49 家，初步形成了产、储、运、销为一体的林果产业体系。

（6）食品安全优势。秦安大部分地方属于农田及沟壑、山岭，果品基地主要分布在清水河、葫芦河及显清河及其支流流域，基本没有工业污染。由于降水量少、海拔较高，空气相对湿度低，紫外线照射强烈，病虫害发生少而轻，每年喷施农药次数较少，大大减少了对果品、土壤及水源的污染。据检测，大气、土壤、水质的各项指标均符合国家生产无公害及绿色食品的环境要求。秦安县林果产业多次获得国家、省、市的表彰奖励。先后被评为中国名特优经济林桃之乡、全国经济林建设先进县、全省林果支柱产业建设十强县。

（二）林果优势产业发展历程

秦安县果树生产历史悠久，果树资源丰富。其发展历程主要有以下几个阶段：

1. 引进阶段

该阶段从 1944 年至 1961 年。民国 33 年（1944 年），开始引种苹果树。民国 35 年（1946 年），秦安县龙山镇（今属张川县）西街农民从天水引进 3 株苹果树，植于庭院内，为秦安最早的苹果树。1950 年秦安农民从天水引进了 20 多个品种的苹果树苗。在县城附近园地试植。是秦安县第一个大果园。1957 年、1958 年和 1961 年共调进苹果树苗 89287 株，同时又增加了 3 个品种，累计达到 89587 株，当时的一些著名苹果品种已基本齐全。1959 年，进行果树资源调查，全县有果树大户种植 2.47 万亩、1000 万株，8 年增加 20 倍，年产水果 1029.9 万公斤。栽培果树有梨、桃、杏、苹果、葡萄等 10 多种。

2. 缓慢发展阶段

该阶段从 20 世纪 70 年代至 1982 年。1970 年前后，秦安县在农、林、牧、副、渔全面发展和以粮为纲，大力发展多种经营的方针支持指引下，发展集体苹果园 4800 亩。按照三级所有，队为基础的原则，统一经营，果品统一销售给供销社。全县共有各类果园面积 5000 亩。70 年代后期，集体果园发展进入低潮，没有新栽果园，全县果树面积下降为 1.68 万亩。1974 年，外贸、农业、商业部确定天水地区为全国苹果外销基地，秦安县被列为基地县之一，下达栽植苹果树 3500 亩的任务。1978 年，果园管理上推行集体承包、个人承包和分树到户三种责任制形式。1982 年，原有集体苹果园由于生产责任制的不落实，果园荒芜，树体受病虫害损坏面临毁灭的边缘，对此市政府专门下发有关文件，要求积极完善果树生产责任制，抢救苹果加强苹果基地建设，县上领导深入基层开展蹲点救苹果树工作。

3. 复苏阶段

该阶段从 1984 年至 1993 年。1984 年秦安县政府在农业区划调查中摸清了全县的果树资源及发展情况，制定出了第一个《秦安县果树发展区划》，按照此意见，秦安县园艺局制定了第一个《秦安县果树发展规划》，将果树栽培划分为河谷川道桃梨栽培区、低山苹果栽培区、高山干果栽培区。1984 年 1200 亩果树全面恢复正常，年产量 1000 万公斤，产值 300 万元。1985 年县政府安排 7 万元，给每亩购苗补助，全县 19 个乡镇订购树苗 45.5 万株，栽植 1 万亩，群众自愿购苗栽植 3500 亩。1986 年，按照"谁栽谁有，长期不变"，允许继承的政策和天水市政府"老果园管理上夺高产，新果园栽植上求发展"的方针，因地制宜，适地适果，发挥优势，分户栽植，适当集中的指导思想，合理布局品种结构。使果园不断扩大，三年果园面积增加到 6 万亩。1989 年，根据 10 万亩果园的规模发展状况，先后制定了《秦安县果树发展七五规划》和《秦安县果树发展长远规划》，并推出了一系列保护果农利益的优惠政策。1985 年至 1989 年"两西"投入资金，栽植果树 8.5 万亩。1991 年启动制订《清水河流域治渭示范实施计划》和《背后沟流域实施计划》。1992 年至 1993 年在背后沟流域的三乡集中连片新建苹果园。

4. 快速发展阶段

从 1994 年至今。1994 年 10 月 16 日秦安县委十一届六次全委扩大会议，专门研究决定调整农业内部结构，全县发展果椒支柱产业的意见。苹果建园由分户栽植转变为基地规模建园。当年共新建苹果园 3 万亩，建园技术、工作方法、经验教训至今成为果园建设的重要模式。1999 年被天水市政府命名为"全市十佳果园"。1999 年以来全县各类果园面积 40.85 万亩，总产值 7551.6 万元。建成专业果品批发市场 8 个，有 680 人从事果品经纪活动，建成龙头企业 2 个，果产品不断增值，果椒产业化经营基本成型。2000 年以来，秦安县针对果品市场疲软，果品价格特别是苹果价格下滑的趋势，制定了稳步发展以市场为导向，更新品种，注重质量，提高效益的方针。借助秦安"京红"、"大久保"桃为省级优质农产品的信誉优势，积极推进桃树各优新品种，应用新技术，先后建成了5个优质桃新品种生产基地。2000年在国家工商行政总局注册了"大地湾"系列水果商标，增加了秦安果品品牌意识，提高了知名度，促进了果树产业的健康发展。为了应对我国加入WTO和国际果品市场准入制度，更好地发展林果支柱产业，秦安县2001年引进无公害果品绿色食品（果品）生产技术，结合全省无公害示范县创建工作，根据《市无公害果品生产地方标准》和《秦安县无公害苹果、桃生产技术规程》将苹果、桃送至农业部果品及苗木质量监督检测中心检测。符合无公害产品质量标准。在推广无公害果品生产的基础上，2002年按照国家、省有关绿色食品生产产地环境标准要求，在全县7个乡镇的9.8万亩果园中，实施绿色食品（果品）生产技术，2004年6月国家绿色食品（果品）发展认证中心对秦安苹果、桃分别认证为绿色食品。2003年10月，成立了秦安县果业管理局，以发挥果椒产业化管理的职能作用。2004年秦安县林果面积56.95万亩，总产值2061万元。占全县农业总产值的27%，林果业收入占全县人均纯收入的28%。从2008年开始，"秦安蜜桃"、"秦安花椒"、"秦安苹果"先后获地理标志保护产品，进一步推动了林果产业的发展。

（三）林果优势产业的发展趋势

随着秦安县制定的一系列产业政策的实施，全县大力组织实施农业产业化战略，面向市场，依靠科技，围绕增加农民收入，积极探索林果产业发展的有效途径与方法，取得了明显的成效。具体表现在以下方面：

1. 农民收入显著提高

农村经济总量与发展速度持续增长，到2009年国民生产总值251873万元，比2000年的55322万元增长了355%，足足增加了3倍多。年均增长18.47%；农业总产值达145843.89万元。比2000年的25351万元增长了475%，直接翻了两番。年均增长23.7%；财政收入10054万元，比2000年的5166.6万元增长了94.6%，年均递增11.1%；农民收入显著提高，2009年全县农民人均纯收入达2442元，比2000年的1020元增长139%，相比年均递增10.69%，十年间增长幅度较高，农民生活质量有了很大的提高。

表 3 -2　　　　　秦安县 2000—2011 年农民人均纯收入及其增量与增幅

年份	农民人均纯收入（元）	增量（元）	增加幅度（%）
2000	1020	—	—
2001	1147. 6	127. 6	12. 51
2002	1240	92. 4	8. 05
2003	1311	71	5. 73
2004	1419	108	8. 24
2005	1538	119	8. 39
2006	1660	122	7. 93
2007	1795	135	8. 13
2008	2148	353	19. 67
2009	2442	294	13. 69
2010	2848	406	16. 62
2011	3294	446	15. 66

2. 林果产业规模经济效益逐步显现

秦安县通过农业产业化、规模化建设，坚持区域化布局，产业化发展
的原则，以生产无公害、绿色果椒为目标，重点发展苹果、蜜桃和花椒，
推动秦安县林果业向结构优、品种新、效益高的方向发展。着重发展林果
业，并已初现经济效益。2011 年，全县果椒总产量 42.3 万吨，其中苹果
23.9 万吨，桃 9.9 万吨。果椒总收入 14.2 亿元，人均 2190 元，占农民人
均纯收入 3294 元的 66.5%。

表 3 -3　　　　　　秦安县 2000—2011 年林果总产量情况

年份	水果产量（吨）	花椒产量（吨）	林果总产量（吨）
2000	58824	230. 7	59054. 7
2001	52467. 27	193. 5	52660. 77
2002	68475. 54	255. 5	68731. 04
2003	71299. 3	329. 3	71628. 6
2004	95100	412	95512
2005	168063	4900	172963
2006	185993. 7	510	186503. 7

续表

年份	水果产量（吨）	花椒产量（吨）	林果总产量（吨）
2007	251900	7105	259005
2008	220784.7	550	221334.7
2009	305000	800	305800
2010	316690.7	610.3	317301
2011	353363.5	625.5	353989

3. 在提高产品质量的同时实施品牌战略

秦安县通过多渠道引进名特优新品种，先后引进推广果椒新品种 100 多个，建成新品种示范园 2 处，更新改造老果园 33.5 万亩，不断健全完善县、乡、村三级科技培训网络，大力推广水果套袋、设施栽培、节水灌溉等果椒先进实用技术，切实提高果椒园管理水平，努力提升果品质量，有效促进了果品增值。2011 年完成水果套袋 5.16 亿个，预计净增产值 1.6 亿元。同时积极组团参加各种贸洽会、展销会和交易会，通过互联网等途径，广泛发布果品信息，全方位、多层次宣传秦安县林果产业，成功举办了 6 届桃花会和果品博览会，秦安果品知名度和市场竞争能力不断提高，在国内外的市场占有率不断扩大，果椒产品畅销。红富士、金冠、新红星苹果和秦安蜜桃、早酥梨获国家级绿色食品认证。秦安蜜桃、秦富 1 号苹果被评为奥运推荐果品一等奖，获"中华名果"、"甘肃省十大名果"等称号。秦安蜜桃、秦安花椒、秦安苹果获得国家地理标志保护产品。先后荣获全国经济林建设先进县、全国经济林建设示范县、全省林果支柱产业建设十强县等称号，被命名中国名特优经济林桃之乡、中国花椒之乡、中国苹果之乡。

4. 扶持龙头企业延长林果产业链

培育、发展和壮大龙头企业是推进农业化产业经营，促进农业和农村经济结构战略性调整，全面提高农业整体效益和增加农民收入的重要措施。秦安县围绕优势林果产业兴建龙头企业，目前全县有国家级龙头企业 1 个、省级龙头企业 1 个、市级龙头企业 7 个。龙头企业的建立延长了农业产业链，实现了农产品的转化增值，带动了特色农业产业基地建设，推动了林果产业大发展。目前，总规划面积 1100 亩的秦安县何川工业园区已建成，工业园区实行集约化、规模化，采用"公司＋农户＋基地"的经营模式，为市场和果农之间架起桥梁。同时，政府积极推行行政技术双轨承包责任制和科技特派员试点制度，全面加强技术指导和服务。培养、规范果椒经纪人队伍 3000 多人，全县林果产业链条进一步延伸，初步形成了产、储、销、加工为一体的林果产业体系和市场牵龙头、龙头带基地、基地连农户的林果产业化发展格局。

（四）林果优势产业存在的问题

1. 种苗繁育体系建设滞后

近几年，秦安县林果主产区新建果园增速较快，每年新增 1 万亩，老果园改造在 1 万—2 万亩，苗木需求量在 200 万株。而县果树苗木繁育体系建设明显滞后，苗木供求矛盾突出。县内仅有的几家苗木繁育基地，基础条件薄弱、总体规模较小，年生产量约 50 万株，约占苗木需求量的 25%。新建果园所需苗木大量从山东、陕西等省调入，品种混杂、质量无法保证，导致新建果园质量不高。部分农民为了确保品种质量，在栽植的第二年全部平茬重新嫁接，无疑延长了结果时间，增加了生产成本。加之苗木繁育大量使用普通无性繁殖，病毒侵染退化比较严重，直接影响产量、品质和效益。

2. 技术培训明显滞后

林果产业不仅是劳动密集型，更是技术密集型产业。全县林果栽植面积的迅速扩大与先进实用技术、常规栽培技术的普及推广不同步、不对称，技术培训明显滞后。掌握技术、管理精细的果农还不足 10%。管理精细的果园能保持连年丰产稳产，实现优质高效，不论元帅系、富士系苹果盛果期果园亩产均在 2 吨以上，亩收入可达 4 万—5 万元，最高的可达 6 万元；而管理粗放的果园，单产和优质果率很低，大小年结果现象严重，亩收入一两万元，甚至几千元。效益高低之差在几倍、十几倍。这既是问题，也是增产增收的巨大潜力所在。

3. 生产经营组织化程度不高

全县虽然创建了一些果农专业合作经济组织，但大多数合作组织基础条件差、覆盖范围小、服务领域窄、功能不健全、运作不灵活，缺乏体制和服务模式创新。同时，受资金困扰，多数不能正常发挥作用。加之果品经纪人培训、认证工作滞后，导致果农与市场的有效联结机制不完善，果农专业合作经济组织和龙头企业对农户的带动能力较弱，生产经营的组织化程度低，难以实现产销有效对接。

4. 产业体系龙头企业较少

秦安林果产业链产中产前、产中、产后环节极不配套，尤其是产后环节更为薄弱。从储藏能力看，气调储藏不到总产量的20%，冷链物流体系还是空白。就目前仅有的这些冷藏营销企业来看，由于受流动资金制约，不能实现满负荷储藏，大部分果库以出租形式维持运营，调节鲜果均衡上市，实现增值的作用没能有效发挥出来。从果汁加工能力看，县内唯一的一家浓缩果汁加工企业，品种结构单一，市场风险大。同时，没有建立起果汁加工专用品种生产基地，均以等外果为原料，产品酸度不够，质量不高，在国际市场上竞争力不强。从采后商品化处理能力看，采后经清洗、消毒、分级、打蜡、包装等严格处理的果品极少，特别是省内研发的纳米果蜡等新型保鲜产品的应用更少，仅有的产后处理只是停留在简单的分级包装上。

5. 科技支撑能力弱

秦安大部分苹果园为旱地果园，没有灌水条件，部分山地果园配制农药用水都很困难，田间道路状况较差，给生产管理带来极大不便。全县几乎所有苹果园均无防雹设施，抵御自然灾害的能力十分脆弱。

（五）促进秦安林果优势产业健康发展的对策

1. 加强苗木繁育基地建设，夯实产业发展基础

在郭嘉、叶堡、安伏、魏店、兴国、王尹、西川、莲花、陇城、五营10个苹果主产乡镇，每个乡镇扶持建立1—2个10—20亩规范化育苗基地，满足全县林果产业发展新建果园的苗木供应。支持无病毒、矮化、半矮化砧木优质大苗繁育，缩短新建园进入结果、丰产期年限；强化苹果苗木生产、销售许可证制度，实行定点生产、专业销售。

在10个主产乡镇新建或改扩建规范化苹果良种苗木繁育基地100亩，年产两年生优质苗木100万株，三年生优质大苗50万株，基本满足全县林果园建设苗木供给。对两年生苗木每亩每年补贴500元，对三年生优质大苗每株补贴0.5元。承担育苗单位和农户采用公开招标的方式确定。

2. 加强技术培训，提升产业科技含量

对基层专业技术人员的知识更新与技术提高进行培训。通过3年的强力培训，培训果农技术员600名，使优势产区5亩以上的种植户每户有一名懂技术、会管理的明白人。同时，加大林果主产区两后生的果树专业学历培训，使每个苹果生产重点村有2—3名有专业学历的果园管理技术能

手，让他们扎根当地，发展林果生产，确保可持续发展。

3. 扶持发展果农经合组织，提高苹果生产的组织化程度

县上扶持发展功能全、服务好、规模大的林果经合组织。在林果生产专业乡村扶持发展果农经合组织，3 年共扶持 30 个，每年扶持 10 个。在 10 个苹果重点乡镇扶持创建苹果产销协会 10 个，每个补贴 1 万元。

4. 培育壮大龙头企业，增强带动能力

针对秦安果品储藏设施条件薄弱、仓储规模小和吞吐能力弱的实际，加快高效节能储藏保鲜库和采后商品化处理能力建设，培育壮大鲜果营销龙头企业。力争经过 3—5 年的努力，使 10 个苹果重点乡镇储藏能力达到总产量的 60% 以上，林果产后处理量达到总产量的 40% 以上，缓解采后鲜果集中销售的市场压力，均衡上市，周年供应，实现增效。一是支持保鲜储藏库建设。利用 3 年时间，扶持建立 5000 吨以上气调储藏库 10 座、1000 吨级气调储藏库 20 座、500 吨级机械恒温储藏库 30 座。二是支持加工企业。加强林果多元化加工技术的自主创新、引进消化吸收及集成创新研究示范，大力发展脱水膨化、速冻、干装罐头、果珍果粉、果酒、果醋等多元化加工产品，重视加工副产品的综合利用，改变以生产浓缩果汁为主的单一产品结构，降低市场风险。三是用三年时间，在 10 个苹果重点乡镇扶持 10 条中小型清洗、分级、打蜡等苹果产后商品化处理生产线。购置的苹果产后处理生产线可按实际价格的 15% 补贴，每条生产线补贴 6 万元。四是扶持林果市场体系建设。规划建立 3 个中型果品批发交易市场，每个补贴 10 万元。[①]

5. 加强科技支撑体系建设，提升产业发展水平

依托省农科院、甘肃农大、天水果树所及县果业局等单位的专家，聘请国家现代林果产业技术体系首席科学家和岗位科学家担任顾问，组建秦安县现代林果产业技术体系。围绕林果产业化各个环节的科技需求，开展关键技术研究、集成、试验和示范；在重点产区建立试验站和示范基地，开展技术示范和技术服务；收集、分析林果产业国内外发展动态与信息，开展产业技术发展规划和产业经济政策研究，为政府决策提供咨询，为社会提供信息服务。一是病虫害防控体系建设。加大对苹果蠹蛾等重大检疫

---

① 秦安县人民政府：《秦安县国民经济和社会发展第十二个五年规划纲要》，秦政发 [2011] 53 号。

性病虫害的检疫、监测力度。二是支持标准化示范果园建设。近年来，秦安县结合陕西、山东等地林果栽培经验，已经总结出了一套比较成功的栽培模式。在此基础上，农业部在全国启动实施标准果园创建活动，目前国家已制定出了建设方案和验收标准，秦安要结合农业部项目实施，力争创建 10 个规模在 500 亩以上的省级丰产高效示范园。新建果园要引导推广现代栽培模式（高纺锤形、乔砧拉枝下垂整形及矮砧立架栽培）、科学施肥、精细管理、病虫害生物物理防治、生态调控及生物质循环利用技术。三是组建秦安县现代苹果产业技术体系专家指导组，围绕苹果脱毒优质大苗繁育、现代栽培模式、病虫害生物物理防控、营养诊断配方施肥、保肥节水与旱作高效栽培、标准化 GAP 生产与质量安全可追溯制度建立、生态循环型果园建设等关键技术列出 5 个优先支持的攻关课题，以省内科研院校、技术部门、科技企业为主，开展科研攻关，公开招标，择优组织实施。产业体系专家指导组每年安排专项工作经费，开展技术指导、咨询、产业动态调研、科研试验等。

六　镇原县养殖业规模化发展与农民增收问题研究

（一）概况

镇原县养殖业历史悠久，在经历近年的快速发展期后，产品相对丰富，现已进入调整期。现阶段，镇原县的家禽养殖仍以小规模大群体为主，而规模化、科技化养殖正在兴起。未来，镇原县养殖业的发展趋势必然是走适度规模化、科技化之路，但这需要一个漫长的过程。去年，中盛集团（陕西）有限公司在适度科技化、规模化养殖方面做出了一些尝试，希望有更多的企业参与，以共同推动行业进步与产业升级。镇原县养殖业的历史，大致分为以下几个阶段：

1. 家庭传统散养阶段

即改革开放以前至 20 世纪 80 年代末。这一阶段镇原县的养殖生产停留在农户传统散养阶段。主要特点：未能形成规模；科技应用不普及；生产水平低下；商品化程度低；行业整体效益差。

2. 适度规模化和商品化阶段

即20世纪80年代末至21世纪初。这一阶段为镇原县养殖事业发展的辉煌时期。在此阶段，由于以下因素推高了养殖行业的整体利润：各乡镇"以菜篮子工程"的方式兴建了大量规模化养殖场；产量迅速增加；居民消费水平迅速提高；全县总体饲养规模迅速扩大。

3. 重大疫情冲击下的冷静发展阶段

即21世纪初至今，镇原县畜禽行业接连遭受2001年区域性重大疾病、2004年散发并持续的禽流感、2008年散发口蹄疫等重大疫病的冲击打压和市场需求的反复拉动，导致镇原县畜禽养殖存栏数量在短时间内急剧起伏震荡，人们的饲养理念逐步趋向成熟，开始理性思考的冷静发展阶段，重点是建立预防系统和结构调整，提高养殖业的品种和结构的市场适应性。

（二）养殖业规模化发展现状

1. 规模化的总体情况

多年来，畜禽养殖广泛分布在农村范围，主要以散养为主；养殖群体主要为农民阶层，其文化层次参差不齐，信息闭塞并缺乏专业指导，对于养殖技术和规范化科学化养殖的认识掌握不足，养殖技术水平相对较低，且对于疾病的信息得知、预防和抑制都没有合理有效的措施和方法；养殖环境较差，养殖密度过高，环境净化处理不当，导致大量的细菌、病毒、有害气体滋生，给合理化安全养殖造成了极大的隐患。

2. 规模化养殖的区域分布

规模化养殖主要以北部山区为主，至2012年年底，新增规模养殖户500户，肉牛和商品驴饲养量分别达到20万头；肉绒羊饲养量达到35万只；依托中盛肉鸡产业化项目，建成65个肉鸡养殖小区，饲养出栏肉鸡2600万只。[①]

3. 规模化养殖的基本方式

主要以舍饲养殖为主，以土元养殖业耗粮型养殖业为主。家畜种类主要是消耗粮食较多的猪、家禽、役畜和山羊等，饲料来源是农产品、饲料粮、秸秆和野草、野菜等，并利用山坡和零星草地放牧。兼用型养殖业比较发达，如乳役兼用或肉役兼用的养牛业、养驴业等。以舍饲为主。除了

---

① 《镇原县统计年鉴》，2013年版。

在农作物收获后进行短期茬地放牧外，其余时间均在畜舍内进行人工饲养。饲料费用占的比重比较高，一般占畜牧费的65%以上。能充分实现农牧结合，经营管理较为细致，生产水平较高。经营方式主要是农家副业，还有养殖专业户。

4. 规模化养殖与农民增收

针对"前宅后圈"单户养殖模式，采取"增畜扩量、提质增效、科学喂养"，力争使每户的养殖量达到30只；针对"人畜分离"富民生态循环养殖园区继续完成绿化、通水、通电、通路，配套饲草加工、有机肥制作等工作，通过精细化、科学化、规模化发展及优质品种引进、改良等，提高规模化设施养殖科技水平和效益，助推农民增收。

（三）养殖业规模化发展面临的问题

1. 规模化的概念不确定

规模化养殖场和规模化发展这些提法已有很多年了，到目前为止，什么样的养殖场算规模养殖场？各地都有不同标准，国家没有一个正式明确的权威概念。无论是建设规模还是养殖规模，都没有明确规定的概念，仅仅只有一个国家鼓励政策的出栏肥猪数量标准。没有真正系统、明确、规范的概念。

2. 标准化的标准不明确

提规模化发展、标准化养殖已经好多年了，国家至今没有出台规模养殖场的系列标准，从建设标准、生产标准、管理标准、技术标准到检验检测等都缺乏可操作性的执行标准。

3. 奖励政策不科学、不合理、不稳定

一是不科学。按出栏肥猪头数设定奖励标准，本身就不科学。出栏是一个动态的过程，目前，国家没有一个官方能认定的肥猪出栏统计机构和机制，怎么认定老百姓养猪的年出栏肥猪数量？只能凭经验（存栏母猪数推测）、凭印象、凭口说，实际操作过程中免不了凭感情、凭关系、凭权力。近几年，各地相继出现了一些主管部门干部违规和腐败现象，与这些不科学、不严谨的政策不无关系。不科学的政策培养了一批投机商，也招来了一批投机商，这些投机商往往是见利而为，缺乏对养殖业事业的那份坚守。

二是不合理。就生猪来说，年出栏500头以上的才能享受奖励政策，而且明确了各档次的奖励标准。这里就出现了两方面的问题，一方面是年出栏500头以上的不同档次的大户很多，而分配到各县的资金又不是按户数多少、规模标准高低来分配，这就出现了户数多、标准高的却不能按国家明确的奖励标准奖励，因为钱不够。规模场户数相对较少、规模相对较小的，就会有资金剩余。另一方面就是500头以下的养殖户，他们是真正的弱势群体，他们最期盼国家政策的支持和奖励，他们才是为社会提供商品猪肉的大群体，为什么国家公共财政的阳光就普照不到这一群体上？另外，还有养牛、养羊、养鸡、养鹅、养蜂、养鱼等其他养殖业，他们也为社会提供丰富多彩、优质安全的畜禽产品，为什么又都不能享受国家公共财政的奖励或补贴政策？这是显失公平之举。不科学的政策培养了一批投机商，也招来了一批投机商，这些投机商往往见利而为，缺乏对养殖事业的那份坚守。

三是不稳定。养殖业的发展，政府应着重抓技术推广、品种改良和动物防疫。前几年的母猪补贴政策是好事。母猪发展了，生猪自然就都发展起来了，可好政策搞了两年又突然取消了，有政策的时候，大家都知道，取消了补贴政策，又不公告社会，导致人为造成一些社会矛盾和误会。

（四）养殖业规模化发展的对策

1. 规模化养殖必须概念明确，指标体系完善

要建立较为明确的概念和系统的指标体系。建议设立四个等次，即小规模、中等规模、大规模和特大规模。发展中、小规模，限制特大规模发展。因为规模越大，投资越大，抗风险的压力也越大。同样，特大规模容易形成垄断经营，对建立市场保障机制的制约也很大。反之，发展中、小规模，疫病易防控，投资风险小，又能有效保障市场供给。

2. 呼吁国家尽快建立标准化养殖的标准体系

俗话说"无规矩不成方圆"，尽快建立和出台一套行之有效、科学合理、便于操作执行的标准体系，是当今养殖政策制定的当务之急。通过建立标准、规范行业准入机制，使我们养殖业的发展真正能实现快速、健康、安全、高效、可持续发展。

3. 政府的扶持政策要科学、合理、稳定

一要科学。不能单纯以数量为奖励标准，更重要的是重点支持鼓励环保、生态、安全、节能、降耗的规模养殖企业。二要合理。不局限于养猪和养鸡的奖励，更要覆盖其他养殖项目，特别是养牛、羊方面，遭遇的困难和风险越来越大，急盼国家的扶持和奖励。三要稳定。政府的支持鼓励政策，要相对稳定。有关支持鼓励的政策，应以政府文件名义在多种媒体上公布，取消支持鼓励政策，同样也要以正式文件的形式在媒体上公布，说明原因和理由。政策的不稳定是导致社会不稳定的一个重要诱因。

4. 增强科技支撑县域经济发展

一是坚持特色导向，实施重点突破，依靠科技增强县域经济的综合竞争力。紧密结合区域资源禀赋和经济发展的需求，促进技术要素与自然资源要素、人力资源要素、资本要素的有机结合，培育区域特色支柱产业，推动县域经济结构升级与竞争力提升。坚持通过优化科技产业化环境、建设科技产业化示范基地、加强人才培养和项目支持等方式，为地方特色产业的发育和成长提供有效支撑。重点支持市场前景好、对农民增收致富带动性强、辐射面广、能够充分发挥劳动力资源优势的产业的发展，形成若干科技含量高、市场前景好的特色产品和特色产业，壮大规模，形成品牌。

二是以农业产业化为目标，依靠科技加快建设现代农业，用高新技术改造和武装传统农业。组织实施科技兴农工程，重点抓好农业生物技术、农作物病虫害综合防治技术、集约化高效养殖技术、农产品保鲜精深加工和综合利用等农业新技术，实施"四优"工程（优质杏、优质猪、优质玉米、优质肉鸡），提高农产品优质化率。重点抓好粮油大宗农产品加工关键技术及新产品开发、肉鸡养殖业加工关键技术及新产品开发、名优特肉鸡产品安全储运及加工关键技术开发、林产品加工关键技术及果蔬采后处理技术开发。

三是运用高新技术改造和提升传统产业，推进县域工业化。通过制度创新与技术创新，培育名牌产品、名牌企业，集中力量开发培育一批科技含量高、市场占有率高、关联度高、附加值高的优质名牌产品。以信息技术应用和信息化改造为龙头，加强高新技术的渗透嫁接，运用先进适用的新技术、新材料、新工艺、新设备改造、提升传统产业，不断提高传统产业的技术含量。有条件的乡镇，要注重引进和发展高新技术，努力抢占科技竞争的制高点，促进技术优势与资源优势相结合，并在政策上给予引导和支持。要广泛开展群众性的科技创新、技术比武活动，激发工人群众的小改小革和创造发明的热情。

四是因地制宜发展高新技术产业，培植县域经济发展新的增长点。对于以农业和传统工业为主导的县，因地制宜地引进技术、人才、项目和资金，大力扶持高新企业，积极发展高新技术产业，是迅速提高县域经济发展规模和竞争力的有效途径。必须紧紧围绕区域经济和社会发展的总体目标，按照"有限目标，重点突破；发挥优势，培育特色；差别竞争，错位发展"的原则，建立完善科技产业化的发展体系，有效增强县域经济发展的质量和后劲。

五是以科技园区建设为中心，构筑县域经济发展新平台。发展县域经济，还必须精心构筑产业园区，尤其是科技产业园区。近年来省内外先进地区的实践表明，园区建设是县域经济发展的重中之重，担负着整合资源、提升综合竞争力的重任。因此，镇原县域经济要以园区发展带动外资结构优化；带动城关布局优化，拉大城县骨架，拓展发展空间，形成新的发展轴；带动产业结构优化，促进产业升级转型；带动社会资本结构优化，促进民营经济、集体经济和外资经济三者相互渗透，均衡发展；带动发展环境优化。

六是以民营企业和广大农村作为主战场，重点抓好先进适用技术的引进示范与推广。在民营企业的科技工作中重点抓新技术创新，突出新产品的研制，新工艺、新设备的改进和高新技术的运用，使企业成为技术创新和科技投入的主体。在广大农村重点抓名优新品种的引进、示范与推广，以此来推进工业和农业的战略性结构调整。要打赢这个阵地战，应坚持按"项目管理"的方式来运作，实行"首席项目主管、首席技术主管和首席项目业主"的"三主"制度，把目标责任分解到人，做到责权利明确，运作规范，提高项目实施的效益，从而提高科技进步对社会经济的贡献作用。

5. 探索畜牧业的转型发展模式

目前，我国政府对畜禽养殖污染防治工作日益重视。为统筹安排"十二五"时期全国畜禽养殖污染防治工作，推动主要污染物减排和区域环境质量改善，近日，国家环境保护部、农业部联合印发了《全国畜禽养殖污染防治"十二五"规划》（以下简称《规划》）。

根据《规划》，各地要按照国家有关规定编制本辖区的禁养区划定方案，认真组织完成禁养区划定工作。2013年前，国家水污染防治重点流域和区域范围内的县（县、区）要率先完成禁养区的划定。同时，积极采取措施严格污染物总量控制和污染物排放标准要求，加快污染防治设施建设，促进畜禽养殖业健康、可持续发展。

（1）转变养殖方式。

当前，规范整治"散小乱"养猪、鸡场，还镇原一个健康的环境，是镇原县一项重点工作。规范整治"散小乱"养猪场，是大多数群众的要求和呼声，是为了百姓的安居乐业，为了保护镇原生态环境，为了打击假冒伪劣产品，为了整治脏乱差，为了维护当地干部群众的社会治安和谐，为了当地干部群众的食品安全，为了镇原人民的社会福利和经济增长的一项重要举措。

（2）改善生态环境。

全面开展规范整治"散小乱"养猪场工作，着力培育镇原县规范化、规模化、科学化的绿色安全生猪养殖品牌，是推进畜禽养殖业转型升级，发展生态经济，打造"大生态"，建设美丽乡村，造福子孙后代的重要举措，是开创推进新型城镇化、建设以镇原城关镇中心辐射濒临乡镇局面的重要决定。

县农业局有关负责人说，未开展整治行动之前，全县生猪养殖场（户）约有3288家，生猪存栏量5.04万头，这些养猪场绝大多数是规模小、设施简陋、无牌无证、无环保设施的"散小乱"养猪场（户），很多养猪场都是直接排放粪便和污水，严重影响饮用水安全、居民居住环境和空气质量。该负责人说，生猪粪便和污水中含有大量的氮、磷等营养物质，排入水体后，使水生生物过度繁殖，溶解氧含量急剧下降，发生富营养化。猪饲料添加剂中的抗生素、激素、铜、铁、铬、锌等物质，随着粪肥还田，长期过量累积，有毒有害物质增加，间接造成粮食、蔬菜等农产品质量下降，直接威胁食品安全，影响人的身体健康。

（3）建立龙头企业。

镇原首家大型现代化生态鸡养殖基地已动工建设。养鸡场年出栏肉鸡3600万只肉鸡，将采用生态、低耗、健康、优质、高效的养殖方式，实现"零排放、零污染、零浪费"，这是镇原县肉鸡养殖业向规模化、产业化、集约化转型升级取得的实质性进展。据悉，下阶段，为进一步贯彻落实《规划》，县农业局将积极发挥职能作用，突出抓好三项工作：一是配合县肉鸡养殖规范整治办公室，把《规划》印成小册子发到每个养猪、鸡场和养猪、鸡户手中，密切配合各镇街开展广泛宣传，亲自作政策解释工作，亲自抓落实，进一步推进全县规范整治散小乱养猪场工作。二是配合环保部门对全县畜禽养殖污染防治工作实施监督管理。三是大力推广先进畜禽养殖技术，指导生态养殖示范场建设，提高农业生态经济效益，促进农业可持续发展。

在加快经济发展的同时，我们更加注重发展的均衡性，经济社会发展多元并举、齐头并进，"两手抓、两手都要硬"。始终把改善民生、构建和谐社会作为执政追求，每年制订一个"民生行动计划"，将事关民众切身利益的重点、焦点、热点工作纳入其中。近年来，财政和社会投资100多亿元，全力推进了一批重大民生建设项目，让百姓共享改革发展成果，群众幸福指数日益提升，如创建西城区改造、廉租房建设、"安居工程"等，都得到了群众一致好评；县政府始终把增加农民收入作为农村各项工作的核心，通过提高粮食综合生产能力、促进畜牧业大发展、做大做强劳务经济、发展小型加工业等举措，优化农民收入结构，大幅提高农民收入水平，形成了农业收入、畜牧收入、非农业收入和劳务经济收入等多元增收的格局。

近年来，镇原虽然有了较快发展，但总体上仍然是低起点上的高速度，低水平上的快发展，经济总量不大，结构不优，财政保障能力还不强，农业综合生产能力较弱，城乡居民收入水平相对较低。未来，镇原还有很大发展潜力。镇原是一方投资的热土，更是一个充满希望的地方。

6. 增加财政对科技事业的投入，建立多元投入体系

现代科技的一个重要特点就是高投入、高回报，政府应加大对科技进步和创新关键环节的投入，确保新产品试制费、中间试验费和重大科技项目补助费等科技三项经费支出的稳定增长，提高科技三项经费的投入产出效益。建立和完善科技投融资体系，采取科技与金融结合争取科技贷款、科技风险投资、加强横向经济技术协作等方式吸引资金；鼓励企业加大对科技开发的投入，争取国家中小企业科技创新基金的扶持以及各级各类科技攻关计划、火炬计划、星火计划等政策性资金的支持；建立完善高新技术风险投资机制，建立中小企业科技产业贷款的担保基金，合力引导社会资本加大对科技开发的投入，尽快形成"政府投入为引导，企业投入为主体，社会投入为补充，外资投入为关键"的多元化科技产业投入机制。

7. 优化科技发展环境，构建科技创新体系

研究和制定地方技术创新政策，加强政策措施的具体贯彻执行的力度，营造良好的促进技术创新的社会文化和技术文化。要以技术创新项目为纽带，推动产、学、研合作，促进各种创新要素的有机集成和有效组

合。重点抓好以消化、吸收、革新和创造新技术、开发新产品为主要功能的技术创新系统，以传播科技成果并为科技成果转化提供中介服务为主要功能的传播系统，以科技成果产业化为主要功能的应用系统建设，形成既与国家创新体系相适应，又符合本地实际，市场行为和政府行为相辅相成、互为补充、高效运行的县域技术创新体系。加快科技成果转化和高新技术产业基地建设。在全力建设科技示范园区的同时，着手建立以专业乡镇和以企业科技开发为龙头的科技创新体系。

8. 强化体制机制创新，加强科技推广机构建设

加快建立和完善县域农业技术推广体系，鼓励农民、企业等社会力量参与农业技术推广，逐步形成国家扶持与市场引导、有偿服务与无偿服务相结合的新型农技推广体系。建立以高科技农业企业、科技型农业企业、农业科技园区和科技示范户为主体的农业科技创新应用体系，吸纳运用科技成果，加速成果的示范和转化。建立以县乡村农业技术推广机构、专业技术协会等民办专业服务组织为主体的农业科技创新服务体系，为农业发展和成果转化提供信息、中介、咨询、技术服务。建立健全农业科研开发体系和技术推广服务体系、重点开展应用技术研究推广和科技成果开发转化等工作，形成技工贸一条龙、技农贸一体化的科技服务网络。加快县域信息化建设，发展乡村信息网络。实行科技特派员工作机制，从政府业务部门中选派技术人员下乡镇挂职；与科研院所和大中专院校合作，交流选派技术人员，开展项目合作；聘请退休的科技人员下乡镇，开展技术服务等。

第四章 少数民族地区经济发展研究

一 甘肃少数民族地区发展现状

(一) 甘肃少数民族地区概况

经济发展是甘肃民族地区现代化的重点，但是甘肃民族地区脆弱生态环境的空间分布与贫困地区的地域分布存在地理空间意义上的非良性耦合，制约着当地的可持续发展。而甘肃民族地区区位特殊，是保障甘肃乃至全国生态安全的重要区域，如何实现区域可持续发展不仅仅是其自身亟待解决的问题，同时也是甘肃可持续发展过程中面临的迫切问题。民族地区生态环境与经济发展耦合的研究属于边缘性和交叉性研究领域，本章通过借鉴吸收学界前贤的研究成果和实地调查分析，以民族经济学、生态经济学、区域经济学和可持续发展理论为指导，将甘肃民族地区经济发展与生态环境保护有机结合起来，将二者作为一个整体系统进行耦合研究。首先通过横向和纵向相结合分析发现，甘肃民族地区经济发展水平处在全省低层次，不如全国大多数少数民族地区。基于遥感和 GIS 研究方法分析表明，其生态环境呈恶化趋势，存在诸多制约经济发展的生态环境问题：植被退化严重，土地荒漠化、沙漠化迅速，水资源短缺，水土流失等自然灾害频发，湿地干涸、水土涵养功能萎缩等。从民族经济学角度出发，挖掘出该区地域文化中藏传佛教文化和伊斯兰文化对经济发展和生态环境保护的作用。通过协调发展度计算表明甘肃民族地区经济与生态环境协调发展并不乐观，其中阿克塞、肃北、肃南属于初级协调发展类区域，天祝、甘南属于勉强协调发展类区域，而张家川和临夏处于失调状态。在此基础上引入社会系统进行分析，表明甘肃民族地区存在"生态环境脆弱—贫困—人口素质低、增长过快—掠夺式开发利用—生态环境更脆弱"的恶性循环现象，即所谓的"PPE怪圈"。从生态经济学角度提出以发展生态产业、建设生态型小城镇、加强民族文化建设从而实现该区生态、经济的良性循环。最后提出了提高人口素质、加强基础设施建设、推进制度创新、健全利益补偿机制、积极推广实行有效的生态移民政策、加强劳务输出、建立生态经济信息系统等对策，对突破生态环境制约发展经济有重要意义。

甘肃是汉族的传统聚居地和发源地之一。全省现有54个少数民族，少数民族总人口219.9万，占全省总人口的8.7%。世居甘肃的少数民族有回、藏、东乡、土、裕固、保安、蒙古、撒拉、哈萨克、满等16个少数民族。其中，东乡族、裕固族、保安族为甘肃的独有民族。省内现有甘南、临夏两个民族自治州，有天祝、肃南、肃北、阿克塞、东乡、积石山、张家川7个民族自治县，有39个民族乡。贫困问题始终是困扰人类社会进步的重大问题，消除贫困是人类几千年来的梦想。贫困不仅表现在贫困地区低收入和低生活水平，还表现在贫困地区社会文化的全面落后状态。在经济快速发展、社会不断进步的今天，反贫困已成为全人类共同的课题。贫困除了涉及自然环境、生产力发展水平、分配差距之外，还与政治、历史、文化习俗、民族宗教、国家政策等问题息息相关。[①] 目前，我国现存的贫困人口有一半以上集中在少数民族地区。因而，在关注贫困人口时，作为弱势群体的少数民族更应该关注。

（二）甘肃省民族地区的贫困特征

1. 民族地区的地理特征

甘肃民族地区在区域环境上具有封闭性、边缘性特征。大部分地处青藏高原、黄土高原和内蒙古高原的腹地和边界，境内以高原山地为主，地形错综复杂，相对海拔高，地势为山原区、峡谷区、山地丘陵区，农牧民赖以生息的地域，地势高峻，土地贫瘠，交通不便。而且生态环境脆弱，气候条件恶劣，干旱少雨，自然灾害频繁，常常受到干旱、暴雨、冰雹、暴雪的侵袭和危害。如甘南州地处青藏高原东北边缘，海拔1500—3000米之间，许多地方严寒干旱，有些地方常冬无夏；张家川县地处黄土高原，土地多梁峁沟壑，年降水量仅为607毫米；临夏州大部分地区是高山和山谷，平地很少，平均海拔2000米，年降水量仅为537毫米，蒸发量

---

① 杨维军、李文瑞：《西部民族经济可持续发展研究》，民族出版社2008年版，第102页。

却达 1470 毫米，经常发生干旱、洪水、冰雹等自然灾害。

2. 民族地区贫困的人口特征

（1）贫困农户收入来源非常有限，自我投资能力差。贫困人口主要从事单一的种植业或畜牧业，一般无技术专长，只靠体力劳动，收入非常微薄。据甘肃贫困人口监测资料，贫困人口种植业收入占家庭总收入的 69% 以上，贫困户的农牧剩余产品少，产品的商品率极低，由于收入低，仅能维持温饱，积累少而无力进行再生产投资。全国 2008 年农民人均纯收入为 4759 元，而甘南州只有 2049 元，临夏州仅有 1847 元，甚至东乡县、积石山县分别为 1419.54 元和 1575.32 元，远远低于全省的 2723.8 元和全国 4759 元的平均水平。农民生产所需化肥、农膜、农药等生产资料费用相当一部分要靠贷款。整个地区农业生产基本条件极差，经济基础十分薄弱，无力投入，连维持简单再生产都很困难，更缺乏自我扩大再生产的能力。

（2）劳动力素质低下。由于受经济条件的限制，贫困人口的文化素质普遍低下。文盲半文盲率高，据第五次人口普查表明，甘肃省文盲人口的比重为 14.34%，而临夏州的文盲比重达 34.94%，其中积石山县为 40.99%，东乡县为 48.04%，甘南州为 30.36%，临潭县达到 48%。整个甘肃民族地区每 10 万人中有大学生 2664 人，而临夏州只有 826 人，东乡县只有 236 人，张家川县只有 504 人，在民族地区的大部分企业中几乎没有受过正规教育的科技人员。

3. 民族地区贫困的经济特征

（1）产业结构不合理，生存型的单一农牧业结构为产业结构的主体，产业结构层次低。而在第一产业内部结构中，又以种植业为主体，很大程度上依赖土地生存；在种植结构中，又是以粮食作物为主，粮食作物播种总面积的比重都在 80% 以上。由于对农产品特别是粮食的需求压力大，贫困地区传统的以农牧业为主的产业结构缺乏调整的条件，非农产业起步艰难，产业结构单一的局面难以改观。单一的经济结构和粗放的生产经营方式，必然导致劳动生产率、土地生产率低下，使得多数贫困农民处于萎缩型简单再生产的恶性循环之中，扩大再生产的良性循环机制难以建立起来。

（2）基础设施薄弱，财政自给不足。

（3）科技水平低，生产经营方式仍然粗放。贫困地区普遍缺乏农牧业科学技术，生产适用技术的推广十分缓慢。农区生产方式落后，对自然变化依赖相当严重，仍普遍采用传统的生产方式，个别地方无良种，产量低，品质差。化肥投入不足，生产工具落后。

4. 自然禀赋的限制和历史的遗留

地域的自然禀赋对一个国家或地区社会经济发展产生重要影响，也是人类至今无法完全克服的困难。甘肃民族地区多处土地贫瘠、生态环境脆弱的干旱区、高寒山区等，自然条件极其恶劣。

（1）严酷的自然环境成为农牧业生产的硬约束。甘肃民族地区主要位于长江上游的白龙江流域和黄河上游及其支流洮河、渭河流域，为秦岭山脉的西延部分，青藏高原和黄土高原的交会地带。地势东低西高，海拔从东部的1500米左右上升到西部的3500米以上。张家川一带多居黄土梁峁沟壑区，地貌冲沟密集，沟梁相间，丘陵起伏不平。洮河流域及积石山、莲花山、太子山周围，包括临潭、卓尼、岷县及临夏回族自治州各县，地势自西南向东北倾斜，境内除主脉高嶙，余皆平缓成为丘陵，海拔一般在2200—2800米之间，山峰海拔都在3400米以上，最高处临夏县的达里加山4636米。因而，境内高山、草地、河流、沟道占了总土地面积的绝大部分，理想的耕地数量很少。耕地坡度大，地块小，分布零散，不适宜耕作，同时加大了水土流失。水土流失使沟道不断加宽，耕层熟土流失，地壤肥力下降。一亩陡坡耕地一般年流失水量15—30立方米，流失土量2—4吨，冲走表土层0.5厘米左右，流失土壤有机质7—8公斤，流失氮素1.5公斤。据有关部门统计，甘肃省水土流失面积占全省总面积的86%，而这些又大多集中在了民族地区。经过人们辛勤劳动熟化了的沃土大量流失，留下的却是穷山大沟和贫瘠的黄土地。正是这种状态造成了耕地资源贫乏、土地承载能力脆弱，耕地的生产力难以达到全国平均水平的现象。① 如甘南藏族自治州80%以上的耕地在海拔2500米以上，加上森林采伐过度，植被破坏严重，林线后移，生态环境恶化，高寒干旱，山洪、泥石流等破坏性灾害频繁发生；牧区枯草期长达7个月之久，牧业生产难以实现良性循环。目前，全州仍有6686户、4.01万牧民群众居无定所，占牧户总数的51.7%。玛曲、碌曲共有牧民1.07万户，5.91万人，区内大部分地方不通电，煤炭资源匮乏，燃薪严重短缺，牧民以牛羊粪为基本燃料，生态破坏严重。特别是舟曲、迭部两县过去以林木砍伐为主要

① 杨维军、李文瑞：《西部民族经济可持续发展研究》，民族出版社2008年版，第167页。

生活来源，国家实行禁伐和给大熊猫划定保护区后，当地群众正常生活基本无法保证，生活资源匮乏。

（2）气候复杂多样，自然灾害多而频繁。该区域深居内陆，具有大陆性季风和山地气候特色。光、热、水分布呈明显的带状过渡特征，地域性差异悬殊，农谚有"一眼望四季，十里不同天"之说。由东向西，降水随高度而增加。高山寒冷多雨，河谷温暖少雨，雨量时空分布极不均匀，多集中在秋季7月、8月、9月三个月。干旱、冰雹、阴雨、霜冻等灾害交错出现。高寒阴湿、干旱半干旱地区约占三分之二，十年九涝、十年九旱并存。以东乡、永靖西山片为主的干旱山区，山大沟深、沟壑纵横、土地支离破碎，年降雨不足300cm，临夏州各县以及甘南州的卓尼、临潭等县，由东北向西南，气候从温凉半湿润向寒冷湿润过渡，整个区域为高寒阴湿区，年平均气温4—6℃，无霜期100—150天，降雨量520—650毫米，日照时数2000—2400小时。临潭、卓尼县9月初、6月下旬还有霜冻，无霜期仅有75天，冻害时有发生。冰雹的危害也很大，21个县都有雹灾发生，年雹灾天数一般都在5日以上，最多的达17天。

（3）土地和气候对林牧业生产的极大约束。甘肃民族地区有林地面积占全省总林地面积的30%左右，主要集中在迭部、舟曲、卓尼等少数几个县。由于气候寒冷，造成林木生长速度缓慢，平均每亩木材蓄积量只有2.06立方米，比全国平均水平低20%。加上采伐量过大，乱砍滥伐，林地更新跟不上，使有林地面积大量减少，有些陡坡地根本无法更新，形成新的水土流失区。同时，森林属于国家所有，森工企业所有的经济收入全部上缴国家财政，对农业返还极少，对当地居民没有多少直接收益，造成了森工企业与当地农民的很多矛盾。所以林缘地带的农民常守着青山受穷，形成一种"富饶的贫困"。区域内有草地面积15240万亩，按占地面积，畜牧业应成为主导产业，但由于海拔高，积温低，热量不足，草场产草量以4—6级所占比例最大，亩产鲜草一般在100—400公斤。草场生产率低，加之长期超载过牧，致使草场退化严重，玛曲县46%的草场面积出现严重退化，临潭县退化草场达56万亩，占该县可利用草场面积的45.5%。而且，由于高寒阴湿，冷季、枯草期长，青饲期、牲畜长膘期短，掉膘期长，冬季饲草料缺乏，加之没有较好的棚圈等保温条件，使得牲畜大量掉膘甚至死亡，冬春牲畜死亡率高达15%左右，严重制约了畜牧业的发展。生态脆弱。玛曲和碌曲为长江、黄河的源头区，黄河在玛曲境内433公里水量增加45%，也是青藏高原重要湿地之一和黄河主要水源涵养区。黄河、长江源头广大牧区湿地生态系统脆弱，对人类干扰和自然灾害非常敏感。近年来，由于人类活动，特别是放牧区扩大，干扰加剧，导致水资源涵养能力急剧减退。近三分之二的天然草场出现了不同程度的退化，草地草产量较20世纪下降20%—40%。

（4）历史遗留问题。旧中国封建统治下的阶级压迫，民族歧视，对民族地区只掠夺不建设，是造成甘肃民族地区长期贫困的历史原因。在封建社会里，阶级矛盾、民族矛盾此起彼伏，民族内部阶级分化的加深和教权争夺的加剧，逐步形成了地主阶级和宗教势力相结合的制度，并伴随着激烈的教权斗争和大规模的武装冲突，广大农牧民受到深重的压迫和剥削。如甘南州历史上曾受羌、吐谷浑、吐蕃、藏、汉等势力交错影响，宗教斗争复杂，既有中原政权节制下的州、郡、县、闾里制，又有根据藏区部落互不统属或在小范围内部落联盟特点设立的州、郡、县节制下的土司、僧纲世袭制，致使广大农牧民受到多重压迫和剥削。封建统治者对少数民族极力推行民族压迫和民族歧视政策，如对回族，清朝统治阶级采取限制压抑其发展的政策，"欺回、灭回、压回"是基本方略，清政府在法律上明文规定：回民犯罪要"加等科罪"；"回杀汉者抵死，汉杀回者令偿殡葬银二十四两"。清统治阶级还挑拨民族间关系，使其互相仇杀，制造民族矛盾。这极大地阻碍和破坏了回族社会、经济的发展，致使生产停滞，人口下降，民不聊生。残酷的政治压迫使得这里的各族人民失去了做人的基本权利，不断发生起义、暴动。战争不仅破坏了生产资料，破坏了森林、草原等土壤植被，造成土地荒芜，人民流离失所，更重要的是给该地区人民造成了深重的心理创伤。贫瘠的土地，脆弱的小农经济，加上长期战乱，经济社会屡遭破坏。清朝初年甘肃遇旱，临夏等地田地荒芜，出现了"行来竟日无烟火，到处逢人哭野坟"的荒凉景象。封建统治者还将各族人民视为蛮夷，强制迁徙偏远贫瘠的地区，分散各地，来回管束，"涣其众，孤其势"。清政府将以前相对集中大片居住的回族人口分散在各地，并将富饶发达地区的回民迁移到贫瘠山区。这种强制性的迁移，使回族的商业贸易遭受破坏，并极大地泯灭了回族的经商禀赋。各族人民在这种历史背景下，与贫困结下了不解之缘。

5. 体制性因素的制约

制度规定了人们的方式和可能的行为，不好的制度是造成贫困主体权利被剥夺和受限制的根源。甘肃民族地区的贫困也同全国农村的贫困一样，从某种意义上说，是由于体制性因素所造成的，具体表现在下述几个方面：

（1）自改革开放以来，我国采取的是增长目标优先模式。按照梯度发展理论确定重点发展区域的先后次序，让东部沿海地区优先发展起来，成为中国经济的核心地带，然后通过其辐射作用分层次地逐步激活中西部的生产力，实现先富帮后富，最终达到共同富裕的目的。在这种思路的指导下，国家将有限的资金投入东部地区并辅以各种优惠政策，促进东部地区的快速发展。这一模式的运行使东部地区经济高速增长，但其增长并未产生应有的辐射作用，相反在东西部地区差距不断拉大的情况下，西部地区的大量资金、人才流向东部，各种财富在东部积累，形成了明显的"马太效应"。这使处于西部的甘肃民族地区的经济发展中本来就缺乏的资金、人才等要素更为缺乏，严重地阻碍了其经济发展。而对民族地区的原材料的低价收购政策，即国家以资源和技术经济的空间逆向梯度分布为基础，在东中西部之间建立了一种按照资源（农畜产品及采掘、能源及材料工业）—加工制造业（如粮食、棉花、羊毛、汽车、电子等加工业）进行垂直地域分工格局。致使在发达地区与民族地区之间形成了一种"产品互补"型的区际贸易关系。不发达的民族地区每年向发达地区输送大量的原毛、皮革、烟草、木材、煤炭、原油、电能、建筑材料、基础化工原料等，发达地区则把大量的机械设备和轻纺工业产品销往民族地区。这样，在不合理的比价下，民族地区受到"双重伤害"。

（2）二元社会结构是导致我国农村贫困的社会根源。首先，城乡有别的户籍制度，使中国进入了以"市民"和"农民"为最大差别的身份社会，限制了农民的迁徙自由权，限制了农民的生活空间，剥夺了农民获得提高收入和生活水平的经济机会。[①] 二元户籍制度限制了劳动力的流动，造成劳动力资源的浪费，二元的户籍制度实质上使农民失去了与城市居民平等竞争的初始条件，直接形成并固化了农村人口与城市人口的社会经济地位的不平等。在这种严格的限制下，城市的工业文明无法辐射到农村的各个角落，经济落后的农村愈益封闭，农民奋斗的激情和动力受到打击，这从深层上凝滞了发展的活力。其次，二元的劳动就业制度和二元的

---

① 董锁成：《西北比较优势与特色区域经济发展》，甘肃人民出版社 2001 年版，第 203 页。

社会保障制度，决定了城乡居民享有不同的权益，就业制度首先使城市居民的直接收入高于农村居民，而社会保障制度和社会服务制度又使城市居民的间接收入大大高于农村居民，并导致了农民缺乏躲过危机的最低保障，缺少抵抗风险的能力。再次，工农产品"剪刀差"是造成先进的城市工业和落后的农业、发达的城市和落后的农村并存的经济根源，"剪刀差"的价格体系，使农民处于严重的交换不利的地位，农民的正常再生产遭到破坏。总之，二元社会结构，阻挡了农民的自由流动，限制了农民获取收益的经济机会和改善生活的可能性，从而影响了农民的交换权利，使其处于贫困集合内或是边缘之上。

（三）甘肃民族地区反贫困的战略思考

甘肃民族地区的贫困是经济、政治、社会、文化、环境等多种因素综合作用的结果，因而不存在简单的、通用的反贫困蓝图，应根据自身的状况，依托自身的优势，拟定反映民族地方实际情况的综合反贫困战略。

1. 加强基础设施建设

以基本农田建设为中心，下功夫改善农业生产基本条件。由于多种因素的制约，甘肃民族地区解决温饱很不稳定。据有关部门调查，返贫率一般为30%—40%，有的县高达50%左右，形成一扶再扶仍然不能脱贫的局面，大大增加了扶贫的难度。返贫的根本原因在于发展农牧业生产的社会环境没有发生根本性的改变。以种植业和养殖业为主的农牧业生产是自然再生产和社会经济再生产交织在一起的系统工程，在社会环境和生产基本条件没有发生根本性变化的情况下，仅仅依靠农牧民内部生产条件的局部改变，抵御自然灾害的能力仍然十分低下，生产状况必然受制于气候因素的反复变化。"风调雨顺"时暂时解决了温饱，气候不好则返贫。实践经验证明，要稳定地解决温饱，必须改变生产的社会环境和农牧业生产的基本条件。改善农牧业生产条件及贫困人口的生存环境，大力开展生态工程和基础设施的建设，增强农牧业综合生产和抗御自然灾害能力，大搞以水利为中心的农田草牧场基本建设和以改善牲畜吃住条件为重点的畜牧业基础设施建设，实现农牧业稳定高产，并向优质高效的方面发展。要加速中低产田的改造，平整土地，修筑梯田，培肥地力，发展水浇地和旱作基本田。继续完善草场的产权制度，流转制度及管理制度，加强草原保护利用，大力建设和发展饲料地和人工草场、半人工草场，注重退化草场的修草、封育和改良。

2. 完善民族地区服务体系

对边远山区的农民提供基本的医疗保健等服务，提高人口的健康水平。我省少数民族地区也是地方病的高发区，疾病常成为贫困户和地方政府的沉重负担。婴儿死亡率高，缺医少药现象十分严重。因此，要加速贫困地区合作医疗及其医疗保险制度的建设，逐步形成县、乡、村的医疗卫生网络系统，争取对贫困村、贫困户、贫困人口的全面覆盖。采取多种形式培养县、乡、村三级卫生技术人员，并为贫困的乡村配置医疗设备，发放村级卫生员的工资补贴，为特困户的病人免费提供基本药品和医疗服务。同时，制定阶段性的以基本卫生服务为主的公共卫生计划，解决地方病防治问题、人畜饮水问题，有步骤地实施生活环境改造工程、民族卫生扶贫工程以及广泛的妇女保健计划和儿童营养计划等，最大限度地减少疾病的发病率，使贫困地区人口的健康水平得以提高。

3. 改善反贫困的人口支撑条件

文化教育事业落后，人口素质低是甘肃民族地区贫困的主要原因。随着社会的进步，经济发展对知识的依赖也越来越大，对人口素质的要求也越来越高，如果民族地区的文化教育仍处于落后状态，将会与其他地区差距越来越大，甚至形成新的文化贫困。贫困人口的素质不提高，甘肃民族地区的贫困问题就不能根本解决，特别是在市场竞争日益激烈的现实中，民族地区会因此变得更加贫困。即使暂时脱贫，也会因某种原因再次返贫，只能是"从贫困的泥淖之中爬起，旋即陷入贫困的沼泽里"。毋庸置疑，既然知识的缺乏或不足能引发贫困，那么，知识或者教育以及由此而改变的人们的态度、价值观和心理状态等也就具有一定的反贫困功能。①2001 年国家统计局对 2000 年农村贫困变动影响进行分析时发现，在各种因素中教育程度的提高对脱贫的效应最为明显。教育水平的提高是经济增长的重要原因。教育水平的提高可以促进经济增长，提高和改善贫困人口的收入水平和生活水平。首先，教育水平的提高将改变人们心理、思想、态度和行为方式，改变贫困文化所具有的负面效力。其次，教育水平的提高有利于先进技术的普及和扩展。农牧民在接受更多的基础教育后，就可以在农牧业生产过程中采用新技术，使其生产率提高，从而增加农牧民的收入。没有文化知识，没有高的素质，掌握科技知识，进行科学生产就是

---

① 高新才：《区域经济与区域发展》，人民出版社 2002 年版，第 175 页。

空中楼阁。

4. 加强贫困人口参与能力建设

经济和社会的发展首要因素是人。贫困人口的能力建设在反贫困战略中应该居首要地位。从经济角度讲，外部投入只能作为脱贫的辅助因素，贫困人口自身的能力才是根本性的决定因素。只有贫困人口参与经济活动的能力增强了，才能使他们有能力参加经济发展，从而增加他们的收入水平。贫困人口参与反贫困，首先要变贫困农户的被动接受为主动参与，从被动参与的动员型参与向主动参与的竞争型参与转变，建立贫困人口的主体意识。而这种转变的最大障碍就是贫困人口受教育水平低，健康状态差，难以参与经济活动。因此，要摆脱贫困，必须大力发展教育，提高人口素质。在参与具体生产、经营项目的过程中，既接受技术的培训，又进行管理能力的训练，使人力资源水平得到全方位的提高。农户进行自我管理，特定机构为他们提供支持和培训，既要授之以技，又要授之以能。

5. 建立稳定脱贫的技术支撑体系

科学技术是第一生产力，贫困地区社会经济的发展也必须依靠科技来支撑，要用新的思想、新的观念和新的方法组织生产和消费。首先要明确制定有利于贫困地区科技进步的政策：（1）制定民族地区吸引科技投资的政策。加大科技事业费投资，保证科技人员有从事科技开发的业务活动费用；将基本建设投资和科研专项资金作为近阶段投资重点，并在同等条件下，各种项目优先投放贫困地区。（2）制定科技成果、信息向贫困地区输入的政策。提倡向贫困地区提供科技成果或信息；省政府职能部门应定期组织科研院所、高等学校向贫困地区发布科技信息和转让科技成果。（3）制定正确的科技推广政策。主要包括：第一，建立有效的技术推广网络。应因地制宜地设置机构，努力做到面向基层、服务生产，逐步扩大服务内容和范围。第二，完善服务手段。由过去单纯用行政手段推广和全部无偿的办法，转向逐渐用经济手段，实行技术低偿或有偿服务。第三，加强推广队伍建设。应采取措施，解决基层技术人员的工资待遇等长期悬而未决的问题，激发他们的积极性。第四，鼓励农民积极采用新技术。对采用新技术的农民，从各方面提供优惠服务，通过实战，使他们亲身体会到新技术的效果。

6. 积极发展多种扶贫模式

扶贫方式决定扶贫效益。甘肃省20年的扶贫开发分为两个阶段，第一个十年以"两西"建设为主,扶贫方式采取项目管理的办法,主要是兴建水利工程等基本设施建设。这种从根本上改变生产基本条件的办法,投入集中,效益稳定,但覆盖面比较小,相当一部分项目很难直接瞄准贫困人口,对重点解决绝对贫困显得力不从心。第二个十年以"四七"扶贫攻坚计划为主,为了按期解决绝对贫困的问题,扶贫方式由项目管理转向到村到户。这种方法可以将资金直接投向贫困人口,覆盖面大,短期内使大多数绝对贫困人口都有一定变化。但在项目选择上,由于过多地考虑户户都受益的小项目,资金投入分散,减弱了基础建设等长效项目的投入,出现了解决温饱不稳定的问题。20 世纪末,甘肃省扶贫办认真总结了"两个"十年扶贫开发的经验教训,将项目管理和到村到户结合起来,探索出了一种群众参与式整村推进的扶贫方式,收到了稳定解决温饱的效果。参与式整村推进是一项综合性扶贫方式,是以村级经济、社会、文化的全面发展为目标,坚持开发和发展并举,一次规划,分步实施,突出重点,整体推进。在建设内容上,山、水、田、林、路综合治理,教育、文化、卫生、社区精神文明建设共同发展;在资金投入和扶持力量上,以政府投入为引导,以村级物质资源和劳动力资源为基础,充分调动政府各部门和社会各界力量;在扶持措施上,采用各种适宜的扶持方式和先进实用的科学技术组装配套、综合运用;在生产项目上,以市场为引导,以千家万户的生产为基础,以发展种养业为重点,以产业化建设为龙头,进行经济开发,努力增加农民收入。之所以选择整村推进的扶贫方式,一是行政村既是村民自治组织又是政权的基础,村党支部又是党的基层组织,村干部相对比较稳定,党和政府在农村的各项方针政策都要通过村来落实和体现;二是大多数村一般以一个自然流域居住,村民之间生产条件、生活习惯相近,解决温饱的路子和措施基本相同;三是解决一个村的问题,投资量适中,宜于安排。

7. 围绕主导产业开发,积极培育和发展特色产业

根据少数民族地区的特点,围绕农业主导产业,扶持一批覆盖面广、产业关联度强、比较优势明显的特色产业。依靠科技,调整种植、养殖结构,提升传统产业水平和效益,充分发挥民族地区区位以及自然的和人文的优势,大力发展特色产业和特色产品。特别是畜牧产业,在传统养殖优势的基础上,大力推广良种良禽、暖棚养殖、青贮氨化、草场围栏、草场改良等实用技术,大幅度提高产品产量和品质,逐步形成农工贸一体化、

产供销一条龙的现代畜牧产业模式，为贫困农牧民提供产前、产中、产后系列化、社会化服务。

8. 组建非政府反贫困组织扶贫，构建多元的反贫困主体

在反贫困工作中，非政府组织在制订计划和推动基层发展活力以及展开工作方面行之有效，同时，非政府组织还有许多政府机构所不具备的优势，而这些优势又是有效治理贫困所必需的。非政府组织认为，反贫困活动必须以人为基础，以人为中心，因而也更了解穷人的需要，更能恰当地提供穷人所需要的帮助。而且非政府组织的工作人员基本上都是志愿者，有着明确的工作目标和高度的工作热情，在鼓励穷人参与时表现出极大的鼓动性，他们直接接触社会的最贫困阶层，其工作更准确，更有效率，信息也能及时反馈。正是由于非政府组织具有政府所不具备的优势，从而使这支力量成为政府反贫困最重要的补充。西班牙社会合作联盟组织的成功实践，为我们提供了极好的例证。20 世纪 70 年代，西班牙政府面对大量的失业、贫困人口和日益增多的社会问题，仅靠政府财政力量已经难以得到根本解决，在这一背景下成立了巴塞罗那的卡塔兰那基金会。基金会的发起者利用人们传统的宗教信仰、社会文化中的积德信善、扶贫济弱的道德观念，通过化缘募捐、慈善捐款等方式筹集资金，于 1982 年组建了这一具有浓厚宗教色彩的社会组织。起初从教会的思想出发，宣传宗教教义，呼吁保持社会公德，号召富人帮助穷人，并用捐款从事一些慈善事业，现已逐步发展成为一个掌握众多经济实体、公益事业机构并按市场经济运作、具有完整的管理监督控制体系的社会合作联盟。今天，社会合作组织已成为节省政府财政公开开支、维护社会稳定、减少失业和缓解贫困的重要社会辅助力量，发挥着越来越重要的作用。甘肃民族地区具有建立类似西班牙社会合作联盟的先天优势。甘肃民族地区群众基本都是信教群众，无论哪种宗教，在其教义上，都倡导扶贫济弱、积德行善；而且，少数民族群众源于共同的宗教信仰、风俗习惯具有更强的凝聚力和归属感，容易形成结构上较为严紧，组织程度较高的社会组织，从而可以更好地发挥组织社会生产，进行社会动员以及进行文化传承和创新等功能。因为，社会组织结构的散漫无序，常是贫困的农村缺乏自我发展能力的一个主要致因。这样，一方面，利用信教群众扶贫济弱、积德行善的道德观念；另一方面，利用组织程度较高的社会组织，可以形成一个具有内在互动性联系的，社会整合能力较高的，自我发展的"内力"较强的反贫困社会组

织。这种社会组织将更容易把握住民族自我发展的机遇，并在与外部环境的互动关系中，有较强的控制环境的能力和吸收外部因素以及发展内在性的能力。它的合作能力、社会凝聚力、社会整合能力和组织成员的道德观念是反贫困不可缺少的动力资源，而且这一社会组织结构可以满足个人甚至群体需要组织的力量这一需求，使得个人与个人之间、个人和群体之间、群体与群体之间形成有力的合作，有效地实现与外部环境的互动以获得自我生存和发展的能力。

二 天祝县牧区生态移民问题研究

（一）天祝县县情概述

（1）地理位置和人口。天祝藏族自治县地处甘肃省中部，武威市南部；位于河西走廊和祁连山东端，东经 102°07′—103°46′，北纬 36°31′—37°55′之间，东有景泰县，西邻青海省门源、互助、乐都 3 县，南接永登县，北靠凉州区、古浪县，西北与肃南县交界。兰新铁路和 312 国道穿境而过。县城华藏寺镇东南距省城兰州 145 千米，距中川机场 80 千米，西北距武威市 135 千米。总面积 7150 平方公里，东西宽 142.6 公里，南北长 158.4 公里。下辖 9 镇、10 乡，172 个行政村。全县总人口 21.36 万人，聚居着藏、汉、土、回、蒙古等 16 个民族，其中藏族人口占 36.06%。全县有藏、汉、土、回、蒙古、满、东乡、裕固、维吾尔、苗、壮、保安、撒拉等 22 个民族，其中少数民族 82702 人，占全县总人口的 38.84%。人口密度每平方千米 30 人。①

境内地势西北高，东南低，处于青藏高原、黄土高原和内蒙古高原的交会地带，属青藏高原东北边缘，海拔在 2040—4874 米之间。地貌以山地为主，山脉纵横，沟谷交错，多崇山峻岭。位于县境中部的乌鞘岭横亘东西，是古丝绸之路的咽喉要道，河西走廊门户，也是内陆河和外流河的分水岭。河流广布，水资源丰富，分为石羊河水系（内陆）和黄河水系（外流）两大水系。地表水年径流量 10.24 亿立方米，地下水补给量 4.2亿立方米。以乌鞘岭为界，岭南属大陆性高原季风气候，岭北属温带大陆

① 《天祝县县情、天祝县发展规划》，http://www.gstianzhu.gov.cn/huarui。

性半干旱气候，年均气温 –8℃—4℃，气候带的垂直分布十分明显，小区域气候复杂多变，常有干旱、冰雹、洪涝、霜冻、风雪等自然灾害发生。

全县有耕地 31.8 万亩，草原 587 万亩，天然林地 286.9 万亩。主要农作物有小麦、油菜、豌豆、青稞、马铃薯、大麦、蔬菜等。主要畜种有白牦牛、岔口驿马、高山细毛羊、绒山羊、黄牛、犏牛、驴、骡等。主要树种有云杉、松、柏、桦、杨等乔木和柳、金露梅、沙棘、杜鹃、小檗、锦鸡儿等灌木。珍贵野生动物有雪豹、石羊、雪鸡、蓝马鸡、马鹿、麝、猞猁等。野生中药材主要有鹿茸、麝香、党参、黄芪、羌活、大黄、秦艽、冬虫夏草等。矿产资源丰富，已探明的矿石有 22 种，产矿点 134 处。有色金属矿主要有铁、锰、镍、铜、铅、锌、金、钛、稀土等；非金属矿主要有煤炭、石膏、磷、重晶石、石灰石、石英石、白云石、黏土、高岭土、油页岩等。

（2）经济发展和收入水平。天祝县委、县政府坚持以科学发展观为指导，紧紧围绕"1342"发展战略，采取得力措施，经济社会保持平稳健康发展。以发展壮大县域特色经济为主题，以统筹城乡一体化发展为重点，着力实施了生态立县、科教兴县、工业富县、草畜强县、旅游活县五大战略，集中力量打造中国民族自治第一县、世界白牦牛唯一产地、西北生态旅游避暑胜地、雪域高原绿色食品生产基地四大品牌，做大做强特色种植业、生态旅游业、特色工业、藏酒藏医药业和白牦牛为主的特色畜牧业五大特色产业，全县继续保持了政治稳定、经济发展、社会和谐、民族团结的大好局面。2009 年，全县实现生产总值 18.69 亿元，增长 10.82%（其中第一产业 2.88 亿元，第二产业 7.27 亿元，第三产业 8.54 亿元）；完成大口径财政收入 1.85 亿元，增长 39.97%。2010 年，生产总值增长 11.13%，达到 20.8 亿元；全社会固定资产投资增长 19%，达到 22.97 亿元；工业增加值增长 13.44%，达到 6.5 亿元；大口径财政收入增长 15%，达到 2.13 亿元。2011 年全县实现生产总值（GDP）28.98 亿元，增长 14.7%。其中，第一产业增加值 4.09 亿元，增长 5.29%；第二产业增加值 16.08 亿元，增长 19.5%；第三产业增加值 8.81 亿元，增长 12.5%。呈现第一产业增产、第二产业加快、第三产业渐旺格局。从主要指标完成情况看，天祝县完成规模以上工业增加值 9.52 亿元，增长 36.7%；全社会固定资产投资总额 41.77 亿元，增长 59.34%；社会消费品零售总额 13.5 亿元，增长 18.46%；大口径财政收入 41018 万元，增长

63.3%；一般预算收入 16809 万元，增长 62.99%；城镇居民人均可支配收入 12572 元，增长 18.11%；农民人均现金收入 3199 元，增长 16.2%。①

财政收入继续保持较快增长势头。2011 年地方财政收入完成 16809 万元，同比增长 62.99%；大口径财政收入完成 41018 万元，同比增长 63.30%。其中，国税系统完成收入 21303 万元，同比增长 54.22%；地税系统完成收入 17760 万元，同比增长 76.61%；财政系统完成收入 1955 万元，同比增长 60.91%。财政支出完成 17.72 亿元，同比增长 39.72%。其中，社会保障和就业支出 2.52 亿元，增长 58.99%；一般公共服务支出 1.43 亿元，同比增长 12.67%。改善民生取得重要进展。民生改善从解决广大群众最关心最直接的问题入手，加大资金投入，强化工作措施，民生保障更加有力。对"三农"投入不断加大，全年农林水事务支出 4.02 亿元，增长 50.98%。财政支出的较快增长，有效地保障了社会事业发展、各类项目建设和国计民生等重点支出的资金需求。金融存贷款不断提高。2011 年年末金融机构存款余额 35.53 亿元，同比增长 25.28%；其中，城乡居民储蓄存款 20.12 亿元，增长 18.42%；金融机构各项贷款余额 16.37 亿元，同比增长 48.41%。

（3）社会发展和城镇建设。天祝县城镇化发展和城镇体系的形成是历史长期积累和近年来迅速发展的结果。随着经济社会的不断进步，历史赋予城镇化发展新的战略任务：突出强化中心县城、积极培育打柴沟镇、炭山岭镇、石门镇、天堂镇等，加强哈溪镇、安远镇、松山镇、赛什斯镇。2011 年城镇居民人均可支配收入 12572 元，增长 18.11%。从收入构成看，工资性收入依然是城镇居民收入的主体，占人均家庭总收入的比重为 88.7%。城镇居民人均消费性支出 9218.73 元，同比增长 13.66%。从消费支出看，食品消费支出增幅居八大类消费之首，同比增长 15.45%。农民人均纯收入 3199 元，比上年增长 16.2%。其中，以劳务为主的工资性收入 1223.92 元，增长 17.73%；以畜牧、果菜为主的家庭经营收入 1752.5 元，增长 13.89%；以政策性补贴、补助和征地补偿为主的转移性收入 216.5 元，增长 25.94%。

---

① 《藏区发展政策》，http://qnjz.dzwww.com。

（二）天祝县生态移民的必要性和意义

实践证明，进行生态移民是全面贯彻落实科学发展观，统筹人与自然和谐发展，加快建设库区生态屏障带、保护和改善石羊河源头生态环境、保证石羊河源头水资源环境和水质安全的战略性措施；是坚持以人为本和构建和谐社会执政理念，调整贫困山区经济社会发展战略，实施空间转移战略，把天祝县不适宜人口居住地区以及生态环境脆弱区、敏感区的居民迁移到生产、生活条件较好的地区，解决生存条件差、环境恶劣的农牧民反贫困、走向全面小康和实现人的全面发展的根本性出路。生态移民对于解决天祝藏族自治县自然环境条件恶劣、敏感，快速提高移民区居民生活水平和生活质量，加快天祝藏族自治县城镇化的步伐，促进天祝藏族自治县移民、经济、社会、环境协调可持续发展，确保天祝藏族自治县水资源环境和水质安全，建设和谐社会有着重大的现实意义和极其深远的历史意义。

（1）严峻的生态环境问题。"十一五"期间，天祝县生态环境保护的目标是，到2010年，基本遏制生态破坏趋势，初步建立"三区"生态环境保护体系，力争使岭北内流河流域和岭南庄浪河流域上游源头区、祁连山水源涵养林区、"三峡"森林公园等重要生态功能区的生态系统和生态功能得到保护和恢复，各类矿产资源开发活动依法合理有序进行，通过生态环境保护与建设，有效遏制生态环境破坏，促进自然资源的合理、科学利用，有效维护生态环境安全，确保全县经济和社会可持续发展。到2020年，全面遏制县域生态环境恶化趋势，重要生态功能区生态环境质量得到改善，受破坏的区域生态环境系统完成重建和恢复，全县生态环境初步实现良性循环。

天祝县有天然草原及灌丛放牧林地758.4万亩。多年来，由于人口和牲畜数量的急剧增长，草场超载过牧，严重退化。目前全县天然草原退化面积达到90%以上，而且每年仍以20万亩的速度在递增。"三化"草原面积达202万亩，占天然草原总面积的34.4%。草原退化，导致植被盖度下降，牧草产量和高度降低，植物群落结构简化，优良牧草所占比重下降，毒杂草上升，草原鼠虫危害严重，牲畜冬春季节严重缺草缺料，长期处于营养不良状态，出栏率低，个体生产性能低，畜产品产量低，质量差，影响畜牧业可持续发展，制约农牧民增收。大面积的水土流失和荒漠化造成生态环境的恶性循环，整个生态环境呈现农区向牧区推进、牧区向林区推进、冰川雪线向山顶推进，森林和草原植被退化，河川径流量减少，地下水位下降，生物资源减少的趋势。严重制约着天祝县农牧业生产的发展。

（2）加快生态移民的意义。抓住国家实施石羊河流域综合治理的契机，对源头植被保护和修复区的农牧民群众，按照"政府引导、政策鼓励，先易后难、稳步推进"的原则，采取有计划、按步骤、分阶段地向县外和省外实施生态移民，以减轻人畜活动对森林资源保护的压力。由于该区域自然条件恶劣，农牧民群众祖辈深居林区，长期生活在"缺电、缺通信、缺医药，行路难、吃水难、上学难"的艰苦环境中，对区域资源的依附性强，为了生存，不断向大自然索取，致使生态条件越来越差，生计资源逐年枯竭。为了减轻生态压力，有效保护源头植被，从根本上帮助他们脱贫致富，使社会经济发展步入良性循环，必须采取生态移民措施，建立无人生态区，是造福子孙后代的长远之计。计划利用5年时间将生态植被保护和修复区的4万农牧民群众进行生态移民，使源头人口减少50%以上。

（三）天祝县生态移民的可行性条件和现状分析

（1）规划已经形成。为了彻底改善海拔2800米左右广大农牧民群众的生产生活问题，2010年，天祝县委、县政府把生态移民、产业发展与社会主义新农村建设和全县经济社会发展有机结合起来，制定了《天祝县黄草川生态移民暨易地扶贫搬迁示范园项目一期工程实施方案》，将搬迁安置区作为项目资金整合的平台，统筹协调易地扶贫搬迁、发改、农业综合开发等。省政府和县政府也把天祝县的生态移民问题作为全省、全市移民的重点，在规划中列入。

（2）上级政府的财政支持。2000年以来，天祝县一直是全省生态移民的重点县，根据统计，从2000年到2011年，全县共投入移民资金约5240万元，移民人口约3.8万人。2011年是移民集中年，全县共有10多种移民项目、投入资金7889.17万元，其中：国投资金6286.17万元，群众自筹1603万元。目前，在移民安置区已建设日光温室120座，100户住宅工程已开工建设，完成主体80户，60户具备了入住条件。据华藏寺镇项目办工作人员介绍，小区内每一座住宅占地面积均为380平方米，分前庭后院，前庭占地面积100平方米，住房建筑面积三室一厅共76.3平方米，后院占地面积203.7平方米，预留了厨房、猪圈和沼气池"三位一体"的建设用地。移民群众户均一套住宅、两座日光温室，而自己仅需自筹 8.85 万元，占总投资的 39%。

（3）地方发展的战略决策。源头农牧民群众一直沿用"靠山吃山"的生活习俗，又因经济能力有限，取暖和生活用火多来自于林区，对林区生态造成相当的压力。根据党中央国务院关于加快农村能源建设的有关指示精神和石羊河流域源头生态环境建设的需要，加快农村能源结构调整，大力发展太阳能、风能、沼气等替代性新型能源。计划在流域内推广建设沼气池 8000 座，太阳灶 8000 台，逐步在农村形成新型能源综合体系。

（四）当前天祝县生态移民面临的实际问题和原因

（1）需要移民的数量大，但省内土地资源容量有限。到 2011 年，甘肃省生活在整体环境恶劣、不适合人类居住地域的绝对贫困人口全省仍有约 100 万人，其中生活在生态位置重要、生态环境脆弱地区的 30.5 万人，就地解决这部分人口生存问题的成本已远远高于迁移的成本，必须进行跨区域移民。但省内土地资源容量有限，需移民搬迁人口与可迁居地的矛盾十分突出。黑河流域的甘州区、临泽县、高台县和金塔县等还有一定的移民潜力，但为保证内蒙古自治区居延海的生态平衡和下游用水，已实行"三不准"（不准开荒、不准移民、不准种植高耗水作物），停止了移民。酒泉市可供开发的水土资源潜力较大，但由于建设资金特别是省内配套资金严重不足，正在建设的疏勒河移民工程，建设规模压缩，移民计划由 20 万人调减到 9.6 万人。全市还有不少停办的农场和弃耕地，可以用来安置贫困地区移民，但由于资金问题，也无法开发利用。

（2）生产设施建设滞后，影响移民搬迁定居和生活生产的发展。按照甘肃省的有关规定，移民区的学校、农电、道路、卫生、农技、邮电等公益设施建设由相关部门解决，但由于资金困难，工作中很难落实，因而延长了安置周期，增加了移民定居难度，直接影响了移民的定居和生活生产的发展，移民与迁入地群众的生活水平还有较大的差距。

（3）退牧还草等项目实施的生态移民后续保障措施不确定。一是农牧民对生态移民的相关文件和精神理解还不够深，对相关移民政策有一种忧虑：就是移民后自己的农耕地、草牧场、林地等不归自己所有，将来遇到政府或者企业征用土地时补偿是否会受到影响。二是部分残疾、贫困户等特殊家庭，从实际情况来看，无法转移出去。三是现有的已经投资了十几万元盖的新房，移民时房屋拆迁补偿标准低，无法弥补盖房的成本。如果转移出去且把房屋拆迁以后，将来返乡从事一些简单的生产活动时没有居住的地方。

（4）移民区的生活条件比较差，保障制度不健全。一是部分老人的子女生活不富裕，自己又没有存款，无能力交付经济适用住房的部分房款，如果转移出去，就要负担几万元的债务。二是部分移民户没有稳定的经济来源，没有固定收入，无法供养子女上学，希望等子女毕业参加工作以后，再考虑移民。三是部分残疾户和贫困户仍然需要在就业、生活方面给予支持和帮助。

（五）做好牧区生态移民的对策和政策

（1）科学制订和完善生态移民规划。根据国务院办公厅［2010］29号文件精神、甘肃省"十二五"扶贫规划，重新规划全县生态移民。积极推进移民搬迁，解决恶劣环境人口生存问题。坚持把劳务移民作为扶贫开发的重要举措，整合易地扶贫搬迁、游牧民定居、石羊河流域生态移民和教育移民等项目，以县外移民和本县、乡镇或村内实施易地搬迁、插花移民、区域内调整相结合，加大移民搬迁和劳力输转力度。到2015年力争完成生态移民2万人。一是争取用3年时间将毛藏寺水库库区130户576名牧民全部有计划、按步骤、分阶段地在乡内就近易地搬迁安置和向县城移民安置；二是力争完成华藏寺镇黄草川易地扶贫搬迁200户1066人；三是做好《居住在海拔2800米以上的10977户44566人易地搬迁规划》；四是做好祁连乡岔山村臭牛沟顶93户，旦马乡横路村直沟组35户和炭山岭红沙湾塌陷区群众整体搬迁工作；五是做好打柴沟镇打柴沟村、炭山岭镇塔窝村、石门镇马营坡村、哈溪镇古城村、赛什斯镇大滩村，松山镇阿岗湾村、天堂镇天堂村、祁连乡祁连村、旦马乡大水村9个扶贫易地搬迁项目建设；为这部分贫困人口有计划地移居到公路沿线、中心城镇和生产生活条件较好的县内外川区，实现稳步脱贫奠定基础；六是力争实现劳务输转20万人（次）、"两后生"培训4000人、劳务技能培训10000人的目标。

（2）加强移民培训和提高就业能力。依托"两后生"培训项目，签订协议，招录输送，通过教育促进移民就业安置。按照"统一规划、集中使用、渠道不乱、用途不变"的原则，加强易地搬迁、石羊河流域生态移民、农村危旧房改造、游牧民定居、生态功能区补偿、城镇廉租房、煤矿塌陷区治理、扶贫专项、社会帮扶、水电路渠基础设施等各类项目资金整合，凡能靠得上的项目都向移民安置区倾斜，集中力量办大事。天祝县还针对不同的移民搬迁安置方式，围绕土地草原收益、低保、养老、合作医疗、住房建设、户口迁转、就医就学、就业创业、设施农业等方面出台了一系列优惠鼓励政策，消除群众顾虑，激发群众搬迁热情。

（3）搞好生态移民的组织和输出安置。根据估算，甘肃省扶贫开发中需要搬迁的贫困群众约 100 万人，而省内安置容量有限，主要分布在河西走廊和中部沿黄灌区，但该地区生态环境相对也比较脆弱，可开发利用的水土资源不足，过多安置移民必将引起新一轮的生态恶化。据计算，在保证生态环境的前提下只能安置四分之一左右的需搬迁人口，为此建议国家帮助协调解决省外（如新疆生产建设兵团）移民搬迁指标。天祝县在武威市生态立市和城乡融合发展战略推动下，为从根本上解决高海拔区农牧民群众贫困问题，加快推进移民扶贫步伐，全面打响了高深山区农牧民"下山入川"工程攻坚战。县委、县政府已经研究出台了移民工作意见、规划和安置方案，力争通过 3 年左右的努力，对全县居住在"一高五区"（2800 米以上高海拔区和库区、矿区、塌陷区、生态核心区、贫困山区）的 3 万多农牧民分期分批进行生态移民。这些目标的实现确实需要上级政府的大力支持。

（4）重视和做好生态移民移出地的保护性建设。对集中安置区、安置点，由县上统一进行水、电、路等基础设施维修和配套建设。对易地搬迁群众，户均统一规划建设 1 座以上果蔬日光温室和养殖暖棚。凡发展设施农业的移民户享受当年县上出台的特色产业扶持政策和农机具补贴政策。同时，抽调技术力量，派驻各安置点，专门负责移民群众的生产技术服务和转产就业培训。

（5）建立生态移民区生态补偿机制。建议对少数民族地区的生态移民采取更加有力的政策扶持。对搬迁到市区农林场等处移民，人均给予1.3 万元搬迁生产生活补助，5 年内按政策规定继续享受居住地草原奖励补助等政策。对搬迁到城镇的移民，县上统一安排廉租房、经济适用房，每户给予住房补助 5 万元，5 年内按政策规定继续享受原居住地退耕还林、草原奖励补助等惠农政策。对搬迁至省外的劳务移民每人给予 1600元移民补助，搬迁至县外省内的劳务移民每人给予 1200 元的移民补助。对教育移民，每个学生落实 2500 元的"两后生"培训补助。为确保移民群众发展有基础、生活有出路、致富有保障，围绕生产条件和增收产业培育，天祝县提出了"基础设施先行，产业规划跟进，社区化服务配套"的搬迁安置要求。

（6）落实好国家生态移民的各项政策。甘肃的生态环境问题与贫困问题是一个问题的两个方面，相互制约、互为因果。对生活在生态环境恶劣、生态环境脆弱和生态位置重要地区的农牧民实施移民，对于消除贫困、恢复和保护生态环境具有重要意义，建议国家加大支持力度。所以，要搞好宣传发动，营造移民氛围。加强移民开发的宣传和调研工作，积极反映扶贫工作的新情况、新问题、新特点，及时报道社会各界积极参与移民开发的成就和经验，形成全社会关注移民、支持移民、参与移民的良好氛围。稳定和加强县乡移民开发工作领导机构，加强力量配置，改善工作条件，提高人员素质，以更好地适应新时期移民开发要求。大力弘扬"领导苦抓、部门苦帮、群众苦干"的三苦精神，广泛动员各级干部和广大群众脚踏实地，埋头苦干，自力更生，开拓进取，积极投身移民事业。营造移民开发的浓厚氛围，举全社会之力抓好项目的实施。

（7）建议国家增加扶贫移民搬迁资金，设立生态移民专项资金。由于甘肃贫困人口数量大，而移民搬迁的一次性投入较大。省内迁入移民区域目前能够安置移民的工程和土地开发难度大，成本增加。据省内有关部门对不同地区、不同工程的测算，安置一个移民，需投资 6000 元左右，比十多年前将近翻一番。其中，工程建设和土地开发资金 4000 元左右，移民建房、平整土地、修路拉电及搬迁补助、公益设施建设经费等需 2000 元左右。甘肃省 21 世纪前 10 年计划移民 50 万人，仅此就需资金 30 亿元，年均 3 亿元左右，相当于全省目前的财政扶贫资金总量的 60% 多。为此建议国家增加扶贫移民搬迁资金，同时，把解决贫困与恢复生态结合起来，设立生态移民专项资金，加大生态环境脆弱和生态位置重要地区移民的步伐。

（8）多方联系新移民区和鼓励用产业移民保障生态移民。通过小城镇建设和兴办乡镇企业，引导贫困人口由山区向城镇进行自发移民。因此，要制定配套的优惠政策，利用小城镇本身基础设施好、经济发展水平较高及市场较为活跃等优势兴办乡镇企业，以宽松的体制和政策环境，引导贫困人口由山区向城镇进行自发移民，鼓励移民自由择业和创业。建议国家对自找出路、投亲靠友、自行搬迁的移民，给予一次性补贴，吸引移民中有一定自筹资金能力的能人移入城镇，转入第三产业。同时，要加大移民区公益设施建设的力度。移民区的公益设施建设是移民安居乐业的关键，由于扶贫开发资金原则上不安排此类项目，所以就在一定程度上影响了移民搬迁定居。建议加大这一方面的投入力度，社会各行各业各负其责、共同投入，努力解决移民"上学难，行路难，看病难"等实际问题，尽快帮助移民脱贫致富。

（9）采取一系列减免措施，加大对移民的扶持力度。建议免收移民的营业所得税、免收同移民相关的项目在建设期间的税费，免费落户，提供相应的免费培训与帮助；移民中的贫困户在脱贫前，仍然享受扶贫政策待遇；在校接受教育的移民子女，家庭确有困难者，免收学杂费；给移民中的困难户发放扶贫医疗卡，享受减免医疗费待遇等。通过一系列措施加大对移民的扶持力度，使移民真正实现"搬得出、稳得住、能致富"。

三 积石山县保安族经济社会发展研究

（一）积石山县保安族基本情况

保安族是我国 55 个少数民族中人口较少的民族之一，主要分布在甘肃省临夏回族自治州积石山保安族东乡族撒拉族自治县（以下简称积石山县）。据 2011 年统计，全县总人口 25.8 万人。全国有保安族人口 1.95 万人，甘肃省 1.82 万人，积石山县 1.7637 万人，占全国保安族总人口的 87.6% ，是全国唯一的保安族聚居地。[①] 在我国西部大开发的进程中保安族地区经济得到长足发展，但仍然存在较大问题，与全国经济发展的差距较为明显，因此，在新一轮西部大开发中，保安族如何抓住机遇，加快发展是值得研究的重要问题。

积石山保安族东乡族撒拉族自治县（以下简称积石山县）是 1981 年 10 月成立的甘肃省唯一的多民族自治县，是以种植业为主的农业县。积石山县位于甘肃省西南部，临夏州西北面，小积石山东麓，青藏高原与黄土高原的交会地带。东南与临夏县接壤，西与青海省循化县毗邻，北临黄河与青海省民和县隔河相望，东北部与永靖县以黄河为界。全县总面积 910 平方公里，耕地总面积 27 万多亩，西南部为高寒阴湿山区，中部为

---

① 《积石山保安族东乡族撒拉族自治县志》，甘肃文化出版社 1998 年版，第 5 页。

二阴山区，东北部为高寒干旱山区。海拔 1787—4308 米，年降水量 467—734mm，年均气温 5.2℃，全县共有 2 个镇、16 个乡、145 个行政村、1 个居委会、1296 个合作社，2000 年末总人口 22.38 万人，农业人口占总人口的 95.5%；有保安、东乡、撒拉、土、藏、回、汉、维吾尔、蒙古、羌 10 个民族，少数民族人口占总人口的 52%。①

保安族是甘肃省独有的少数民族，也是我国信仰伊斯兰教的十个民族中人口最少的民族之一。历史上，保安族被称为"保安回"，1952 年 3 月 25 日由中华人民共和国政务院正式命名为保安族。保安族有语言而无文字，原居住在今青海省同仁县保安地方，其族源可以追溯到元帝国时期。保安族在十七、十八世纪，居住隆务河两岸的保安堡、下庄及嘎萨尔等被称为"保安三庄"，与土、藏等民族为邻，亦农、亦牧、亦商，民族之间友好相处，安居乐业。后来因隆务寺宗教上层和部分土司、头人的欺压、挑唆，造成与土、藏民族之间的矛盾冲突，被迫于清同治年间迁居循化住了三年。以后又因民族矛盾与抗清斗争纷起，他们又从循化出积石峡，迁居积石山麓之东，在今积石山县的大墩、甘河滩、梅坡聚居，沿袭过去的习惯在这里也称为"保安三庄"。

（二）积石山县保安族经济社会发展的突出制约因素

保安族地区经济在近 20 年取得了快速发展，保安族社会发生了翻天覆地的变化，这集中反映了党的各项民族政策在保安族社会中的实践取得了巨大成功。但是由于自然条件、历史等诸多原因，经济发展仍存在诸多困难和问题。

1. 自然条件恶劣，农业基础脆弱

积石山县以农业经济为主，但发展农业经济的自然地理条件并不理想，积石山境内地貌主要由河谷、山地、沟壑、川台地四部分组成，80%以上的耕地为旱地、陡坡地，产量低且不稳。2007 年积石山县人均耕地 1.18 亩，2008 年人均耕地 1.17 亩。在保安族相对聚居的大河家镇"保安三庄"，大墩村人均耕地 0.88 亩；梅坡村人均耕地 0.86 亩，甘河滩村人均耕地 0.72 亩，以农业为主的保安族，要在人均不到 1 亩的耕地上大力发展农业经济，显然是非常困难的，并且保安族人均耕地不足又会引发过耕过牧现象，造成土地承载负担加重、肥力衰退、质量不高，抗御自然灾

---

① 《积石山保安族东乡族撒拉族自治县志》，甘肃文化出版社 1998 年版，第 5 页。

害的能力十分脆弱，仍未摆脱靠天吃饭的现状。因此，脆弱的农业生产系统必然导致经济增长缓慢，保安族人口脱贫难度大，返贫率高。

2. 产业发展不平衡，内部结构不合理

保安族地区经济实力不断壮大，但是内部产业结构仍然不合理，虽然第一产业的比重开始下降，但是农业基础薄弱，劳动生产率仍然低下，保安族聚居地农业以种植业为主，耕作粗放，加之自然条件恶劣，劳动生产率不高，农业产业结构不合理。在保安族第一产业结构中，主要是农业所占比重大，林业、牧业所占比重较小，尤其是林业，没有形成优势经济，在保安族聚居地，虽有一些发展前景非常好的林果业项目，如蛋皮核桃、花椒的种植，但离产业化距离较大。①

这种状况形成了保安族农业经济以粮为主、牧业为辅、品种众多、产量小、不成批量的典型的小农经济。目前在保安族地区经济发展中以工业为主的第二产业规模仍然较小，发展缓慢，工业经济的支柱作用相对薄弱。保安族聚居地的加工业主要以小建材、小腰刀厂、小皮革厂、小针织厂、小食品加工为主，产业化发展水平较低，电力、马铃薯淀粉加工、冶炼、建材和民族腰刀生产没有形成规模，龙头骨干企业少，民营经济规模小，效益不高，对当地经济发展的贡献有限，因此，保安族所在地的积石山县工业发展是非常缓慢的，以 2008 年为例，积石山民营企业共 1883 个，从业人员 10780 人，农业产值为 16228 万元，而工业产值为 6555 万元，仅为农业产值的 4.03%。② 而且，保安腰刀的生产和加工虽然很具特色，由于后来国家把腰刀列为管制刀具，使腰刀的生产及销售受到了很大的限制。这种状况也导致了保安族聚居地的工业生产结构单一，布局不合理，现有企业多数规模小、档次低、市场竞争力弱、经济效益低下，且支柱产业太少，容易产生大起大落的现象。

3. 经济发展总体水平不高

从纵向看 2000 年以来积石山县经济发展与 20 世纪八九十年代相比有了很大的飞跃，尤其是保安族聚居区的经济生活可以说是发生了质的变化。但是从横向看，积石山县的保安族经济发展与我国南部、中部的少数民族聚居县相比还有较大差距。在 2005—2008 年间，虽然积石山地区的

---

① 妥进荣：《保安族经济社会发展研究》，甘肃人民出版社 2001 年版，第 102 页。

② 《积石山保安族东乡族撒拉族自治县概况》，民族出版社 2008 年版，第 32 页。

GDP 稳步持续增长，但是经济增长的速度远不及中、南部发达地区的增速，经济发展总体水平还比较落后。2008 年积石山县国内生产总值仅为 5.23 亿元，即使是在临夏州 7 县中，积石山县也是最差的。

4. 保安族地区旅游业发展成效不明显

保安族聚居区的积石山县的第三产业在 2000 年后发展迅速，积石山县既有悠久的历史古迹又有秀美的自然风光，县境内有积石雄关、禹王庙、鲁班石等历史古迹，目前，积石山县推出"大禹治水的源头、中国彩陶王的故乡、保安族聚居的地方、生态旅游的乐园、中国花椒之乡、世界民歌（花儿）采录地"六张名片，旨在大力发展旅游业，但是外界对于这些丰富的旅游资源并不了解，更多的人还是停留在对保安族聚居地山大沟深、穷山恶水的认识层面上，认为这里根本不值得一游。究其原因，很重要的一点就是县内交通道路建设滞后，通达性不高，并且旅游宣传尚未形成合力，旅游品牌意识不强，没有引起市场的足够注意，民族地区旅游的整体形象还不够鲜明、生动、突出，很多旅游精品至今藏在深山人未识。

5. 保安族受教育程度普遍较低

保安族人口中文盲半文盲人口所占比重大，文化素质比较低，严重制约了保安族地区的经济社会发展，虽然 2011 年年底，全县适龄儿童入学率达到 98.5%，顺利通过了"两基"验收。但实际上，至少有 10% 的儿童因家庭困难而上不起学，3.5% 和 6.38% 的初中生、小学生因贫困辍学流失。

6. 保安族地区财政困难

从积石山县的财政收支来看，虽然 2005—2008 年间财政收入都稳定持续增长，但是同时财政支出增速也在加大，财政支出远远大于财政收入，财政赤字严重，例如 2005 年财政收入为 1175 万元、财政支出为 17559 万元。积石山县财政自给率低，2005 年只能达到 6.6%，2006 年为 5.6%，2007 年为 5.3%，2008 年为 4.4%，因此积石山县 90% 以上的财政支出靠上级财政补贴。

（三）积石山县保安族经济社会发展的有利条件

随着社会发展和国家政策的倾斜，虽然保安人民群众生产生活水平的提高和经济发展面临诸多困难和制约，但也有许多发展的有利条件和良好的发展机遇。

第一，国家实施西部大开发战略，对生态环境、基础设施建设、经济结构调整等方面的倾斜，以及东西部地区间的多层次、多渠道、多形式的经济技术合作与交流的进一步加强，为保安、聚居区的经济社会发展创造了极好的历史机遇。第二，国家已将22个人口较少的少数民族列入"十五"计划予以重点扶持，逐步解决人口较少民族的吃水、上学、行路、就医、住房、看电视、听广播等困难，对促进保安族、经济社会发展和群众致富奠定了发展基础。第三，保安族聚居区的蛋皮核桃、保安腰刀等地方名优特产品在全省、全国乃至阿拉伯等中东地区享有盛名，有很好的发展前景。此外，皮、毛、蚕豆、马铃薯、油菜、花椒、药材等农畜产品比较丰富，进行开发和深加工具有一定的发展潜力。第四，保安族聚居区水利、电力资源比较丰富。黄河流经总流程约40公里，水利资源理论蕴藏量达到25030.9千瓦，可开发利用水资源达7180.9千瓦，发展水电事业和水产养殖潜力较大。第五，保安族聚居区可供开发的荒滩面积比较大，并且地处黄河沿岸，气候温和、交通便利，治理荒滩，发展综合农业和特色经济潜力大，效益好。第六，保安族聚居区旅游资源独具特色。积石民俗村、吊水峡瀑布、香水坪、黄草坪天然草场、盖新坪油松风景林、积石雄关、临津古渡、安集三坪"彩陶王"遗址以及独特的民族宗教建筑、地形地貌，特别是浓郁的保安族、撒拉族民族民俗风情，形成了独特的旅游资源，开发旅游业，发展旅游产品潜力较大。第七，保安族聚居区劳动力资源比较丰富，人们善于经商，勇于吃苦。保安族和人民群众有着强烈的致富愿望和奋发图强的精神。第八，保安族聚居区的大河家集镇被国家建设部列为全国首批100个试点小城镇之一，经过近几年的建设，已初具规模，以集镇为中心的大河家开发区正在申报州级经济开发区，这些因素为促进当地经济和社会发展创造了十分有利的条件。

（四）积石山县保安族经济社会发展的思路和战略定位

民族是一种历史现象，受社会发展规律制约，随着人类社会的发展而发展。民族的发展归根结底，是物质生产和生活方式所决定的。生产力和生产关系的矛盾运动，不断引起生产方式和生活方式的变革，从而引起社会制度、社会思想、政治制度的变革，使人类社会由原始社会到如今的与社会发展适应的各种类型的民族共同体。特别是对人口较少的民族而言，它在现今的社会众多民族之中能够生存下来已付出了很大的努力。那么人口较少民族如何在当今时代经济社会、文化教育、科学技术飞速发展的情况下进一步发展，是我们值得思考和研究的一个很重要的方面。应考虑以下几个问题。

1. 以民族的共同精神文化来促进经济社会的发展

一个民族的兴衰存亡，一部民族发展史的全部过程，虽然是由物质生产方式所决定的，但是，各个方面都渗透着精神文化的巨大作用。特别是在同等物质生产条件下，不同民族的兴衰存亡，精神文化的巨大作用是显而易见的。主要是它能否顺应社会发展的需求，及时改革上层建筑领域中不适应经济基础的陈旧因素，在尊重、保留本民族传统文化的基础上，大力吸收、消化其他民族的先进文化，使本民族具有强烈的时代精神，并妥善处理同周边民族的关系，建立和睦共存的发展环境。新中国诞生后，社会主义制度的确立，为各民族共同繁荣发展创造了良好的条件，社会主义制度也是各民族共同繁荣发展的保证。新中国成立后，特别是改革开放以来，各民族不分大小，均取得了史无前例的快速发展，但是我们不难看出，各民族发展的速度是有很大差异的，有的少数民族发展速度很快，有的少数民族相对较慢，有的少数民族的发展还落后于社会发展的需求。在相同的政治、经济条件下，为什么发展速度不同，其决定因素是精神文化，是吸收、消化先进文化的能力，是顺应时代发展需求的适应性。因此，一个民族要发展必须善于继承，敢于扬弃，不断吸收新的精神文化，把其他民族的优秀文化融合到本民族精神文化中，逐步缩小与其他民族的差距，完成民族的崛起。

2. 加快思想观念转变，增强适应新环境的能力

东西部地区发展差距的加大，虽然有历史的、民族的、区域的因素，但主要是人为的因素，西部地区固守计划经济的陈旧观念，跟不上社会主义市场经济发展的需求，发展速度明显落后。东南沿海地区充分利用地理、交通、科技、设备等优势，抓住改革开放、由计划经济向市场经济转轨以及国家优惠政策的大好时机，赢得了经济建设的高速度、高效益。所以，西部地区特别是少数民族地区，要实现经济腾飞，逐步缩短同东南沿海地区和发达地区的发展差距，必须解决好观念变革问题。要抓住国家对人口较少民族的扶持政策，更新观念，一切从本地实际出发，依靠国家的政策和自己的努力，走出一条以自力更生为主，外援为辅的发展道路。

3. 增加教育投入，加大保学控辍力度

民族教育作为国家整个教育事业的组成部分，存在于各民族社会生活

和实践之中，并随着各民族社会的进步而发展，成为各民族共同发展的动力，也是传播文化，促进科学技术发展，促进社会发展的重要工具。由于社会不断发展，人类不仅需要接受前人积累起来的知识，还要不断更新知识，积累经验，才能使生产活动延续和发展。这种知识更新过程，就是受教育过程。就现今科学技术本身而言，实际上就依赖于受过教育的人去掌握和运用，才能充分发挥其最大的作用和效益。从这个意义上讲，教育又是科学技术再生产的重要手段。邓小平同志指出，"科学技术是第一生产力"，这是无可争议的，但是把科学技术转化为生产力，则必须以教育为前提。如果，科学技术还以知识形态存在，掌握在少数科学家手中，未被劳动者掌握和运用，科学知识只能是一种潜在的生产力。离开了对劳动者的培养和教育，不可能把这种潜在的生产力转化为现实的生产力。教育不仅决定着劳动者的素质，而且决定着科学技术的应用和推广程度。所以，民族地区教育的发展程度，直接影响和制约着民族地区当前和未来建设的规模、速度、水平和效益，从而关系到民族地区建设的全局和民族本身的发展进步。因此，发展民族教育不仅成为广大民族地区，而且已经成为我们整个国家实现现代化与解决当前经济问题、社会问题和民族问题有关密切关系的全局性的问题。作为国家级贫困县的积石山县，更应大力发展民族教育，把教育放在首位，把提高民族文化素质作为重大任务，达到发展地方经济的目的。

4. 不断改善环境，吸引各类人才

新世纪知识经济大潮中，以经济实力、国防实力和民族凝聚力为主要内容的综合国力的竞争，说到底就是人才和知识的竞争。一个国家如此，一个民族也如此。特别是西部地区贫穷落后，人才的地区分布失衡，严重地制约了中西部地区的发展。经济越发达的地区，政策越向人才倾斜，引进人才的力度就越大；经济越不发达的地区，则越来越远远落在后面。它所带来的结果，只能是经济发达地区的经济更发达，不发达的地区就更不发达。它的背后是人才的竞争和人才的流向。积石山县作为国家级贫困县，1988 年全县各类技术人员 174 人，不到全县总人口的 1/10000。外地人才留不住，地方人才缺乏培养，使各类人才越来越少，进一步阻碍了地方经济的发展。发达国家及地区经济发展的事实证明，"效益最高的投入是科教"。目前，在人才问题上有一种矛盾现象，一方面人才匮乏，外流现象严重；另一方面每年的大学生分配困难。出现这类问题的原因是，大学生迷恋大城市，不愿去基层，特别是不愿去民族地区。从学校来看，存在着专业设置陈旧，不适应民族地区需求等问题。并且，对学生的思想教育，正确引导人生观、价值观以及事业心等不够。因此，少数民族，特别是人口较少的民族，要使地方经济社会全面发展，需要地方政府和社会各界努力培养本地方急需的各类人才，并注重培养本民族的专业人才和本地区留得住的人才。以民族感情、地域感情留住人才，使用人才，为人才提供发挥才能的环境和条件。同时建立有效的激励机制，以充分调动各类人才的积极性和创造性，创造更具吸引力的政策环境和工作环境，使他们为民族地区和少数民族进一步发展服务。

（五）加快积石山县保安族经济社会发展的对策

积石山县是一个国家级贫困县，也是甘肃省最贫困的县份之一。积石山县要发展，就要立足县情，抓住国家西部大开发和扶持人口较少民族政策这一历史机遇，一切从实际出发，依托资源优势，发展特色经济，建成六大基地，即建成特色种植基地、畜牧养殖基地、农畜产品加工基地、民族特需用品基地、民俗风情生态旅游基地、水能资源开发基地。经过努力，力争建设经济繁荣、社会和谐、民族团结、文明开放、环境友好、风情独特、全面发展的新积石山县保安族经济。

从国家而言，西部主要是少数民族分布的地区，西部大开发战略，就是要加快少数民族和民族地区的发展，少数民族和民族地区发展起来了，对西部大开发战略的实施，对整个国家的未来，对中华民族的复兴，都将有不可估量的积极作用。国家已经把人口较少民族的发展问题列入西部大开发发展计划，积石山保安族发展外部环境和内部条件已成熟。今后一个时期，积石山县应抓好以下几个方面：

1. 加大财政投入，取消地方配套资金要求

保安族地区自然条件太差，与西北其他民族相比，也是较差的。它不像中东部农村，国家给予一定政策就可以发展起来。保安族属于我国少数民族中人口较少民族，应该加大扶持力度，甘肃省各级政府也应尽可能加大财政投入，在下达专项资金时，基础设施项目取消配套资金的要求，同时，尽量早下达资金计划，按照规划下足投资额，且加强对投资项目资金及时足额到位的监管，使工程质量不断创优，保证项目的顺利实施。

2. 加强基础设施建设, 调整产业结构, 促进经济可持续发展

（1）加快基础设施建设。

积石山县在提高县乡公路等级, 修建干线路, 改造县乡路, 延伸乡村路等方面还须加大力度, 应以"保安三庄"为改造重点, 使保安族聚居的17个乡镇道路硬化。在能源开发利用上, 应该在保安族农村挖掘利用太阳能、沼气等各类再生能源, 解决群众做饭、冬季取暖问题。在水利基础设施方面, 应该坚持"蓄水、节水、用水"相结合的路子, 加快大峡饮水灌溉工程、四堡子电力提灌扩建为重点的水利体系建设, 在解决人畜饮水的同时, 增加保安族农村水浇地面积, 增加粮食单产, 并为发展油菜、蔬菜等经济作物创造有利条件。

（2）优化农业内部结构

结合保安族地区的实际情况, 一是要提高粮食单产, 扩大冬小麦种植面积（冬小麦比春小麦单产高, 且田间管理容易）; 二是扩大油菜、马铃薯种植面积, 压缩粮食作物种植面积; 三是要逐步扩大在山坡地种植花椒林, 这在积石山县许多地方已经形成规模, 在保安族聚居区还需要加大发展; 四是以"退耕还林"、"退耕还草"为契机, 继续发展林业和畜牧养殖业, 在这方面, 保安族农村特别是"保安三庄"尚有较大潜力; 五是随着大河家镇的扩建以及紧邻青海的交通便利条件, 保安族农村应该发展蔬菜种植, 要逐渐从家庭消费走向产业化优质高效特色农业, 发展保安族适宜种植、养殖并取得较好成就的产业, 像花椒、马铃薯、双低油菜、蔬菜种植、水产养殖、牛羊养殖等。

（3）大力发展旅游业

保安族作为甘肃特有的一个少数民族, 其自身独特的魅力吸引了人们众多的目光。保安族所处的积石山县境内已探明的古文化遗址有140余处, 其独特的民族风情、优美的自然风光和众多的文物古迹, 构成了该地较为丰富的旅游资源。这种丰富的旅游资源则是保安族发展旅游业的必要条件, 所以, 应加大宣传力度, 通过开发本民族文化特色浓厚的保安腰刀、保安花儿、保安风俗、保安服饰等文化产品, 满足游人的强烈好奇心。同时还应加大基础设施建设, 改善环境条件、创造良好的旅游环境。

（4）大力发展劳务经济

外出务工一直是保安族农民近年来增加收入的主要来源。政府应该注意以下几点: 一是加强管理, 最好由政府组织、联系, 在生活上, 尤其是

在饮食上考虑给予特殊照顾（特别是东部沿海地区的公司无清真食堂）；二是维权上，依法管理协助，使打工者的合法权益得以保证；三是要由政府组织培训，使出外打工者学到实用技能，增强在劳务市场上的竞争力。

（5）全面壮大民营经济，增强经济发展活力

应以建成民营企业示范区为目标，鼓励民营资本进入基础设施、公益事业、公用设施及其他行业和领域，对其在投融资、税收、土地使用方面优先支持，搞好服务，加快速度，扩大规模，提高比例，放开形式，逐步向生产型、科技型方向转变。以建立现代企业制度为目标，健全民营经济发展机制，实现民营经济在发展领域、规模总量、水平档次上的三大突破，使其成为国民经济的主体力量、财政收入的主要来源、社会就业的主要途径、群众增收的主要渠道。全面落实民营经济示范区的各项优惠政策，建立支持引导民营经济发展的政策体系，消除民营经济发展的体制性障碍。加快政府职能转变步伐，为企业及时公布国家产业政策和投资信息，落实扶优扶强措施，重点培育扶持骨干企业。着力构建民营企业人才平台，解决人才制约。建立企业信用档案，健全担保体系，拓宽企业融资渠道。拓展招商领域，促进民营企业与县内外强势企业的经济技术交流与协作，规范市场秩序，保护民营品牌，激励民营企业家的创业积极性，让优秀民营企业家更多地参与社会政治活动，营造关心支持民营经济发展的良好社会氛围，形成民营经济发展的强大合力。同时，打造民营经济优势品牌。发展保安族特色手工业主要指保安腰刀的生产。保安腰刀是保安族传统手工业，是有民族特色的手工业刀具。从改革开放到 1995 年间保安腰刀生产曾经一度辉煌，但近几年由于保安腰刀被公安部列为管制刀具且缺乏创新，保安腰刀销路大减，生产厂家越来越少。因此，作为保安族传统工艺品，保安腰刀应从非物质文化保护角度来考虑发展生产，走兼并联合的路子，提高附加值，加快产品的升级换代，提高档次，扩大规模，逐步形成对区域经济发展起带动和支撑作用的企业群落。在保安腰刀的销售方面可建立网站，实现网络销售，拓宽销售途径。开发保安腰刀，也就是挽救保存保安族优秀的文化遗产，是促进民族特色手工业的重要举措。

（6）加快教育和科技事业发展。

加大保学控辍力度，全面打好"两基"攻坚战，努力改善办学条件，优化教育结构，合理配置教育资源。扩大九年义务教育覆盖范围。加快普通高中建设步伐，把吹麻滩中学、保安族中学建成全州示范性高中。加大

社会办学力度，重视学前教育、成人教育、继续教育、残疾人特殊教育和职业教育，提高全民受教育程度，逐步建设学习型社会。促进科技事业发展。深化科技体制改革，加快对外科技合作。建立科技派员学习制度，大力推进科技开发、技术引进、技术创新，加速科技成果向现实生产力的转化，不断提高科技在经济中的含量和贡献率。加强科技人才队伍建设，广泛深入地开展科学普及工作，提高保安族科技文化素质。大力实施"人才"战略，认真做好尊重人才、培养人才、使用人才、留住人才的工作，营造良好的人才氛围，为积石山县保安族经济社会发展提供智力支持。

3. 调整融资格局，加强与区域内、区域间的经济合作

应不断调整转变融资格局。抓住国家实施积极财政政策和推进西部大开发的政策机遇，把争取国家支持、加大信贷投资、招商引资和吸收社会民间资本与培育资本市场结合起来，加快政府和金融机构的全方位合作，在政银、银企之间构建一个联系紧密、渠道畅通、反应及时的融资信用合作平台。不断完善中小企业信用评价体系和信用担保体系，加快形成以企业为主体的多元化投融资机制。鼓励各类资本以独资、合资、入股、联营、特许经营等多种方式进行投资。规范政府投资管理，充分发挥政府资金的杠杆作用，吸引各类投资主体向基础设施、公共事业、社会事业、高新技术产业、生态环境建设、农业产业化经营等领域投资。政府垄断土地一级市场，出让部分基础设施经营权，实行贷款道路桥梁综合收费，盘活存量资产。

积石山县应以"保安三庄"为重点开发，着力培育以县城为中心，以临大公路为主线的区域经济发展新格局，促进和带动县域经济跨越式发展。同时积石山县应充分发挥区位优势，将县内优势资源与临夏、青海和藏区市场对接，力争把大河家集镇打造成为连接兰州、面向青海、面向藏区的物流配送中心、商品集散地和购物中心，建成临夏州的重要旅游节点，加快经济发展的步伐。

四 卓尼县藏区经济社会发展研究

（一）卓尼县地理位置及基本县情

卓尼县成立于 1949 年 10 月，卓尼县位于甘肃省甘南藏族自治州东南

部，东与定西市所属岷县、漳县为邻，南与迭部县相接，西与四川省若尔盖县睦邻，北与临夏州和政、康乐县及定西市渭源县接壤，卓尼县南北长期 120 公里，东西宽 87 公里，全县总面积 5419.68 平方公里，境内海拔 2000—4900 米，年均气温 4.6℃，为高寒干旱区气候，卓尼县历史悠久，风景秀丽，物产富饶，水电、旅游、矿产、畜牧及林业是全县五大优势资源。全县森林分布广，是黄河上游重要水源涵养区和水源补给区，境内各类景点多达 60 多处，集自然生态文化、藏传佛教文化、觉乃民俗文化、土司历史文化，洮砚艺术文化大成，构成独具特色的地域文化。旅游主要资源有"四沟、两峡、两点、一线"，以其多样性、原始性、神秘性著称。卓尼被誉为"藏王故里、洮砚之乡"，"雪域明珠、西部热土"。全县辖 3 镇 12 个乡 2 个办事处，总人口 10.19 万人，有藏、汉、回、土、满、苗等十多个民族，其中藏族人口占总人口的 62%。县境草场广袤，总面积为 498 万亩，生长着以禾本科和豆科为主的优质牧草 408 种，发展畜牧业条件得天独厚，由于卓尼县地质结构非常复杂，地下矿藏较为丰富，已探明的金属、非金属矿产资源有金、银、铜、铁、铅、锌、汞、大理石、石灰石、洮砚石等。全县水能资源丰富，黄河一级支流洮河流经县境 7 乡镇，长达 174 公里，大小 27 条支流呈网状分布，水域面积 30 平方公里，水能资源蕴藏量为 79.76 万千瓦，开发潜能巨大。① 卓尼历史文化底蕴十分丰厚，境内遗存着新石器时期的齐家文化、寺洼文化、马家窑文化类型的许多文物，并有多处古墓葬、古城堡、古寨堡等文化和历史悠久的藏传佛教寺院，以及绚丽多彩的藏民族风情。全国三大名砚之一的洮砚，其石料产于卓尼县洮砚乡喇嘛崖，早在唐宋时期驰名国内外。1997 年作为回归礼品馈赠给香港特别行政区，更是蜚声海内外。

近年来，全县国民经济增长迅速，工商企业效益稳步回升，人民生活明显改善，社会事业得到全面发展。"十五"期间年均增长 10%；全社会固定资产投资达 18000 万元，"十五"期间年均增长 47%；全县财政收入完成 899 万元，"十五"期间年均增长 16%；农牧民人均纯收入达 1380元，"十五"期间年均增长 5%。卓尼县坚持"发展抓项目，改革抓企业"战略，积极鼓励、支持和引导个体私营等非公有制经济发展，非公有制经济步入了健康快速发展和开放带动的快车道。卓尼县乡镇企业

---

① 《甘南州州志》，民族出版社 2011 年版，第 56 页。

2538 个，从业人员 5169 人，乡镇企业、非公有制经济实现总产值 20546 万元，增加值达到 5190 万元。①

（二）卓尼县经济和社会发展的环境

"十二五"时期，是卓尼县经济社会发展的重要战略机遇期，存在着很多的有利条件，主要是：

（1）发展机遇增多。随着经济结构的战略性调整，为培养优势产业，发展特色经济，优化产业结构创造了十分有利的条件。

（2）政策优势增强。为全面落实中央第五次西藏工作座谈会精神和省委区域发展战略，加大对少数民族地区的扶持力度，明确规定了一系列支持民族地区发展的政策措施；省、州各级政府对少数民族地区的发展越来越重视，并制定了一些加快发展的优惠扶持政策；根据县情，县上也制定了相关开放开发、招商引资的优惠政策。这些都为卓尼县"十二五"建设提供了更多的发展机遇，创造了明显的政策优势。

（3）融资渠道拓宽。近年来，国家加大基础设施和生态环境建设、企业技术改造等方面的投资力度，重视欠发达地区和少数民族地区的经济和社会事业的投入。

（4）资源优势明显。卓尼县与四川及甘肃省四州（地）10 个县市毗邻，区位优势十分明显，而且拥有水电、旅游、畜牧、矿产、森林和山野珍品五大优势资源。随着产业结构的调整和资源重组开发，区域特色产业、优势产业发展迅速，优势逐步扩大，正在全县经济社会建设中形成新的推动力。

（三）卓尼县域经济存在的问题和差距

在"十五"计划执行过程中仍然存在着一些突出的问题和困难，使得卓尼县经济和社会发展与周边及发达县市之间还有一定的差距。生态环境脆弱，发展与保护的矛盾十分突出；资源利用率低，优势效应不明显，缺乏龙头支柱产业；基础设施严重滞后，城镇化水平低，中心城镇辐射带动能力不强；社会发育程度低，基本公共服务严重不足；农牧业基础薄弱，农牧村贫困面大、程度深，改善民生的任务十分繁重；文化资源开发不足，表现形式单一，缺乏新理念、新元素，支撑发展的活力不强；宣传工作薄弱，对外形象有待进一步提升；高原有效建设期短，重大项目建设

---

① 《卓尼县志》，甘肃人民出版社 2011 年版，第 103 页。

进展缓慢；社会管理规范化程度较低，社会稳定的基础还不够牢固。主要表现在：

（1）经济总量不足，经济结构不尽合理。

经济结构相对还不合理，生产效率和综合效率低；工商企业基础差、总数少、规模小、竞争力弱；深加工企业和龙头企业相对较少，非公有制经济发展的环境仍不够宽松，发展空间和领域较窄，总量不足，发展缓慢。

（2）制约发展的一些因素仍然存在。

由于自然条件严酷和基础设施建设相对较差，交通、能源、小城镇等基础设施建设严重滞后，达不到辐射扩散效用。境内无高等级公路，物资流动全靠低等级公路支撑，且向其他县市延伸的公路较差，直接影响着县经济社会的进一步发展，严重影响着对外开放的成效。境内蕴存着丰富的水利资源，但由于电网不完善和上网电价低，制约了利用外资开发利用的水平。

（3）劳动者的文化水平较低。

2004年，全县成人识字率为62%，青壮年文盲率达38%，科技人才缺乏，科技普及推广难度大，呈现出农畜产品更新换代慢、品质差、科技含量低、农牧民收入增长缓慢。

（4）财源建设能力有限。

2008年全县财政收入为903万元，而实际支出高达13233万元，累计财政赤字2087万元，财政很难保证社会机关、事业机构正常运转资金，许多增资政策无法落实。

（四）卓尼县区域经济发展对策

"十二五"时期，是卓尼加快发展的重要战略机遇期，是深化改革开放、加快转变经济发展方式的攻坚期，也是推进跨越式发展和长治久安、全面建设小康社会的关键期。国家进一步统筹区域发展，实施扩大内需和新一轮西部大开发战略，专门制定了支持甘肃加快发展的政策性文件，卓尼县的经济发展将得到国家更多的支持。特别是中央和省委藏区工作座谈会的召开，出台了一系列支持藏区加快发展的优惠政策，更是给甘南跨越式发展带来了千载难逢的重大历史机遇。

坚持"保护优先、合理开发、节约资源、永续利用"的原则，进一步加强保护草原、森林、湿地，保护和建设高原生态环境，走经济社会发展与生态环境保护并重的可持续发展的路子。

1. 加快交通基础设施建设。

完善交通运输网络结构，使全县境内国省干线公路实现高等级化，形成"内活外畅"的县域公路网。启动实施九甸峡库区水运项目工程，建成卓尼至会川、卓尼至冶力关、卓尼至碌曲、卓尼至迭部二级公路以及麻路至麻布索那、多坝至一线天、柏林至中寨等三级公路，实现乡通柏油路、村通水泥路，提高路网通畅水平和通达深度，打破制约县域经济发展的"瓶颈"因素。

2. 启动实施新城区建设规划。

按照《卓尼县城市总体规划（2009—2025年)》、《卓尼县新城区建设性详规》，以休闲广场、新旧城区道路、供水扩建、垃圾和污水处理、集中供热改造为重点，全面实施好新城区建设规划，加快以县城为重点的小城镇化建设步伐。

3. 加强水电基础设施建设。

加强病险水库加固、城镇防洪、小流域水土流失综合治理及地质灾害防治工程建设。以保护生态环境为前提，大力发展工业企业。以洮河干流和支流梯级水电站开发为重点，建成扎古录、如吾、小族坪等水电站，实现主要水电开发区域电网互联。实施农牧村电网改造工程，实现城乡电网同步升级。

4. 加强能源供应体系建设。

大力推广沼气和太阳能等技术，实施农牧民柴薪替代工程、小水电代燃料工程和天然气管道建设工程，改造传统能源结构，形成多能互补、稳定、安全、清洁的能源供应体系。

5. 加快信息基础设施建设。

加快基础电信网络、宽带通信、网络信息安全、无线电监测系统建设，完善应急通信系统。实施国道、省道移动通信无缝隙覆盖工程和通信村村通、移动网广覆盖工程、宽带通信工程，加快新一代信息基础设施建设步伐。

6. "三镇"、"一河"、"一线"、"一寺"、"四沟"综合开发经济区。

以"三镇"（柳林镇、麻路镇、多坝镇）、"一河"（洮河）、"一线"（岷麻公路沿线）、"一寺"（禅定寺）、"四沟"（大峪沟、拉力沟、卡车沟、车巴沟）作为全县经济发展的突破口，通过加快小城镇、农牧业产业化、水电、财源建设和旅游开发步伐，经过几年的发展，全力打造成全州独具特色的经济发展带。[①]

（1）康多、勺哇、恰盖产业开发经济区。

该区是全县畜牧业基地和旅游开发区，拥有丰美的天然牧场，草场面积达98万亩，各类牲畜存栏4.8万头（匹、只），是县畜牧业主要基地。同时康多奇峡、扎尕梁草原风光、香子沟、黄间子、常爷池、藏传佛教寺院以及勺哇土族独特的服饰、婚嫁、节庆等生活风俗习惯，为发展旅游业提供了得天独厚的资源。

（2）车巴三乡牧业转型经济区。

该区是全县的主要牧区，要充分利用该区的牧业资源优势，进一步转变增长方式，强化畜牧业基础，推进农牧业产业化进程，逐步实现传统畜牧业向现代畜牧业转变。进一步加快牧区配套建设步伐，加大草原建设和"三化"草场治理力度，狠抓良种繁育和畜种改良，加快畜种和畜群结构调整，提高牲畜质量和商品率。

（3）完冒、阿子滩、申藏农牧互补经济区。

该区有肥沃的土地和天然的草场是全县实施农牧互补战略的重点区域，要力争三年至五年建成牛羊育肥、奶牛养殖、草产业三大产业基地。

（4）纳浪特色农业经济区和新洮三乡产业互补经济区。

纳浪经济区区位优势明显，交通便利，与素称中国"当归之乡"的岷县总寨毗邻，在做好中药材种植加工的同时，依靠科技着力发展特色农业；新洮三乡在全面提高藏药、中药材、油菜、优质农作物、小杂粮在种植业的比重的同时，应依托九甸峡枢纽工程，开发库区水上休闲游乐等旅游项目，走出一条优势互补、协调发展的路子。

（五）做大做强特色优势产业，不断夯实经济社会发展基础。

立足现有资源条件和产业基础，坚持科学谋划，创新发展模式，优化产业布局，培育壮大特色优势产业。大力发展高原特色生态农牧业。深入实施农牧互补战略，全力推进"一特四化"。以牦牛、藏羊专业化养殖为重点，加快推进养殖小区和联户牧场建设，扶持发展草产品、畜产品系列加工销售龙头企业，建立专业合作社，打造和培育有形市场，延伸产业链

---

① 《甘南州落实国务院支持藏区经济社会发展政策实施意见和项目建设计划》，甘南州发改委，2009年1月。

条。大力推进高原特色种植业。以推广优良品种为重点,进一步加强高产青稞、优质油菜、中药、藏药材、高原夏菜等特色种植业基地建设。在提质增效的基础上,巩固扩大以蔬菜为主的现代设施农业生产规模,开展"三位一体"循环农牧业示范。

大力发展以山野珍品、经济林果、林下种植和林产品加工等为主的富民产业,稳步推进日光温室蔬菜种植,建设蔬菜储藏保鲜库,健全销售网络,拓宽销售市场,打造高原绿色蔬菜品牌,把卓尼建成全州乃至全省重要的高原绿色蔬菜生产加工基地。

1. 认真实施农牧互补战略,加快农牧业产业化进程

按照"牧区繁育、农区育肥、农区种草、牧区补饲"的发展思路,合理调整农牧业产业布局,实现畜产品均衡供给的目标。按照全州统一规划,利用5年时间,在完冒、阿子滩、申藏三乡建成牛羊育肥、奶牛养殖、草产业农牧互补三大产业基地。五个纯牧业乡在继续完善草场承包到户的同时,加强畜牧业"五配套"建设,积极发展"六化"家庭牧场,加大畜种改良和疫病防治力度,积极推广暖棚养畜与实用技术,增强牧业发展后劲,大力发展饲草料基地,重点推广种草养畜和暖棚育肥等技术。种植业要以"两高一优"为目标,大力推广新技术和新品种,调整优化种植业结构,使粮、经、饲三元结构趋于合理。提高生产的实际经济效益,加快建立以药材、油料、豆类、马铃薯等为主的特色农业种植带,扩大良种推广面积。林区要积极开发和培育山野珍品和食用菌等特色资源,扩张山野珍品的采集,培育加工总量,提高市场占有率,探索农牧户与加工企业的联动、互动方式,扩大产业优势。林业在搞好"三产"的同时,大力发展苗木生产和苗圃建设。

2. 大力培育和发展农畜产品加工业

按照"立足草业、培育基地、形成规模、面向市场、调整结构、发展优势、依靠科技、提高品质、增加效益"的发展思路,大力发展设施农牧业、订单农牧业和环保节能型农牧业,重点围绕农牧业标准化生产和基地建设,培育壮大农畜产品加工、流通的龙头企业,加快特色农畜产品良种繁育体系建设,完善农畜产品安全体系和设施建设,积极培育各类市场中介服务组织,发挥其在技术服务、产品销售方面的作用,扩大产业化生产规模,提升产业化经营水平,推进农牧业产业化经营,大力发展特色产业和形式多样的集体经济和民营经济,支持发展以农畜产品加工为主的

乡镇企业。继续推进畜产品的精深细加工和系列加工，在生产绿色食品、有机食品和生物食品方面力求取得新突破，推动绒毛、皮革等畜副产品加工等方面取得新进展。要依靠科技，面向市场，积极引进先进技术和高新技术改造提升畜产品加工业。增加产品的科技含量，提高市场竞争力。

3. 加大招商引资力度

卓尼县加大招商引资力度，先后建成投资 100 万元以上的扎古录镇志明砖厂、卓尼县木耳镇雪域生态食品有限责任公司、卓尼县大酒店以及旅游企业大峪沟旗布寺度假村等；投资 1000 万元以上的企业有卓尼县惠达铁合金有限责任公司及俄吾多、云江狭等水电开发建设项目。崛起的非公有制经济成为卓尼县解决剩余劳动力的有效途径，同时有力推动了全县经济社会跨越式发展。

第五章　生态环境保护对策研究

一　甘肃省生态功能区建设的公共财政政策研究

（一）甘肃省生态功能区建设战略意义

生态环境、水资源属于国家重要的战略资源。战略资源是在国民经济发展中具有全局性、长期性、关键性的稀缺资源，包括前沿技术、高级人才、可耕地、水资源、能源以及生态环境等。[①] 这是制约我国经济发展的主要"瓶颈"，也是国家经济安全的主要问题。

甘肃省在我国所处的独特地理位置和甘肃地域独特的地形地貌以及特有的生态环境，对维持我国西北地区生态平衡具有重要功能，构成我国重要的生态屏障，保护着我国中部、东部地区免受风沙侵蚀，是长江、黄河重要水源涵养补给地。甘肃是生态敏感区，生态环境脆弱。因此，加强甘肃生态功能区建设对维护国家生态安全，防风固沙，防止北方沙尘暴，防止和治理土地沙漠化，具有不可替代的重要作用。祁连山生态功能区是河西内陆河三大流域的水源涵养地，建设保护好祁连山生态林区，关系到河西地区五百万人口的生存、安定和发展。河西地区是我国重要的有色金属基地、新能源基地、现代特色农业制种基地和航天基地，在我国经济建设、国防建设中具有不可替代的重要地位，生态建设直接关系这些基地的生存和发展。我国是一个严重缺水的国家，增强长江、黄河上游水涵养功能，提高长江、黄河上游水补给，对长江、黄河中下游地区经济社会发展，具有重要作用。保护好、建设好甘肃生态功能区，充分发挥甘肃生态

[①]　陈宜瑜：《中国气候与环境演变》，科学出版社 2005 年版，第 11 页。

功能区的作用，对我国经济社会持续稳定发展，具有重大战略意义。

1. 甘肃省所处独特的地理位置和气候条件

甘肃地处黄土高原、内蒙古高原和青藏高原的交界处，其西北面临巴丹吉林沙漠、腾格里沙漠、库姆塔格沙漠。位居我国东部季风区、西部干旱区和青藏高原区三大自然区交会处。地形狭长，地貌复杂，山脉纵横交错，高程相差悬殊，属山地型高原地貌。甘肃省地形复杂，气候变化异常，气象灾害十分频繁，属气候变化敏感区和生态环境脆弱区。甘肃独特的地理位置和特殊的气象环境，对周边环境乃至我国西部、中部生态环境有重要影响。甘肃的祁连山自然保护区，甘南、陇南长江、黄河上游水源涵养地，小陇山、子午岭自然保护区等区域具有重要的生态功能。

2. 甘肃重要生态功能区概况

（1）甘南黄河重要水源补给生态功能区。该区是黄河上游重要的水源补给地区，每年向黄河补水 65.9 亿立方米，占黄河总径流量的 11.4%，加上若尔盖高原来水，使黄河在流经甘南后径流量增加 108.1 亿立方米，占黄河源区总径流量的 58.7%，占黄河年均径流量的 18.6%。国内有关专家指出，黄河发源于青海三江源，但成河在甘南高原。甘南高原作为黄河重要的水源补给区和黄河、长江的河源区、"中华水塔"的重要组成部分，在维系黄河水源涵养及补给，实现整个黄河流域安全和经济社会可持续发展方面具有不可替代的作用。[①]

（2）祁连山冰川与水源涵养生态保护区。该区是维系甘肃河西走廊和西部地区周边省份绿洲的水源基础，全部冰川储量相当于比两个三峡还要多的蓄水量，产生的地表水和冰雪融水每年为石羊河、黑河和疏勒河三大内陆河水系提供约 70 亿立方米的径流量，对于保护下游绿洲、遏制我国北部腾格里沙漠和巴丹吉林沙漠两大沙漠侵蚀，以及对于西北、华北的生态安全都有着重要作用。

3. 甘肃省生态环境面临的严峻现实

我国是一个沙漠和沙漠化土地分布范围较广的国家，目前全国仍有荒漠化土地 263.6 万平方公里。土地沙化是我国最严重的生态问题之一，也是当前生态建设的重点和难点。甘肃是我国土地沙化最严重的省份之一，

---

① 张宗耀、张博：《近半个世纪以来祁连山区气温与降水变化的时空特征分析》，《干旱区资源与环境》2009 年第 4 期。

森林覆盖率低，土地沙化面积大，沙漠化危害严重，生态环境脆弱。甘肃省现有沙化土地 1203.46 万公顷，占全省面积的 28.26%。400 多万公顷具备治理条件的沙化土地至少需要几十年才能完成治理。还有 258 万公顷的土地介于沙化与非沙化之间，沙化趋势明显。气候变化加之过度开发利用，使甘肃省草原退化，沙漠化及荒漠化现象更加严重，还将对全省湿地等生态脆弱区的生态保护与修复带来不利影响。风沙肆虐，沙漠化扩延，土地生产力减退，不仅直接影响当地人们生活和社会经济发展。而且沙尘暴已经影响到我国中东部广大地区的生态安全。

甘南黄河重要水源补给区的生态环境出现加剧恶化的趋势。甘南境内 90% 左右的草地出现了不同程度的"三化"现象（草地沙化、退化、荒漠化），玛曲县黄河沿岸已出现沙化草场 80 多万亩，形成了长达 220 公里的流动沙丘带，且以每年 10.8% 的速度扩展，沙化影响面积已达 300 万亩以上，草原生产能力大幅度下降；森林由于过度采伐，覆盖率由解放初期的 48% 下降到目前的 19.9%，区域水资源涵养功能大幅度减退；水土流失面积由 20 世纪 80 年代的 0.8 万平方公里扩大到目前的 1.18 万平方公里，大量泥沙流入黄河，下游河床增高十分严重；湿地面积由 20 世纪 80 年代初的 42.7 万公顷锐减到目前的 17.5 万公顷，黄河玛曲段水源补给量由原来的 58.7% 减少到 45%，洮河径流量减少了 14%，大夏河径流量减少了 31%。① 与此同时，祁连山水源涵养林消退、北部沙漠边缘地区的土地沙化等问题也十分严重。据有关专家分析，生态恶化的重要原因之一是人类活动增多、草原超载过牧和农业垦荒过度形成的。也就是说，这些地区的人口负荷超过了生态环境的承载能力，导致生态环境恶化。

总体来说，甘肃国土面积广阔、生态地位重要，但自然条件严酷、生态环境脆弱；地处交通要冲，区位优势明显，但基础设施薄弱、"瓶颈"制约严重；资源相对富集、工业基础较好，但产业竞争力不强、自我发展能力不足；人力资源丰富、技术力量较强，但社会事业落后、贫困问题突出；历史文化厚重、发展潜力巨大，但体制机制不活、开放程度较低。甘肃面临的经济社会发展严重滞后、与东部沿海地区发展差距不断加大的问题，将进一步加大甘肃生态环境的压力，生态环境建设是甘肃省经济社会

---

① 蓝永超、丁永建、沈永平：《河西内陆河流域出山径流对气候转型的响应》，《冰川冻土》2007 年第 2 期。

发展必须破解的难题之一，进行生态功能区建设是破解这一难题的一种有益探索。

4. 国家对甘肃生态建设的战略定位

甘肃位于西北地区的中心地带，是黄河、长江的重要水源涵养区，是多民族交会融合地区，是中原联系新疆、青海、宁夏、内蒙古的桥梁和纽带，对保障国家生态安全、促进西北地区民族团结、繁荣发展和边疆稳固，具有不可替代的重要作用。甘肃面积广阔、生态地位重要，但自然条件严酷、生态环境脆弱。支持甘肃经济社会发展事关实施西部大开发战略全局，是构建西北地区生态屏障、促进可持续发展的客观需要；是维护大局稳定、保障国家安全的战略举措；是缩小区域发展差距、实现全面建设小康社会目标的必然要求。搞好甘肃省生态建设事关全国生态保护大局，关系我国可持续发展战略。虽然甘肃经济社会发展严重滞后，但是绝不能影响和破坏甘肃的生态功能建设，我们必须高度重视，加大投入，实现生态功能区的维护、稳定和改善，绝不能让生态灾难在我们这一辈人中重演。

（二）甘肃生态功能区建设和保护的基本问题

1. 生态功能区建设的思路

按照"功能定位，合理布局，组团发展，整体推进"的原则，重点打造一批生态区域功能团组。建立祁连山等生态补偿区，实行强制性保护，建立生态补偿机制。建立武威、张掖、河西走廊绿色经济区，着力加强防沙治沙，大力发展新能源和生态农业。建立陇南、甘南长江、黄河湿地水源涵养功能保护区，禁止林木和矿产资源开发活动，恢复和稳定水源涵养功能。

实施以节水和治沙为重点的生态安全战略。建立健全水资源管理体制，全面推进节水型社会建设。加强重点地区生态建设与环境保护，加快实施生态补偿，加大对生态功能区转移支付。继续推进甘肃省重点风沙区生态环境综合治理工程项目区后续治理，巩固和扩大治理成果，继续以建设林草生态为主，配合农牧、水利等综合措施，在保护现有植被的前提下，植树造林，防风固沙。同时，对项目区现有耕地进行结构调整，种植节水型经济林草。不开荒、不打井、不新增用水量，将现有耕地结余出的水用于生态建设，逐步恢复自然植被和增加人工植被，因地制宜扩大林草面积，改善生态环境。

实施以改善民生为重点的社会发展战略。以甘南藏族自治州、临夏回族自治州、定西市、陇南市为重点，大力推进扶贫开发，把扶贫开发和生态保护结合起来，加快脱贫致富步伐，大幅度提高基本公共服务水平。

发展特色农林特产品生产与加工，发展旅游服务业、第三产业，实现产业结构调整和产品结构转型。扩大就业，为群众创造致富途径。

在区域开发建设中，把生态功能作为区域开发的首要评价条件，也就是环境生态功能评价。生态功能区域评价着眼于开发建设项目对当地生态环境的长期影响，涵盖周边广大区域。生态功能区域的开发活动包括已有的生产经营活动和生活活动都要服从于区域生态功能的要求，要朝着有利于生态功能充分发挥的方面发展。限制一切不利于生态功能的开发行为，禁止一切破坏生态功能的行为，鼓励有利于生态功能恢复的行为。

2. 生态功能区建设的重点

生态功能区建设的重点是正确处理好生态功能区域内人与自然环境的关系。在自然界，形成了一个个生物圈，生物圈内的动物、植物和水、温度、气候、土地、矿物等相互作用，相互依存，达到平衡。它们是有生命的，也是发展变化的。其中人是最积极、最活跃的因素，伴随着科学技术的应用和发展，人的行为对环境影响日益增大，甚至是决定性的。

生态功能区的建设要体现以人为本的理念。生态建设是为了人类长期的繁衍生息，创造宜居宜生的环境条件。生态环境建设必须着眼于大处，从一个地区、一个省到整个国家，而行于细微之处。

甘肃生态功能区建设的区位重点是保证全国生态屏障功能。甘南、陇南是黄河、长江的重要水源涵养区，是我国重要的高原生态屏障，黑河、疏勒河、石羊河三大内陆河是维系河西走廊绿洲及其下游地区的生命之河，生态地位极其重要。西北沙漠化的遏制、黄河和长江上游地区水源涵养林的保护、黄土高原和青藏高原水土流失的治理、内陆河流域生态环境的恢复和保护等，大部分的工程项目多需要在甘肃境内实施。甘肃的生态环境得到重大改善，就能够对全国的大范围区域发挥屏障功能，使之少受沙化、水土流失、干旱、洪涝等灾害侵袭。

3. 生态功能区建设的方式

采取建立自然保护区和实施甘肃重点风沙区生态环境综合治理项目的方式进行生态建设、恢复和保护。通过划定保护区或综合治理项目区，统一制定区域规划，制定专门政策措施，实施封山育林、退耕还林，退牧还草、植树造林、工程治沙、天然沙生植被封育、推广节水灌溉技术、调整种植结构等综合措施，增加项目区林草植被，治理沙漠化土地，有效遏制沙漠化蔓延和沙漠化土地扩张，改善项目区生态环境，实现区域生态经济可持续发展。

（1）建立自然保护区。

截至 2007 年，全省建立各种类型自然保护区 57 个，自然保护区面积达 995.62 万公顷，占全省面积的 22%，并建成生态功能保护区 2 个，生态功能保护区面积达 521.9 万公顷，占全省国土的 11.5%。

（2）实施重点风沙区生态环境综合治理工程项目。

该项目区位于河西走廊北部的腾格里、巴丹吉林、库姆塔格三大沙漠南缘，东起武威市古浪县，西至酒泉市瓜州县，呈条带状分布于千余公里的风沙线上。涉及嘉峪关、酒泉、张掖、金昌、武威 5 市 14 个县区 34 个农林场和省农垦集团总公司 8 个国有农场。主体工程治理荒漠化土地 129949 公顷。其中营造生态公益林 23603 公顷，经济林草 15196 公顷，封沙（滩）育林（草）86285 公顷，工程治沙（沙障）4867 公顷。

（3）发展林下优势特色产业，转变传统生产生活方式。

全省重要生态功能区地处偏僻的深山老林或沙漠戈壁边缘，人口以少数民族为主，经济文化落后，生产方式原始，以游牧为主，兼有耕作农业。生活用薪以林木或草根为主，对生态破坏严重。为保护生态环境，必须引入现代科技，转变传统生产生活方式，推广新型种植养殖技术，发展新型产业，倡导和推广利用太阳能、电能等新型生活方式，停止对生态环境的破坏。

4. 生态功能区建设的投入保障机制

生态功能区建设维护管理和发展需要长期稳定的投入机制。现行的生态功能区建设管理体制机制是设立国家级、省级自然生态保护区，成立管理委员会，全面负责生态保护区的建设管理和维护，其财务收支实行财政定额补贴制度，纳入同级财政预算，保护区的投入由财政作保障。同时保护区内及周边有大量自然村落和群众属于当地政府管理。当地群众开发利用保护区林木资源生活生存，与保护区限制和禁止开发政策发生冲突。为此，应建立保护区群众社会保障制度，解决周边群众的基本生活问题，并提供基本公共服务，解决当地群众的上学就医问题。为此应将保护区周边乡镇的社会保障纳入生态保护区财政专项补贴范围。按照基本公共服务均等化的标准，由上级财政补足县乡基本财力，并落实到户。从而形成生态保护区投入的稳定的财政保障机制。

5. 生态功能区转型发展

生态功能区转型发展是指生态功能区的经济社会发展不再靠林木砍伐和草原放牧为主的生产方式，破坏生态功能，转变为依托林木和草地资源，发展旅游观光、民俗文化观光、林下特色产业为主的生产经营方式。转型发展首先是对资源利用观念的转变。过去林区是将森林砍伐变为木材出售，是掠夺性、不可持续的经济发展，'对生态环境造成严重破坏。过去牧民为了增加经济收入，过度放牧，造成草地严重退化，同样是不可持续的经济行为。现在要将森林草地作为生态资源、景观资源加以利用。转变传统生产生活方式为现代生产生活方式，提高生态功能区人民群众文化素质和精神文明水平，生态功能区经济转型发展，达到生态文明和经济发展和谐同步。生态功能区建设是责任和贡献，同样也是一种机遇和产业，是功能区经济结构调整的具体体现。发挥功能区人民群众的智慧和首创精神，充分利用现代科技手段，增加对功能区转型发展的投入，发展新型产业。全社会要为生态功能区实行经济结构的成功转型创造一切积极条件。

（三）利用区域公共财政政策，协调全省生态保护区的财政政策

鉴于甘肃省生态建设保护的严峻形势和甘肃省财政能力状况，充分利用国家区域财政政策，配套和完善全省生态建设保护的财政政策措施，建立全省生态保护的长效机制，实现生态环境的持续好转，充分发挥甘肃作为我国西部生态屏障的功能。

1. 实行分级管理的生态功能区建设保护政策，明确各级生态功能区建设保护主体责任

根据各生态功能区的所处区域位置、面积大小和重要性，将生态功能区划分为国家级、省级、市（州）级和县（区）级四个级次，各级次的生态功能区建设保护责任由同级政府负责，生态功能区建设的资金纳入同级政府财政预算给予保障。各地方生态功能区建设要纳入地方政府财政预算，对于财政困难的地方政府，在转移支付中要将生态功能区建设资金作为一个因素加以考虑。

2. 公共财政政策要积极支持生态移民

为了解决生态功能区人口与资源承载力之间的矛盾，支持生态功能区建设，创造生态功能区建设良好外部环境，应进行生态移民，以减轻生态

功能区人口压力。甘肃省生态功能区基本上都是贫困地区，群众脱贫致富的压力大。利用转移支付政策将生态移民和扶贫移民结合起来推进，从根本上解决生态功能区建设和群众脱贫致富的问题，形成良性循环机制。财政要将生态移民转移支付的重点放在移入地的财政补助上，鼓励和支持接受生态移民的地方政府发展经济，扩大就业，开发资源，增强经济实力。使移民迁得出、住得下、能致富，保障移民的基本公共服务和生产生活问题，同时能够为接受移民的地方经济社会发展增添活力。

3. 通过公共财政政策的实施，保障生活在生态功能区内群众的基本公共服务

按照基本公共服务均等化的公共财政政策，各级财政要保障为生态功能区的群众提供基本公共服务，本级财政能力不足的要通过财政转移支付解决，为生态功能区提供良好的社会环境。

4. 要利用公共财政政策，支持生态功能区产业结构调整，增强生态功能区自生能力

合理开发生态功能区资源潜力，大力发展旅游业、服务业、第三产业和林下产业，人与自然和谐相处。

5. 调整生态功能区税收政策，促进生态功能区产品结构和产业结构调整

对生态功能区主要林畜产品开征资源税，减少市场对生态功能区主要林畜产品的依赖和需求。减免生态功能区新兴产品产业的税收，吸引社会资金投入，扩大就业，促进生态功能区经济社会绿色发展。

（四）发挥公共财政职能，探索建立生态补偿机制

充分发挥财政调节社会收入分配的职能，以政府性基金的方式筹集社会资金，加大财政投入，解决生态功能区建设保护的财力来源；鉴于甘肃生态建设在全国所处的重要地位，争取中央财政统筹设立对甘肃境内生态功能区建设的资金，把生态功能区建设规划与财政投入机制有机结合起来，建立生态功能区建设保护的财政投入长效机制。

生态功能区建设是公益事业，其产出是公共产品。生态功能区的建设不能采取市场竞争的方式，而必须由政府主导，除了利用公共财政政策，解决生态功能区财政能力不足的问题，还可以按照公共服务有偿补偿的原则，通过向直接受益对象征收政府性生态基金的方式，为生态功能区筹集建设维护发展资金。把管理和利用结合起来，一方面建立长期稳定的生态

功能区投入机制，为生态功能区筹集稳定的资金，维护生态功能区的可持续发展。另一方面，促进生态效益受益各个主体，更加合理节约地使用公共资源和产品，比如林草资源、水资源、碳排放、野生动植物资源、畜牧产品等。

生态效益的受益者，除了一些直接受益者外，应该是整个人类，而不只限于某一个区域或某个国家，这是由于生态效益的外溢性决定的。因此生态补偿基金可以通过适当的载体向社会各方面普遍征收。比如通过在电费中附加征收。电能的生产，无论是煤电还是水电的生产，都与环境有关。煤电生产中排放的二氧化碳等烟气，需要森林吸收降解。水电生产要利用江河的水流，需要生态功能区涵养水源。而人们生产生活中消费的各种产品的生产都需要消耗电力。因此电费是附加征收生态建设基金的一个理想载体，简便可行。

在河西地区可以直接以水费为载体附加征收祁连山水涵养生态建设基金。一方面解决祁连山水涵养生态保护的补偿资金；另一方面促进水资源的节约合理利用，提高水资源的使用效益。

二　甘南黄河重要水源补给区生态保护情况及对策

（一）甘南黄河水资源概况

甘南黄河重要水源补给生态功能区，按流域四级区划分法，分为河源至玛曲、玛曲至龙羊峡、大夏河、洮河四个流域分区。根据有关资料显示，利用1956—2010年以来的水资源总量系列，对各流域分区水资源变化趋势进行分析，结果表明，各分区在20世纪60年代中后期出现高峰值后，就一直波动下降。各分区规律基本一致，即水资源供给总量均呈衰减趋势。其中，洮河衰减幅度最大，黄河干流河源至玛曲段和大夏河衰减幅度相对较小，1956年以后该项目区水资源总量呈衰减趋势。

甘南黄河重要水源补给生态功能区1956—2010年55年平均水资源总量为65.9745亿 m^3，占全州水资源总量91.0652亿 m^3（1956—2000年）的72.4%，年均产水模数21.5万 m^3/km^2。其中，地表水资源量65.8614亿 m^3，占水资源总量的99.8%；地下水降水入渗净补给量0.1131亿 m^3（山丘区降水入渗补给量 28.4413 亿 m^3，所形成的河川基流量 28.3282 亿 m^3），占水资源总量的 0.2%。河源至玛曲地表水资源总量为 17.2285 亿 m^3，占该区水资源总量的 26.1%；玛曲至龙羊峡为 8.0868 亿 m^3，占 12.3%；洮河为 36.1161 亿 m^3，占 54.7%；大夏河为 4.5431 亿 m^3，占 6.9%。根据有关数据显示，该项目区产水模数远高于黄河流域 7.7 万 m^3/km^2 和甘肃省 6.72 万 m^3/km^2 的平均水平，水资源较为丰富。

（二）实施甘南黄河重要水源补给区生态问题分析

国家和甘肃省对甘南黄河重要水源补给生态功能区的生态问题一直很关注，除了批准建立尕海—则岔国家级自然保护区和黄河首曲、洮河省级自然保护区外，还不断投资加强其生态建设，特别是 1998 年国家实施西部大开发战略以来，先后投资 4.6 亿元，在甘南州实施了一系列重要生态保护与建设项目。如已完成的生态环境建设综合治理、天然草原植被恢复与建设等项目，目前仍在实施的天然林资源保护、退耕还林、退牧还草、以工代赈、易地搬迁等项目。这些项目的实施，缓解了人为因素对生态环境的破坏，促进了草原、森林资源的恢复保护和合理利用，使得局部地区的生态环境恶化趋势有所缓解。但由于历史欠账太多，人口压力又大，加之该区经济落后、财政困难，国家投入十分有限等原因，生态环境整体恶化的趋势仍未得到根本遏制。因此，改变当地生态环境恶化的局面，任务仍十分艰巨。生态环境仍在继续恶化的主要表现是：

1. 草原退化及鼠害现象严重，生产能力大幅下降

主要表现在：一是植被退化严重，草原生产能力大幅降低。甘南黄河重要水源补给生态功能区有草原面积 236.1 万公顷，其中可利用草原面积 221.5 公顷。目前，有 80% 以上的天然草原出现不同程度的退化，其中重度退化面积高达 34.1%。与正常亚高山草甸草原的产草量相比，该区重度退化草原产草量下降 75% 以上，中度退化和轻度退化草原产草量分别下降 42% 和 20%。由此造成牲畜长期营养不足，生长发育不好，导致个体变小，体重下降；加之气候高寒，枯草季节长达 7—8 个月，使牲畜在漫长的枯草季节大量掉膘乃至死亡，从而造成牲畜个体质量和生产力下降，畜牧业效益低下。而农牧民为了维持基本生活需要和增加收入，不断多养牲畜，大量超载放牧，进一步加剧草原植被的退化，结果逐步陷入生态环境不断恶化的恶性循环中。二是土地沙化严重。国家分别在 1994 年、1999 年、2004 年完成的三次荒漠化和沙化监测中，都明确指出该项目区

的玛曲县是我国沙化土地发展速度最快的敏感地区之一。玛曲境内黄河沿岸的沙化线不断向纵深扩展，已出现沙化草原（黑土滩）18.0万公顷，大型沙化点有36处，形成了220千米长的流动沙丘带，且以每年3.9%的速度扩展，受沙化影响的草原面积已达20万公顷以上。三是草原鼠害非常严重。据甘南州畜牧局统计，2011年甘南黄河重要水源补给生态功能区的鼠害面积已达128.6万公顷，为可利用草原总面积的50.12%，其中严重鼠害面积达104.8万公顷，占鼠害总面积的81.5%。每年因鼠害而损失的牧草达4.8亿千克，约等于23万个羊单位。①严重的鼠害，破坏了草原，影响了畜牧业的健康发展，直接危及黄河上游天然草原的生态平衡。

2. 湿地面积锐减，"黄河之肾"面临衰竭

20世纪80年代初，该项目区的湿地面积为42.7万公顷，而目前保持原貌的湿地仅有17.5万公顷，其他大都干涸；干旱缺水草原已扩大到44.7万公顷，占该区可利用草原面积的17.4%。被誉为"黄河蓄水池"的玛曲湿地的干涸面积已高达10.2万公顷，原有6.6万公顷沼泽湿地已缩小到不足2.0万公顷。玛曲县南部的"乔科曼日玛"湿地，面积曾达10.7万公顷，与四川若尔盖湿地连成一片，构成了黄河上游水源最主要的补充地。但自1997年以来，沼泽逐年干涸，湿地面积不断缩小。由此导致生态功能降低，水源涵养和补给能力减弱。

3. 水源涵养能力普遍降低，河流补给量急剧减少

天然草原退化、湿地萎缩和林地面积的减少导致植被涵养水源功能降低，地表水和地下水位不断下降，不少江河支流断流或成为季节河。玛曲县境内28条黄河支流，已有11条干涸，还有不少成为季节性河流，数百个湖泊水位明显下降，造成地表径流和土壤含水量锐减。碌曲县的尕海湖，素有"高原水塔"之称，是洮河的重要水源地，近年来却连创枯水历史的最高纪录，曾4次干涸见底。水量锐减的河流还有大夏河，位于夏河县桑科乡西面的吉合浪塘，原是大夏河的源头，现已成为无水之源，造成河道缩短3千米。据水文资料，20世纪90年代以来，玛曲段补给黄河的水量减少了25.3%，洮河径流量减少了27.0%，大夏河减少了11.8%。

4. 植被覆盖度大幅下降，生物多样性减少

历史上，该项目区的草原植被覆盖度曾达到85%—100%，物种饱和

---

① 《甘南黄河重要水源补给生态功能区生态保护与建设规划（2006—2020）》，2007年5月。

度为 29.1 种/m^2。目前，中度退化的草原植被覆盖度已下降到 45%—65%，物种饱和度也下降到 22 种/m^2；重度退化的草原植被覆盖度小于 45%，物种饱和度仅为 8.7 种/m^2。目前，约有 75 种植物物种濒临灭绝，高寒灌木近 20 年减少 50%，以森林为栖息地的野生动物也在不断减少。

5. 水土流失严重导致部分居民饮水困难，生态难民增多

随着雪线上升、湖泊萎缩、地下水下降、湿地退化，一方面导致地表水径流减少，一些居民点（包括一些城镇）水资源紧张，有的甚至到了"守着源头没水喝"的尴尬境地。另一方面由于植被减少，水土流失加剧，洪涝、干旱和泥石流等自然灾害频发。在传统畜牧业生产方式下，逐步形成"人口增加→生活困难→扩大养畜量→草原退化→生活更困难→再扩大养畜量→草原进一步退化"的恶性循环，造成部分生态脆弱区草原严重退化。在水源严重缺乏地区、地质灾害严重地区和草原严重沙化地区，一部分牧民甚至沦为生态难民，迁往他方。

（三）实施该项目的战略价值

1. 黄河上游重要的水源补给区

水是生命之源，也是人类文明之源。黄河流域的文明之所以能兴盛、延续和发展，原因之一就是有稳定的水源补给。甘南项目区正是黄河水源的重要补给区。

黄河干流全长约 5400km，流经 9 省 98 个县，流域面积达 75.24 万 km^2。其中，甘南黄河重要水源补给生态功能区，由于其独特的地理环境和特殊的气候条件，使其成为全流域的补给峰值区域之一，产水模数高达 21.5 万 m^3/km^2，远高于黄河流域 7.7 万 m^3/km^2 的平均水平，从而以占黄河流域 4% 的面积补给了黄河总径流量的 11.4%，使气候高寒、远离海洋的内陆地区为黄河补给了大量水资源。

有关研究表明，黄河源头青海玛多段多年平均补给量为 6.99 亿 m^3，仅占河源区径流量的 3.8%。近十多年来，源头地区已多次出现断流现象。黄河吉迈（38.9 亿 m^3）至玛曲（147.0 亿 m^3）段径流量的增加高达 108.1 亿 m^3，占黄河源区总径流量 184.1 亿 m^3 的 58.7%。可以说，黄河发源于青海巴颜喀拉山，经过吉迈至玛曲段的水量补给，才形成大河。

2. 重要的水土保持功能

该项目区地处青藏高原东部边缘，海拔从 4806 米下降到不足 2000 米，落差较大，其水土流失的潜在威胁大。但由于区域内草原、森林等植

被的涵水固土作用，形成了很强的水土保持功能，使该项目区的黄河输沙量较少。黄河玛曲以上河段，土壤侵蚀模数仅 45.8 吨/平方公里，玛曲站实测历年最大含沙量 2.15 千米/立方米，平均输沙量 125 千克/秒，年输沙量 395 万吨。而兰州站年径流量相当于玛曲站的 2.35 倍，但历年最大含沙量却高达 329 千克/立方米，相当于玛曲站的 153 倍，多年平均输沙量为 1.13 亿吨，为玛曲站的 28.6 倍。

3. 高海拔地区生物多样性重点保护地区

该项目区是我国西部生物多样性关键地区之一，也是中国植物区系分区系统的中国—日本、中国—喜马拉雅以及青藏高原三个植物亚区的交会区，其物种组成复杂多样，地理成分联系广泛，区系总体以温带成分占优势，并具有明显的区系过渡性。该项目区由于地势相对高差大，地形又较复杂，使区内的动植物群落组成较为特殊。据不完全统计，本区有维管植物 131 科，610 属，1827 种（包括变种），其中木本植物约有 580 种，草本植物 1240 种。野生动物 59 科 231 种，其中属于国家 I 级保护的 13 种，Ⅱ级保护的 27 种。因此，该项目区是北方鸟类和全部陆栖脊椎动物多样性的"偏高值区"，对中国北方动物多样性保育具有十分重要的作用。

同时，该项目区所处的地理位置和独特的地貌特征，决定其草原和森林具有丰富的物种、基因、遗传和自然景观等方面的多样性。其高寒环境也构成了独特的生命存衍区，有些生物在这一区域已达到边缘分布和极限分布，是珍贵的种质资源和高原基因库。

4. 关系到民族地区经济社会的发展和政治稳定

甘南黄河重要水源补给生态功能区是以藏族群众为主的多民族聚居区。由于自然、地理、历史等多方面原因，这里经济发展缓慢，社会事业落后，大部分群众的生活仍处于贫困状态。目前，该项目区 6 个县（市）中，有 4 个是国家级贫困县，贫困人口占到牧民人口的 84.7%。当地的主导产业——畜牧业，至今仍然完全依赖天然草原。因此，坚持生态保护与生态建设、生态治理与农牧民脱贫致富相结合，努力走出一条生态保护和经济建设"双赢"的路子，对加快民族地区的经济社会发展、促进民族团结、维护社会稳定具有十分重要的意义。

该项目区素有"卫藏尼哇"（第二西藏）之称，是我国三大藏区之一的安多藏区的文化核心区。拉卜楞寺是藏族人民心中的吉祥圣地。由于其影响范围较大，不仅包括整个甘南，还包括青海的大部分和四川的一部分，加上又处于藏、汉民族文化的接合部，因此，在藏区有着十分重要的地位，民间素有"卫藏的路迢迢，康巴的路艰险，安多的拉卜楞寺，因此成了汉藏众多一心向法的人最佳的选择"之说。所以，通过项目建设，保护安多文化中心区的生态环境，改善当地各族群众的生存、发展条件，不仅对该项目区经济发展、社会和谐具有重要意义，而且对于促进整个藏区特别是藏东北地区的民族团结、政治稳定和国家安全都具有十分重要的示范、带头作用。

（四）甘南黄河重要水源补给区建设项目实施效果

《甘南黄河重要水源补给生态功能区生态保护与建设规划》自2008年实施以来，五年国家共安排游牧民定居工程、草原鼠害综合治理、青稞基地建设、牛羊育肥小区、奶牛养殖小区、农牧户养殖设施建设6个项目国家投资6.8426亿元，其中中央预算内投资6.2226亿元，省上安排地方配套资金（地方政府债券投资）0.6792亿元。其中2008年中央预算内投资8000万元；2009年中央预算内投资29100万元，地方政府债券投资2500万元；2010年中央预算内投资11250万元，地方政府债券投资4000万元；2011年中央预算内投资8230万元，地方政府债券投资292万元；2012年中央预算内投资5646万元。截至目前，已累计完成总投资16.12亿元，2008—2011年项目全面建成，2012年项目已开工建设预计2015年完工。这些项目的建设，为有效遏制生态恶化的趋势，加快构筑高原生态屏障，从根本上转变甘南州传统的农牧业发展方式，实现草畜平衡，促进产业转移和经济结构调整，加快城镇化进程，协调好人口、资源、生态与经济发展的关系，促进甘南黄河重要水源补给生态功能区经济社会可持续发展起到了有力的推进作用。

1. 游牧民定居工程

《规划》批复的游牧民定居工程总投资13.1亿元，其中国家投资4.21亿元，计划解决14524户7.37万人的游牧民的定居问题。2008—2011年建设任务全面完成。其中玛曲县4259户21832人，碌曲县2445户12798人，夏河县1607户8148人，合作市1478户7159人，临潭县3345户16071人，卓尼县1390户7146人。至此，规划内的游牧民定居工程已提前一年全部完成，该项目区六县市共建设定居点176个，建成住宅14524套，建筑面积117.16万平方米，建设暖棚28624平方米，硬化巷道、村道141.98公里，人畜饮水管道189.2公里，架设农电线路462.8

公里，新建和改建学校 47 所，配套建设 82 所卫生院（室），新建村委会
700 平方米，新建敬老院 3 所，累计完成投资 13.33 亿元。

通过游牧民定居工程建设，使牧区生产生活方式发生了巨大变革，改
变了千百年逐水草而居的游牧历史，极大地改善了牧民生产生活条件，解
决了牧区最重要最迫切的居住难、行路难、用电难、吃水难、通信难、上
学难、看病难等民生问题。使广大牧民充分享受交通、供电、供水、通
信、教育、医疗、文化娱乐等方面的公共资源和公共服务，提高了牧区社
会发育程度和牧民素质。项目全面完成后，通过发展舍饲圈养将转移超载
牲畜 116.19 万个羊单位，使 77.46 万公顷草场减轻载畜压力，基本实现
草畜平衡。通过游牧民定居工程建设，牧民生产生活条件和草原生态保护
得到明显改善，生态恶化趋势得到有效遏制，有力地促进了甘南州经济社
会又好又快发展。

2. 草原鼠害综合治理项目

为解决严重的鼠害破坏草原生态的问题，《规划》确定在全州六县市
47 个乡镇通过人工捕捉、招鹰灭鼠和生物毒素灭治的方法，进行鼠害综
合防治 104.89 万公顷，总投资 9317.4 万元。2009—2011 年国家已安排投
资 5550 万元，2009—2010 年项目现已全面完成，综合治理鼠害草场
43.46 万公顷，完成国家投资 3550 万元，2011 年目前已完成鼠害综合防
治工程 18 万公顷。目前共完成投资 5682.1 万元。2012 年项目已启动实
施。项目建成后，该项目区草原鼠虫害将得到有效控制，使该项目区退化
的草原植被覆盖度由目前 45%—65%，提高到 70% 以上，草地产草量提
高 5%，增加牧草产量 1.69 亿公斤，挽回 8.1 万个羊单位一年的食草量，
草原自然调控能力将显著增加。

3. 青稞基地建设项目

为解决甘南青稞产量低、良种推广比例小，不能满足藏区群众生活所
需的突出问题，《规划》总投资 2435 万元，建设青稞生产基地 25 万亩，
良种繁育基地 2.5 万亩及配套设施建设等。2009—2010 年安排国家投资
1850 万元，目前完成青稞种植基地 25 万亩，良种繁育基地 2.5 万亩，选
育青稞新品种 1 个，完成投资 2435 万元，全面完成了规划任务。通过本
项目的实施，青稞生产将成为带动甘南州农业生产和农牧村经济发展的主
导产业，缓解甘南藏区青稞供求矛盾，逐步实现青稞基本自给，对社会稳
定、经济发展和生态保护起到重要作用。

4. 牛羊育肥小区建设项目

总投资 13854 万元，共建设标准化育肥暖棚 16 万平方米，办公管理用房 1.6 万平方米及配套设施建设。2009—2011 年安排国家投资 5800 万元。2009—2010 年项目已全面完成，已建设牛羊育肥小区暖棚 3959 座，完成国家投资 5750 万元。2011 年已修建暖棚 644 座，其中牛用暖棚 397座，羊用暖棚 324 座。目前牛羊育肥小区建设共完成投资 8878.5 万元，完成国家投资 5650 万元。2012 年项目已启动实施。通过牛羊育肥小区建设，可以转移天然草场 20.8 万个超载的羊单位，减轻天然草原压力，增强天然草场的产草能力，年平均增加 134.8 万吨优质天然牧草，极大地缓解牧区草畜矛盾，为转移超载牲畜和半农半牧区发展草产业找到一条畜与草结合的良性发展途径。

5. 奶牛养殖小区建设项目

总投资 8445.1 万元，计划在夏河、临潭、卓尼、碌曲、合作四县一市建设奶牛养殖小区 10 处。2010—2011 年安排中央预算内投资 3200 万元。2010 年项目目前已全面完成，建设暖棚 560 座 67200 平方米，完成投资 2965 万元。2011 年项目目前已建设牛用暖棚 91 座。目前奶牛养殖小区完成总投资 4652.32 万元，完成国家投资 3050 万元。2012 年项目已启动实施。奶牛养殖小区建设项目的实施，能给当地乳品加工企业提供稳定奶源，推进农牧业产业化发展和标准绿色畜产品的生产，从而带动周边地区畜牧业从传统低效型向质量效益型发展，提高农牧民收入水平，加快农牧民脱贫致富奔小康的步伐。

6. 农牧户养殖设施建设项目

总投资 45274.6 万元，计划在全州 6 县市 66 个乡镇建设暖棚 19317座 154.5 万平方米，饲草料基地 1.44 万公顷。2010—2011 年安排中央预算内投资 3600 万元。2010 年项目已全面完成，共建设暖棚 2237 座，19.5万平方米，完成投资 4519 万元。2011 年已建设暖棚 719 座。目前暖棚建设共完成投资 6129 万元，其中国家投资 3450 万元。2012 年项目已启动实施。通过农牧户养殖设施项目建设，能尽快转移草场超载牲畜，遏制生态环境急剧恶化的趋势。通过舍饲养殖，加快牲畜的周转速度，促进生产生活方式的转变，达到生态保护与区域经济社会协调发展的目标。项目实施后，牧业基础设施得到加强，可使 231.8 万个羊单位的牲畜从天然草原上转移出来，减轻草原的压力，保护和恢复草原生态系统。

7. 农牧民适用技术培训项目

农牧民适用技术培训以科学发展观为指导，全面贯彻落实中央、省、州农牧村工作会议精神，以项目建设为基础，以提高农牧民科技素质，培养新型农牧民，发展农牧业为主要目的，开展农业适用技术培训，努力提高该项目区农牧民运用科技的能力，通过强化科技服务意识，搞好技术培训，在产业基地重点乡、村逐步建设青稞基地、养殖小区，推广科学实用技术和科技成果的转化。并积极推广基地、小区的成功种养经验，利用示范起到带动一大片的效果，为促进农业增效、农牧民增收，实现现代农牧业，建设好新农牧村提供人才保障和智力支持。农牧民适用技术培训项目计划从 2009 年开始，在 5 年内，以州、县、乡三级管理人员、专业技术人员和农牧民为主要培训对象，围绕技术技能提高，通过举办培训班、示范点和邀请专家现场指导等方式进行培训，累计培训管理人员 500 人次，技术人员 3000 人次，农牧民 48000 人次。至目前已累计培训管理人员 280 人次，技术人员 1600 人次，基层农牧民群众 23000 多人次。培训的主要内容有现代畜牧业产业化经营理念；优良牧草种植技术、草产品开发技术、青贮饲料加工与储藏；畜种改良和繁育技术；暖棚养畜、牛羊育肥技术、畜禽疫病防治技术；畜产品标准化、无公害生产技术、特种动物畜产品加工技术；草原鼠害防治技术；生态环境基础知识及其他必要的相关技术等。

通过对管理人员、专业技术人员及农牧民的管理和科技培训，带动培养了一批觉悟高、善经营、懂科技、能从事专业化生产和产业化经营人员。参加培训的农牧民每人至少掌握了 1—2 项现代农牧业生产知识和适用技术，务农劳动力的科技文化素质明显提高，培养出了一大批有文化、懂技术、会经营、善管理的新型农牧民。同时，为了增强培训效果，对培训工作提出要做到"四个必须"的要求，即必须选择对农牧民有用的培训课题，必须讲授农牧民需要的培训内容，必须采用农牧民喜闻乐见的培训形式，必须选择农牧民感到方便的培训地点。采取现场指导、发放科技明白纸、公布专家咨询电话等多种形式进行培训，贴近农牧民，使农牧民所学的知识能够及时应用于生产实践中。到 2013 年，该项目区从事农牧业生产的农牧民骨干的科技文化素质在整体上有明显提高，受训农牧民的科技文化素质在总体上与该项目区农牧业发展水平相适应。

（五）项目实施存在的主要问题

（1）游牧民定居工程县市配套资金落实困难，部分县市住房建设补助资金没有达到州上确定的标准。群众自筹比例高，筹资难度大，个别县市定居点建设没有充分调动群众积极性，一定程度上影响了工程建设进度和成效。

（2）各定居点水、电、路、有线电视"四通"建设资金缺口和整合难度大，导致"四通"建设相对滞后。

（3）个别县市建设进展相对缓慢，工程管理比较薄弱，人员培训和监督公示等工作相对滞后。编制的方案没有充分结合该项目区实际和群众意愿，操作性不强，一定程度影响着工程进度和投资计划的按期完成。

（4）暖棚建成后，部分县的个别点有空棚无畜现象，国家投资项目没有及时发挥效益。

（六）对策措施

1. 建立目标责任制

甘南州各县市政府是项目的实施主体和责任主体，第一责任人是项目法人。要进一步明确目标、任务和责任，层层签订目标管理责任书，严格考核，严格兑现奖罚，形成一级抓一级，层层抓落实的良好格局，确保项目顺利实施。

（1）土地政策。凡用于游牧民定居工程的建设用地，属国有荒山荒地的，由该项目区政府无偿划拨；属集体、国有土地的，按实际利用面积和相关政策规定，由县市政府给予一定的土地补偿费；对个人承包土地，可通过土地置换等办法进行解决；对从草场迁出的定居牧户，原草场承包经营权不变。

（2）户籍政策。鼓励搬迁农牧民转换户籍身份，允许农牧民家庭所有成员或部分成员自愿转为城镇户口，享受城市保障性廉租住房补助、城市居民最低生活保障等优惠政策。

（3）税费政策。搬迁牧户办理土地、户籍等手续，除按规定适当收取工本费外，一律不得收取其他费用。

2. 营造全社会关心支持项目实施的良好氛围

充分利用各种宣传媒体和宣传工具，开展多种形式的宣传教育活动，大力宣传甘南州在全国生态保护大局中的特殊地位和作用，宣传实施甘南黄河重要水源补给生态功能区生态环境保护与建设的重大意义，教育和引导广大干部群众转变观念，提高认识，把思想和行动统一到国家、省、州的重大决策部署上来，积极配合、参与项目实施，形成全社会关心项目实施、支持项目实施的良好氛围。

3. 建立和试行湿地生态补偿机制

甘南州是黄河重要的水源补给区和黄河、长江上游的河源区、"中华水塔"的重要组成部分，生态地位十分重要。甘南生态环境的变化直接关系到黄河、长江中下游广大地区人民的生产生活和生态安全，关系着国家的可持续发展。建议国家按照"保护者受益，享用者尽责"的原则，加快建立流域生态补偿机制，研究制定下游对上游和自然保护区内外的利益补偿政策，完善政府、企业、社会多元化环保投融资机制，拓宽资金投入渠道，解决靠政府投入生态保护资金短缺问题。

三 祁连山冰川保护研究

（一）祁连山冰川资源在区域经济社会发展中的重要作用

祁连山位于青藏高原东北部边缘，地处青藏、内蒙古和黄土高原交会地带，突兀于我国西北干旱半干旱荒漠地区，是青海、甘肃两省的天然分界线。在来自太平洋季风吹拂下，形成了伸入西北干旱地区的一座湿岛，被誉为河西走廊的母亲山。它是我国高原生态安全屏障的重要组成部分，保障着我国，特别是西北地区的生态安全。它的 154 亿 m^3 的产水量是河西走廊、河湟地区、青海湖盆地和柴达木盆地最重要的淡水供给来源。祁连山脉还是我国西北地区重要的气候交会区和敏感区，孕育了干旱半干旱荒漠区内的绿岛，是高海拔地区重要的生物基因库，栖息着无数濒危珍稀动植物，它丰富的资源是这一地区经济社会发展和人民生产生活不可或缺的基础。

1. 祁连山冰川资源的分布

祁连山位于青藏高原东北部，为我国著名的高大山系之一，地跨青海、甘肃两省，介于东经94°20′—103°，北纬36°—40°。由多条西北—东南走向的平行山脉和宽谷组成。西起青海西北部阿尔金山与祁连山连接处的当金山口，东端至黄河谷地，与秦岭、六盘山相连，全长近1000公里。

最宽处在酒泉与柴达木盆地之间，达 300 公里。自北而南，包括大雪山、托来山、托来南山、野马南山、疏勒南山、党河南山、土尔根达坂山、柴达木山和宗务隆山。山峰多在 4000—5000 米，疏勒南山的最高峰团结峰海拔 5808 米。海拔 4500 米以上的山峰终年积雪，山间谷地也在海拔 3000—3500 米。

祁连山雪山与现代冰川覆盖面积 352.22 万亩。其中冰川总数 2859 条，总面积为 295.88 万亩；冰川总储量 955.69 亿立方米，储水量 955.69 亿立方米，年冰川融水量 13.24 亿立方米。冰川主要分布在祁连山主脉与支脉脊线两侧，重点分布区域在疏勒南山团结峰地区，位于疏勒河南岸，是祁连山系中最高大、现代冰川发育最好的地区，最高峰团结峰 5808 米，由 14 条山谷冰川组成，冰舌下伸到海拔 4200 米处，最长达 5 千米。祁连山冰川资源主要分布在祁连山脉中部托勒南山与托勒山地区，黑河上游源头与走廊南山地区，祁连县与张掖市之间的冷龙岭山脊，八宝河上游源头地区，祁连山东段冷龙岭岗什卡达坂（海拔 5254 米）附近及以东冷龙岭主峰地区；赛什腾山、土尔根达坂山、野牛脊山的山脊线一带。

2. 祁连山及其冰川融水在经济社会发展中的作用分析

（1）祁连山是我国西北乃至北方重要的生态安全屏障。

祁连山由于其独特的地理区位和自然条件，不仅保障着河西走廊的生态安全，而且在维护青藏高原生态平衡，阻止沙漠蔓延侵袭，抑制河西走廊沙尘源的形成和扩展，维持走廊绿洲稳定，保障黄河径流补给等方面发挥着十分重要的作用，成为我国西北乃至北方重要的生态安全屏障。正是在祁连山的庇护和滋养之下，河西走廊不仅成为古丝绸之路的连接纽带，更成为我国西部重要的经济通道、文化纽带、民族走廊和战略长廊，承载着联通西部、建设西部、发展西部、维稳西部和维护民族团结的重大战略任务，支撑和保障着中、东部经济发展所需的重要能源、原材料的输送任务，成为我国内地联通新疆和西亚的重要交通命脉和物流主干道。

（2）祁连山是我国西北地区重要的气候交会区和敏感区。

祁连山地处中国地势三级阶梯中第一、第二阶梯分界线，中国气候类型分界线、中国温度带分界线以及西北干旱半干旱区与青藏高寒区分界线上，是我国季风和西风带交会的敏感区，西南季风、东南季风和西风带在此交会，没有祁连山，内蒙古的沙漠就会和柴达木盆地的荒漠连成一片。由于祁连山的存在，使我国西北干旱荒漠地带呈现出绿岛景观，孕育了含森林、草原、荒漠、寒漠、冻原、农田、水域、冰川和雪山九大类型在内的祁连山复合生态系统，不但生态意义重大，而且对祁连山区及其周边地区经济社会发展意义重大。

（3）祁连山是西北高海拔地区重要的生物物种基因库。

祁连山复杂多样的生态系统镶嵌组合，形成了适宜不同生物栖息的生态环境，奠定了本区生物物种多样性的环境基础。据不完全统计，区内有高等植物 95 科 451 属 1311 种，占我国高等植物 19596 种的 6.7%；野生脊椎动物 28 目 63 科 288 种，占我国脊椎动物 6347 种的 4.5%；昆虫 16 目 172 科 1471 种。其中，国家一级保护植物 2 种，国家二级保护植物 32 种；列入《野生动植物濒危物种国际贸易公约》的兰科植物有 12 属 16 种；列入《国家重点野生动物保护名录》的野生动物 54 种，占中国重点保护动物 349 种的 15.5%；列入《国家保护的有益的或者有重要经济、科学研究价值的陆生野生动物名录》（简称"三有名录"）的 139 种。其中普氏原羚仅存在于祁连山地，数量不足 700 只，是世界上最濒危的脊椎动物；雪豹、野牦牛、马鹿、盘羊、马麝等珍稀物种也难觅踪迹、濒临灭绝，保护物种和它们的生存环境属当务之急。

（4）祁连山冰川融水是河西走廊内陆河唯一的水源供给区和黄河上游重要的水源补给区。

祁连山内陆河年均出山径流总量约 102.12 亿立方米，其中甘肃产径流量 62.69 亿立方米，占总径流量的 61.4%，青海产径流量 39.43 亿立方米，占总径流量的 38.6%；林业用地面积 3380.8 万亩，草地面积达 13183.47 万亩，这些珍贵的森林草地，一方面捍卫着高山冰雪冻土这些"固体水库"；另一方面发挥着涵养水源、调节径流的重要作用，而流入河西四大内陆河水系的 78.75 亿立方米的地表水资源，直接养育着生活在河西走廊及黑河下游绿洲地区的 500 多万各族人民。祁连山还是黄河流域重要的水源产流区，每年从祁连山流入黄河的水资源 51.97 亿立方米，占黄河年均总径流量的 9%，支持着黄河下游省区经济社会的可持续发展。另外，还有流入青海湖的 16.03 亿立方米，流入柴达木盆地的 4.11 亿立方米，流入哈拉湖的 3.23 亿立方米。祁连山冰川融水是祁连山发挥生态安全屏障，孕育祁连山复合生态系统，奠定当地生态多样性的重要基础，倘若没有祁连山的冰川融水，这一广阔地域的地表景观、生物面貌特点将是截然不同的另外一种状况。

（二）祁连山冰川融化速度变快对经济社会发展的影响

1. 祁连山生态环境现状

（1）祁连山区域水文概况。祁连山区域河流分为内陆河水系和外流河水系。流域总面积20835万亩，多年平均径流量138.05亿立方米，其中内陆河流域面积15615万亩，多年平均径流量86.08亿立方米；外流河流域面积5220万亩，多年平均径流量51.97亿立方米。内陆河流包括河西走廊水系、柴达木水系和哈拉湖水系的60多条大小河流，其中黑河流域面积4065万亩，多年平均径流量36.67亿立方米；石羊河流域面积1348万亩，多年平均径流量15.73亿立方米；疏勒河流域面积6918万亩，多年平均径流量15.95亿立方米；苏干湖水系流域面积1093万亩，多年平均径流量4.17亿立方米及其他水系多年平均径流量6.22亿立方米；巴音郭勒河流域面积1119万亩，多年平均径流量3.2亿立方米；鱼卡河流域面积357万亩，多年平均径流量0.91亿立方米；哈拉湖水系流域面积715万亩，多年平均径流量3.23亿立方米（另有青海湖水系流域面积4455万亩，多年平均径流量16.03亿立方米）。外流水系主要包括黄河一级支流湟水河和庄浪河。湟水河流域面积4920万亩，多年平均径流量50亿立方米。其中湟水支流大通河流域面积2265万亩，多年平均径流量28.5亿立方米。庄浪河流域面积300万亩，多年平均径流量1.97亿立方米。

祁连山区域湖泊主要有哈拉湖，大、小苏干湖及诺干诺尔、库克、措喀莫日等高原小湖泊。湖泊总面积175.2万亩，占总面积的0.75%。

祁连山区域地下水资源总量为64.2亿立方米。其中，地表水与地下水重复水量59.1亿立方米，地表水与地下水不重复水量5.1亿立方米。

（2）冰川退缩、储量减少，雪线上升。1959—2009年祁连山中西段冰川面积共减少了116.21平方公里，冰储量减少了50亿立方米，分别占1956年该区域冰川面积和储量的10.2%和8.9%。雪线以年均2—6.5米的速度上升，严重地区可达12.5—22.5米。

（3）生态逆向演替，森林功能弱化，水源涵养能力下降。据史书记载与专家研究，西汉时期祁连山区约有森林9000万亩，随着气候变化和人为破坏，造成了祁连山森林植被的大幅度减少，截至2010年年底森林面积减至2281.5万亩，其中乔木林面积仅有610.3万亩，灌木林面积为1671.2万亩，林缘已由海拔1900米上升到2300米，呈现出乔木林地向疏林地、灌木林地向灌丛地和草地、疏林地向无林地的逆向演替趋势。森林的水源涵养功能退化，径流量减少，发源于祁连山的河西走廊内陆河水系总径流量由20世纪40年代末的78.55亿立方米，下降到2010年的72.52亿立方米，减少了7.68%。

（4）草地严重退化，生产力急剧下降。祁连山草地退化趋势十分明显，天然草地植被盖度降低，产草量急剧减少。据统计，祁连山地退化草地面积达9551万亩，占草地总面积的72.4%。其中：重度退化草地3211万亩，占退化草地面积的33.6%；中度退化草地3259.4万亩，占退化草地面积的34.1%。病虫鼠害面积6056.7万亩，其中，鼠兔害面积4181.7万亩，病虫害面积1875.0万亩。毒杂草发生面积1448.7万亩。草地生产力急剧下降，与20世纪50年代相比，祁连山草地的牧草产量下降了30.4%，牧草盖度下降了11.1%，牧草高度下降41.1%，畜均草地占有量由20世纪50年代的34亩减少到现在的9亩。

（5）水土流失加剧，土地荒漠化日趋扩大。祁连山冰川区域内水土流失总面积12.52万平方公里，折18780万亩，其中中度以上（含中度）水土流失面积达6.88万平方公里，折10320万亩。区域内水力侵蚀、冻融侵蚀、风力侵蚀广泛分布，交替作用十分明显。土地沙漠化趋势蔓延，沙漠化面积约150万亩，尤以德令哈、大柴旦、祁连、天峻及肃北和阿克塞县最为严重。

（6）沼泽湿地面积萎缩。祁连山地区沼泽及沼泽化草甸总面积1356.9万亩，与20世纪80年代相比面积缩小了140多万亩。沼泽湿地正向高寒草甸演替，水量减少，水草萎缩，原有的沼泽化草甸上小土丘凸起、干裂，泥炭外露、湿生植物逐渐被中生植物所替代，水源涵蓄功能减退。

（7）生物多样性面临严重威胁。祁连山地区生物多样性正面临严重威胁。由于受人为活动与自然环境变迁等综合因素的影响，森林景观破碎化，野生动物栖息地遭到破坏，导致野生动物种群数量下降，活动范围逐步缩小，数量也明显减少。雪豹、野牦牛、马鹿、马麝、猎隼等珍稀动物濒临灭绝。祁连山区域内分布的冬虫夏草、黄芪、党参、雪莲、秦艽、红景天等资源储量明显减少。

2. 生态环境恶化原因

祁连山地区生态与环境整体恶化的原因除全球气候变暖、植物群落结构简单化、生态系统脆弱等自然因素外，很大程度上是人类无序干扰和过度利用而造成的，突出表现在以下几个方面。

（1）气候变暖，逐渐干旱化。近几十年来，全球气候暖干化趋势强烈影响着祁连山地区的生态环境。其中，祁连山南坡 1979—2009 年平均气温线性变率为 0.459℃/10a，北坡 1959—2009 年平均气温线性变率为 0.26℃/10a。均高于全国 0.25℃/10a 和全球气温增幅 0.03—0.06℃/10a 的升温速率。伴随着升温过程，年蒸发量明显增加，由此导致了干旱频率上升，加速了区域内冰川、雪山的消融速度，植物生态型由中生、湿生向旱生和中生型甚至向荒漠生态型演替。

（2）人口持续增加，人为干扰不断加剧。祁连山区域人口增加迅速，从 20 世纪 80 年代初的 125.85 万人增至 2009 年的 209.11 万人，增加了 83.26 万人。其中农业人口由 1980 年的 109.54 万人增加到 181.16 万人，增加了 71.62 万人。随着人口剧增，对耕地、草地和生产生活能源的需求就不断扩大，从而导致耕地不断扩张，草地利用强度不断提高，农牧业向高海拔区域不断推进，大量挤占林地。同时，无序地采伐森林、樵采灌木林和毁林开荒、超载放牧等行为，使祁连山地的林草资源遭到严重破坏，生态承载能力不断下降，病虫害频发，水源涵养功能减弱，水土流失加剧，最终导致祁连山生态系统不稳定性增加，生态安全风险度增大，进而引发环境退化和生态失调。

（3）资源开发方式粗放，管理手段落后加剧生态退化。祁连山区域矿产资源储藏较为丰富，历史上资源开发等生产活动相对较多。由于开发利用方式粗放，环境保护措施不力，给当地环境造成很大危害。小水电作为当地能源结构的重要组成部分，在建设运行过程中，由于管理措施落实不到位，监督力度不够等原因，也不同程度造成地表植被的破坏和侵蚀，阻断洄游性水生动物通道等不利影响。同时，缺乏水资源的统一管理，导致上、中、下游地区间的用水矛盾突出，地表水、地下水、城乡生活用水和工农业生产用水的管理以及水污染防治等，基本上处于一种无序状态，从而进一步加剧了水资源的不合理开发利用。加之用水结构不合理，生态用水比重偏低等因素，都在一定程度上加剧了祁连山区域环境恶化。

（4）监测管理体系不健全，缺乏对生态建设的实践指导。虽然各行业根据不同的项目和工程需要，要分别对森林、草地、农田、沙漠、河流、湖泊等不同类型的生态系统进行研究和监测，但都仅在局部的一些地点开展工作，主要目的也以研究为主，监测数据覆盖面小，及时性、统一性和实用性差，不能准确、及时地反映全区生态总貌，也不能准确、及时、定量地评价国家巨额投资的各项生态工程在各区域（流域）的实施效果。加之目前祁连山区域生态监管主要以水资源的管理为对象，缺乏权威的、专业的自然生态环境监测管理体系，致使生态工程覆盖面重复或遗漏的情况经常发生，生态环境建设得不到有效监测和全面评价，严重制约着下一步祁连山冰川和生态环境的保护与建设工作。

（5）生态保护力度不足，难以满足生态综合治理的需要。近年来，虽然国家持续加大生态环境保护和建设力度，但从建设项目上看，一是单项工程多，综合性工程少；二是短期工程多，长期工程少；三是局部工程多，全局工程少。项目之间协调性不强，配套性差，形成不了合力，综合效益低下。同时，生态环境保护和建设工程的投资标准不一，且标准较低，加之多数生态工程均要求地方配套。甘肃、青海两省由于财政困难，配套投入资金较少，影响了工程实施进度和建设质量，削弱了总体生态效益的发挥。

3. 淡水资源储量减少，制约经济社会的发展

祁连山及其所在的河西走廊因其独特的自然地理环境对全球气候变暖反应剧烈，是我国对全球气候变化比较敏感的地区之一。因此，加快进行祁连山冰川和生态环境保护综合治理就显得十分重要和紧迫。

（1）制约河西走廊及我国北方生态安全。目前，在全球气候变暖趋势和人类不合理活动的长期共同作用下，祁连山生态环境已严重恶化：冰川退缩、冰雪融化加剧；森林生态系统脆弱，林分质量下降；超载严重，草地退化；荒漠化、沙化呈蔓延态势；水资源涵养调蓄能力减弱，减洪滞洪功能下降。区域生态景观格局总体上呈现出沙漠向绿洲推进，农田向草地、森林扩张，雪线海拔上升的趋势。不但造成生态系统失衡，恶性循环加剧，生态功能下降，而且随着祁连山区域人口的进一步增长和经济社会的不断发展，人类活动对生态环境的扰动将会愈加剧烈，如不及时对祁连山冰川和生态环境加以保护治理，必将导致十分严峻的后果。

（2）维护民族团结、保障边疆安全、构建社会主义和谐社会的现实需要。祁连山地是藏族、裕固族、蒙古族、哈萨克族、回族、土族等少数民族聚居的地区，包括 2 个自治州 12 个自治县，少数民族人口达 42.55

万，占祁连山区域总人口的 20.3%。随着人口的不断增加、生产经营方式的转变和对经济效益的追求，祁连山区域内的耕地面积和养殖规模不断扩张，导致森林、草地生态系统不断遭到人为破坏。日益严重的生态问题，不仅是区域经济落后、社会贫困的根源，也是影响民族团结、社会稳定的重大隐患。加快祁连山冰川和生态环境保护综合治理，尽快改善当地的生存环境，既是广大民族群众的共同心愿，也是构建社会主义和谐社会的必然要求，更是增进民族团结、保障社会稳定和边疆安宁的迫切需要，有着十分重要的政治、经济意义。

（3）制约深入开展西部大开发，全面实现小康社会的步伐。祁连山冰川融水所覆盖大部分区域所属县（市、区、场、行委）农村经济相对落后、贫困人口相对集中的地区。2009 年农牧民人均纯收入 4367.8 元，为当年全国农牧民人均纯收入 5919 元的 73.8%，有近 80% 的农牧民人均纯收入比全国平均水平低，其中 4 个国家级及 2 个省级扶贫开发工作重点县农民人均收入仅在 2000—3000 元，远低于省平均水平。在贫困状态下，为了生计极可能采取毁林开垦、超载过牧、偷砍乱伐、樵采薪材等破坏生态的行为，而且贫困不改善，生态环境保护和建设成果就得不到巩固，更不可能持续发展，因此，保护和建设生态必须与脱贫致富相结合，生态好了，林丰草茂，农牧业产量才能增加，农牧民收入才能提高，保护生态的积极性才能巩固，生态系统才能良性循环。

（4）应对全球气候变暖、弱化气候变化对祁连山和河西走廊不利影响的需要。独特的自然地理环境，使祁连山及其所在的河西走廊对全球气候变暖反应剧烈，是我国对全球气候变化比较敏感的地区之一。据有关资料分析，1959 年至 2009 年的近 50 年，祁连山的年平均气温整体呈上升趋势，增长 0.26—0.46℃/10a，高于全国 0.25℃/10a 的升温速率。在这种暖干化气候影响下，祁连山山地森林草原的水源涵养功能逐渐减弱，水资源总量逐年减少，湖泊和湿地面积不断萎缩，土地退化现象逐渐严重，土地沙漠化面积日益扩大，沙尘源地逐步扩展，绿洲生态系统不断退化，已成为我国荒漠化发展较为严重的地区之一。

（三）加强祁连山冰川保护，促进区域经济社会可持续发展的意义及对策研究

1. 生态效益

实施祁连山冰川保护和综合治理，将有效地恢复和修复祁连山区域的生态功能，构筑生态安全屏障，保障祁连山地、河西走廊乃至我国西北干旱区的生态安全，实现生态系统的良性循环，促进人与自然和谐相处。

（1）改善区域生态环境，提高水源涵养能力。通过对祁连山冰川和生态系统的综合治理，将有效保护冰川和森林资源，使森林覆盖率达到12.8%，林分结构更趋合理，水源涵养和径流补给能力明显增强。并将进一步提高森林、草地防火和有害生物防控能力。通过草地保护与建设工程的实施，结合草地载畜量调整和草食畜牧业建设，一方面将不断减轻草地压力，基本实现草畜平衡，草地植被得以休养生息，黑土滩得到有效治理，从而更好地发挥涵养水源、保持水土、美化环境等多种生态功能。另一方面，对于建立科学的养殖繁育体系，完善牧民生产生活设施，提高收入水平将起到很大的促进作用。

（2）保护生物多样性。通过对祁连山冰川和生态系统的综合治理，实施森林、草地资源的保护和修复，建立野生动植物资源监测体系，以及实施野生动物、濒危植物保护繁育以及野生动物救护、禽鸟疫害处理工程，将极大地丰富区域森林、草地生态系统的多样性，为野生动植物栖息和繁衍提供良好的保护体系和生存环境，并为促进生物多样性的科学研究和教育教学提供试验示范。

（3）减少水土流失。通过对祁连山冰川和生态系统的综合治理，建设水保林等生物措施的落实，将有利于提高林草覆盖率，改善地表植被结构，降低地表径流冲刷，减少水土流失，改善土壤肥力，有效提高防治水土流失的能力，经估算，新增林地面积可减少泥沙流失量329.1万吨，黑土滩及沙化草地治理后，可减少水土流失量1030.6万吨，可减少氮素损失量1441.3万千克、磷素损失量979万千克、钾素损失量33176.7万千克。

结合保护性耕作，可以有效减少工程区及周边地区地表裸露，减轻风蚀强度，平均减少农田扬尘量50%左右，降低空气中浮尘含量，降低沙尘天气发生的强度和频率；减少耕地表土流失量40%—80%，减少有机质和氮、磷、钾等养分的流失，可持续提高土壤蓄水能力。

（4）提升森林碳汇储备能力。森林作为陆地生态系统的主体和最大的碳库，其增加或减少都将对大气中 CO_2 浓度产生重要影响。据资料，目前我国森林植被的平均碳储量为2.03—3.05吨/亩。祁连山是河西走廊最主要的森林分布区，目前森林资源为3381万亩，按我国森林植被平均碳储量2.03吨/亩的低值计算，本区碳储量为6863万吨。通过规划的实施，将有效恢复植被、保护森林和减少毁林，预计增加乔木林地 242.6 万亩，新增碳储量约 493 万吨，总储量可达 7356 万吨。加强森林管护，减少毁林，有效控制森林火灾等活动，将大大减轻对林地及土壤的破坏，从而降低大气中的二氧化碳浓度，有效应对气候变化。

2. 社会效益

（1）改善生产生活条件，提高农牧民收入水平。对祁连山区域实施冰川保护和生态环境综合治理，将促进农牧业产业结构调整、优化，建设草食畜牧业发展和经济林果业等工程，有利于调配养殖规模和模式、有效缓解人地关系矛盾、优化祁连山区域经济发展结构，达到改善农牧民生产生活条件，提高收入的目的。

（2）改变传统观念，促进社会和谐稳定。通过对祁连山区域和谐文明的生活方式、消费方式和行为模式的宣传、倡导，引导、鼓励企业和广大农牧业从业者节约资源和使用再生能源，在生产和生活中保护生态、减少污染，改善山区人居环境，构建和谐社会具有重要的推进作用。在感受到生产生活方式的转变以及生活环境和生活水平改善的基础上，必将极大地调动农牧民参与新农村建设的积极性，也必将树立农牧民热爱家园，维护民族团结和稳定的自觉性。

（3）改善投资环境，促进经济发展。祁连山冰川保护和综合治理是一项系统性工程，涉及生态保护、修复治理，以及农牧业产业体系重建的方方面面，目的在于改善区域生态环境，促进生态与经济发展的"双赢"，也可以促进投资环境的改善，实现跨越发展、绿色发展、和谐发展、统筹发展。

（4）提高农牧民素质，增强生态保护自觉性。通过对祁连山冰川和生态系统的综合治理，运用科技示范和推广以及宣教培训等方式，进一步提高农牧民科学种田养畜水平和依靠科技增收的能力，提高农业劳动力的整体素质。通过推进农业机械的应用，提高农机化水平、农业社会化服务水平和组织化程度，推动优势农产品规模化、专业化和标准化生产，加快现代农业建设步伐，大大减轻农民的劳动强度，提高劳动生产率，并有效缓解农村劳动力结构性短缺的压力，进而促进农业农村经济健康协调发展，提高农牧民保护生态自觉性。

（5）树立生态文明理念，实现人与自然和谐发展。通过对祁连山冰川和生态系统的综合治理，有利于打造绿色人居环境，树立尊重自然、保护自然、善待自然的科学理念，营造全社会关心生态、支持生态的良好氛围，引导、鼓励广大农牧业从业者节约资源和使用清洁能源，在生产和生活中保护生态环境，并在巩固生态效益的基础上，稳步提高农牧民的生产水平和生活质量，共同构建生态文明社会，实现人与自然和谐发展。

（四）加强祁连山冰川保护的对策

1. 加强祁连山冰川地区的生态建设

（1）加强祁连山各流域上游山区生态工程建设。山区生态工程建设主要包括天然草地保护、水源区退耕及生态恢复、基础设施建设等措施。具体措施是：一是对自然条件较差，退化严重的草场，采取禁牧育草措施；二是对自然条件相对较好，中轻度退化的草场，采取围栏封育、轮牧等措施防止过度放牧，并结合人工补种等措施，促进草场的自然修复，并在祁连山区域实施草场围封；三是实施水源区退耕工程，并在耕地种植沙棘林等经济林，一方面增加中游绿洲水资源，另一方面在节水的同时为当地居民提供一定的经济收入；四是针对严重的水土流失问题，实施水土保持护岸工程；五是对祁连山区域内的防火道路、通信等基础设施进行修复和改建；六是开展森林、湿地、荒漠、水文、气象和生物多样性等长期定位监测和研究，为生态保护提供技术和信息支撑。

（2）祁连山各流域下游绿洲区生态工程建设

一是制定周密的防护林更新规划，发展节水型防护林体系，配置合理的防护林树种结构，长效树种与短效树种相结合，合理配置防护林网龄级体系，提高树木自我调节及害虫天敌的繁衍能力，增强防护林生态系统的稳定性和安全性，分散单一树种带来的风险。

二是防护林体系从生态型向生态经济型转化，改革防护林采伐限额，解决防护林拥有权和经营权之间的矛盾，激励和提高投资人对防护林建设的积极性，加强法制建设，加大资源管护力度。

三是实施湿地保护与建设工程，包括湿地恢复保护、生态补水工程、湿地公园建设等方面。首先，在全面禁止无序围垦湿地的基础上，对祁连山区域内各内陆河中游湿地区耕地进行退耕还泽，对退出的湿地建立生态治理区，明确土地经营权和自然资源统一管理权，实行政府统一规划管理。退出的湿地根据地理位置，按照湿地植被分布规律，构建多样复杂的湿地植物群落结构，设立湿地保护区管护站，对退耕湿地实行围栏保护。其次，在退耕还水基础上，对严重及中度退化的湿地进行生态补水，恢复湿地的景观生态功能。具体工程措施包括河道清淤疏通、修建引水渠、修建和改造堤坝，尽量保持河滨坡面的自然地形，恢复和促进湿地生态系统同陆地生态系统间物质和能量交换的自然过程。最后，根据各湿地自身的区位条件可适当建立湿地公园，以保护湿地生态功能的完整性，生态系统的多样性，并通过湿地公园建设充分发挥湿地调节气候、美化环境等功能。

2. 加强人工干预祁连山冰川融化

（1）实施人工降水措施，增加冰雪蓄积量

祁连山区域有着相对丰富的空中水汽资源。据计算，祁连山区空中水汽仅15%左右形成自然降水，因而开发祁连山区空中水汽资源物质条件丰裕，并且该区有着人工增雨、雪的独特的气候地理条件。通过实施人工增雪可加大祁连山区冰雪蓄积，直接减缓冰川消退速度，同时其降雨与融化新增径流可增加干旱区可用水资源量，缓解对冰川融水需求的压力，改善祁连山区域生态环境，从而可间接减缓冰川退缩速度。同时人工降水过程可有效吸收大气热能降低气温，有利于降低冰川融化速度。

（2）合理开发冰川旅游，实施冰川保护。冰川旅游无序开发和管理不善，会给脆弱的冰川资源带来灾难性后果。今后祁连山区域冰川旅游资源的开发应遵循持续发展与循环经济的理念，对祁连山区域内的冰川资源实施保护性开发，力争做到景区资源利用最大化、环境污染最小化、闲置资源重组化、废气资源无害化。在现有资源开发基础上，继续完善和优化景区旅游规划与旅游空间布局，依法促进景区生态保护，提升旅游线路设计功能，协调冷热景点人口与环境压力。

（3）实施山区森林、草原保护，改善冰川生态环境。祁连山区域森林草场的保护与建设，一方面可以改善冰川环境；另一方面可有效改善冰川区湿度，调节气温，减缓冰川融化速度。为此应做到：一是加大对祁连山区山地森林可持续性经营的投资力度，改变目前经营林场经费不足的现状，提高山地森林的经营能力。二是对山区牧民进行政策补贴，将牧民迁移到山区外安置，以减轻人类活动对山地森林的干扰和破坏，使牧业与林业共同发展。三是继续加强对祁连山山地森林的基础性研究。四是加强祁连山山地森林区生态旅游的管理工作，实现祁连山山地森林区的保护与开发的和谐统一。强化林业部门职能，建立健全法规支持体系。五是开展广泛的林业教育事业，改善管理人员结构，对在岗职工进行培训，广泛宣传祁连山山地森林保护知识和重要意义，获取社会各界广泛支持和承认，形成强大的社会舆论监督体制。

3. 大力发展节水和现代农业

（1）发展生态、立体和复合农林业模式。生态农业可增强生物群落抗逆性与稳定性，可缓解农业用水变化对农业生态系统的冲击。立体农业可在有限空间内，容纳多种农业生物，增加种养层次，提高物质能量的循环利用。发展立体农业有利于争取空间，充分利用水热资源；发展复合农林业可以协调利用光、热、水以及时间和空间资源，达到持续高产低耗的目的。

（2）调整农业种植方式和种植结构。根据祁连山未来冰川融化造成的水资源变化的趋势，结合当地实际情况，适当调整结构；积极发展节水农业和耐旱农作物品种；同时调整区域农业种植结构，通过熟制、套种等改变耕作制度，充分利用水资源，减少冰川变化对农业生产的损害。

（3）大力发展农业，推动农业产业化。以节水与提高农业经济效益促进农民增收为目标，大力发展现代节水农业，坚持用工业化思维谋划农业，推动农业产业化。以推广设施农业和高效节水技术为主要手段，各地根据各自的区位优势条件，重点发展各具特色的特色农业与畜牧业，如马铃薯、设施葡萄、高原夏菜、玉米制种、肉牛等；着力培育农副产品深加工企业，发展壮大农产品加工龙头企业，创新产业化经营模式，提升产业发展水平，建成与水资源承载能力相适应的经济社会发展格局。

4. 加快工业结构调整

（1）加强企业节能技术改造，降低企业耗水。在不断压缩和淘汰现有高耗能、高耗水产业的同时，采取管理措施、技术措施，不断提高其用水效率与单方水效益。当前祁连山区域干旱区工业仍普遍为高耗能且耗水量大，用水效益低，如冶金、化工、火电等工业。今后应通过产业升级，压缩其比重，增加清洁能源的发展比重，同时采取多种措施促进企业节水技术改造。

（2）改造污染企业，推广清洁技术。改造现有污染工业企业的生产工艺，推广清洁技术手段，减少工业污水排放。随着工业规模迅速扩张，当前祁连山区域工业污水排放呈快速增加的趋势。不仅严重污染环境，危害当地居民的身体健康，而且通过水体污染，加剧当地可用水资源的矛盾。通过引进和改造现有工业企业生产工艺，提高工业用水的循环利用率，建立污水处理设施。可大大减少工业废水的排放。

（3）调整产业结构，发展节水清洁工业。调整产业结构，发展具有地方特色的节水清洁工业。通过政策、经济手段，充分利用当地优势资源禀赋扶植发展低耗水、低排放、低污染的战略性新兴产业。如利用当地丰富的风能、水能、太阳能发展清洁电力工业；利用已有的工业基础发展机械制造、电子等工业。

5. 在居民生活中宣传普及节水知识，推广使用节水用具

在日常生活中倡导和谐文明的生活方式、消费方式和行为模式，引导、鼓励企业和广大农牧业从业者节约资源和使用再生能源，在生产和生活中保护生态、减少污染，对改善山区人居环境，构建和谐社会具有重要的推进作用。在感受到生产生活方式的转变以及生活环境和生活水平改善的基础上，必将极大地调动农牧民参与新农村建设的积极性，也必将树立农牧民热爱家园，维护民族团结和稳定的自觉性。通过一系列政策的实施，打造绿色人居环境，树立尊重自然、保护自然、善待自然的科学理念，营造全社会关心生态、支持生态的良好氛围，引导、鼓励广大农牧业从业者节约资源和使用清洁能源，在生产和生活中保护生态环境，并在巩固生态效益的基础上，稳步提高农牧民的生产水平和生活质量，共同构建生态文明社会，实现人与自然和谐发展。

总之，祁连山冰川保护和生态环境综合治理规划的实施，将有效遏制环境恶化的趋势，并逐步改善祁连山的区域生态环境。通过实施林草植被建设工程，不仅对提高水源涵养能力、防治土地沙漠化扩展和提升水土保持能力、丰富生物多样性、减缓气候变化对冰川雪线退缩的影响有重要意义，而且对保障祁连山内陆河中下游地区乃至我国北方的经济社会可持续发展能起到积极的推动作用。另外，通过实施减畜、草食畜牧业发展以及特色经济林果业开发等措施，将对减轻区域生态压力，优化农牧产业结构，促进农牧民增收，实现人与自然和谐，建设生态文明具有重要的现实意义。

四　疏勒河流域水资源开发与敦煌生态保护研究

（一）疏勒河流域基本情况与其在西北的重要地位

1. 基本情况

疏勒河位于甘肃省河西走廊，是中国河西走廊三大内陆河流之一。发

源于青海省祁连山脉西段疏勒南山和托来南山之间，西北流经玉门、安西等绿洲，注入哈拉湖。疏勒河流域地处东经 96°30′—97°40′，北纬 40°11′—40°34′，位于酒泉市辖玉门市和安西县境内，西邻新疆自治区哈密地区，东接甘肃省嘉峪关市，南依祁连山与青海省接壤，北靠马鬃山与蒙古国毗邻。疏勒河干流全长 670 公里，流域面积 4.13 万平方公里，其中昌马峡以上祁连山区干流全长 346 公里，流域面积 1.33 万平方公里，昌马峡至双塔水库中游地区干流长 129 公里，面积 1.2 万平方公里；双塔水库至哈拉湖下游地区长 195 公里，面积 1.6 万平方公里，向西汇入罗布泊。疏勒河上游汇集讨赖南山南坡与疏勒南山北坡的诸冰川支流，穿越一系列高山峡谷入昌马盆地，左岸汇入小昌马河，随即出昌马峡进入河西走廊平原区，形成了河西地区最大、最完整的冲洪积扇景观。今疏勒河中游干流沿扇缘东侧东北流至玉门市（原玉门镇）南新河口一带分为两支，右支从巩昌河东北流入玉门市东北花海乡花海子盆地，左支从城河北流经黄闸湾折向西北，经蘑菇滩、饮马农场等地，向正西流入瓜州县（原安西县）境内，经桥湾、布隆吉等地进入双塔堡水库。疏勒河下游自双塔堡水库西流，经小宛过瓜州县北大桥，西行至西湖乡一带，穿过国道 215 线敦煌至柳园段，第一大支流党河从左岸汇入，继续向西不远即注入终端湖哈拉湖。新中国成立以来，由于流域内灌溉面积不断扩大，水资源消耗日益增加，今日疏勒河自双塔堡水库以下并无常年径流，仅有部分灌溉用水可沿渠道流至瓜州县城西 68 公里的西湖乡，哈拉湖也于 20 世纪 60 年代干涸。[①] 从地图上看，而今的疏勒河中下游河道呈现出东北—西北—西的流向，在玉门市西部一带形成明显的大转弯。疏勒河桥湾以上的河段在习惯上被称为昌马河。

2. 流域水资源量

（1）地表水资源。该区域平原年平均降雨量很少，基本不产生径流，所以流域地表水河流，冰川融水补给平均为 28.54%。地表水资源为疏勒河干流和石油河两河的河道径流量。干流多年平均径流量为 10.31 亿 m^3/a，石油河地表水资源为 0.51 亿 m^3/a。流域地表水资源合计 10.82 亿 m^3/a。疏勒河中下游地区的地下水主要由河道入渗、灌渠入渗、田间灌水回归转化而来。

---

① 李并成：《河西走廊历史时期沙漠化研究》，科学出版社 2003 年版，第 201 页。

（2）地下水资源。疏勒河项目实施前地下水补给资源为 11.14 亿 m^3/a，其中与地表水重复（河道、渠系、田间渗入）部分为 10.09 亿 m^3/a，与地表水不重复部分 1.05 亿 m^3/a，项目实施后地下水补给资源降至 7.4145 亿 m^3/a，其中与地表水不重复部分 0.7258 亿 m^3/a。流域水资源总量为 11.55 亿 m^3/a（见表 5 – 1）。

3. 在西北的重要地位

流淌于甘肃省河西走廊西部的疏勒河是一条在世界文明史上扮演过重要角色的河流。在它的哺育之下，我们的先辈在汉代的敦煌郡与唐代的瓜州、沙州创造了辉煌灿烂的文明，留下了以世界文化遗产莫高窟为代表的一大批珍贵的文化宝藏。河西走廊西部地区属于极端干旱地区，自然条件严酷，对于生活在这里的人们而言，无论身处何种时代，"水"始终都是关乎生死存亡的头等大事。

表 5 – 1	疏勒河流域水资源统计表单位				单位：亿 m^3/a
流 域	地表水源	地下水资源			总水资源量
		昌马灌区	双塔灌区	花海灌区	
疏勒河干流	10.31	0.28	0.39	0.06	11.14
石油河	0.51	0	0	0	0.41
总计	10.82	0.28	0.39	0.06	11.55

河西走廊自汉唐以来，作为丝绸之路的一部分，是中国东部通向西域的咽喉要道，古丝绸之路始终缠绕在疏勒河两岸，是古代中国同西方世界进行政治、经济、文化交流的重要通道。河西走廊因其独特的地理条件，联系着中原与西域各民族，将黄河、长江流域的文明同万里之遥的新疆天山南北农、牧业文明联结为一体。河西走廊是我国内地通往西北边陲的必经之路，也是东亚与中亚的接合部，从世界历史看，是华夏文明与两河文明、印度文明、地中海文明的汇流区。正是在东西文明交融汇聚、西传东渐的过程中，河西走廊得以长期吸纳这条道路上荟萃的各种文明成果来滋养自己，促进了自身经济文化的繁荣和发展。汉代疏勒河流域分属酒泉郡和敦煌郡，现在则属于酒泉地区玉门市、瓜州县、敦煌市。疏勒河流域在战国时为乌孙、月氏居住地，在乌孙、月氏西迁以后，成为匈奴右部浑邪王辖地。汉武帝在河西战胜匈奴之后，为了"断匈奴右臂"，于是列四郡

（敦煌、酒泉、张掖、武威）、置两关（玉门关、阳关），并沿疏勒河修成了一道边防线，其中包括烽燧、城郭和长城。可见疏勒河流域所处地理位置的重要性。

（二）疏勒河流域开发与敦煌生态环境的关系

1. 疏勒河——敦煌的母亲河

疏勒河发源于祁连山脉西段的疏勒南山和托来南山之间，经过上游100多公里的汇聚，疏勒河在昌马峡谷中奔涌而出，随即掉头向西，穿越瓜州县到达敦煌，在敦煌西北与党河末尾汇合，渡过玉门关继续向西，古代洪水暴涨季节流入新疆境内的罗布泊。疏勒河的支流包括横贯敦煌全境的党河、流经莫高窟的宕泉河、流进榆林窟的榆林河以及古阳关脚下的南湖等。

疏勒河两岸有大小十几块绿洲，疏勒河古道是丝绸之路的必经通道，孕育出了举世闻名的敦煌文化，被称为世界四大文明的交会点。疏勒河流域总体地势东高西低，昌马峡谷海拔2000多米，而敦煌西北部和罗布泊的最低海拔只有800多米，这就是疏勒河西流的原因。[1] 在千里疏勒河故道边，形成了星罗棋布的古代绿洲，从东向西依次有：昌马、渊泉、锁阳城、石包城、瓜州、广至、敦煌、阳关、多坝沟及古玉门关等，其中敦煌是最大的一块绿洲。

疏勒河犹如一根巨大的葡萄藤，把沿途的许多零散绿洲串联起来，把一条条自由流淌的河流收编起来，也把丰富多彩的文化整合起来，形成了高度发达的敦煌文化。疏勒河水养育了敦煌大地，赋予了敦煌生命，给我们流淌出了一段辉煌如歌的历史。它就是敦煌的母亲河——疏勒河。

2. 疏勒河孕育了敦煌文化

佛教产生于公元前5世纪的古代印度，在公元1世纪左右进入西域，在短短200年间迅速流行，并沿着丝绸之路向中原传播，佛教东传进入内地的第一站就是敦煌。东汉以来，历代的高僧都是从敦煌这个孔道绵绵不绝地进入到中国，进行佛教的传播以及佛典的翻译。[2]

而疏勒河是一条朝圣的河，是中西交流的文化运河。在疏勒河上游的昌马河就有昌马石窟，往西走又有东千佛洞，继续往西又有榆林窟，再往西走就是闻名于世的莫高窟，莫高窟往西又有西千佛洞，再往西到了党

---

① 张景平：《历史时期疏勒河水系变迁及相关问题研究》，《中国历史地理论丛》2010年第4期。

② 同上。

河，还有五个庙洞窟，可以说基本上是一条线。无论是西出阳关，还是东还玉门，无论是僧人，还是商旅，都要在这些地方烧香礼佛。莫高窟开凿历经 10 个朝代，连续 1000 多年，留下的宝藏无数，再加上榆林窟、东西千佛洞等姊妹窟的丰富遗存，使敦煌成为举世闻名的东方艺术宝库。

中古时代，在无数商人和使者、僧侣进出塔克拉玛干、穿行河西走廊的漫漫征途上，敦煌是他们心中的灯塔，莫高窟是他们精神的驿站。而疏勒河处在古代丝绸之路的咽喉，是丝绸之路的通衢大道。

3. 唇齿相依，休戚相关

疏勒河两岸，大路朝天，丝绸之路的几条重要通道——阳关道、玉门关道、吐谷浑道、莫贺延碛道，全部沿大河两岸穿行，敦煌是丝绸之路东段的终点，又是中段的起点，玉门关、阳关是"出塞"、"入关"的必经之地。古代没有先进的交通工具，一定要傍着河水走，现在我们虽然裁弯取直了这些路，但是古代的丝绸之路一定是按着河流走的，所以这些东西走向的河流，对于东西交通是非常重要的。如果没有河，那就是死路一条。在丝绸之路开通后的 1000 多年间，疏勒河流域始终处在中国对外开放的最前沿，从西汉时期一直延续下来的移民屯垦，又为它不断输入新鲜血液，让它始终与内地保持着血肉联系。如今，这一带的饮食习惯、方言土语、民风民俗基本上与关中地区无异。

疏勒河尾闾，就是被称为"魔鬼城"的敦煌雅丹国家地质公园。疏勒河的末端，早已成了生命的禁区，我们怎么也没有想到，横跨三省区、绵延上千公里、孕育了灿烂文明的疏勒河竟然以这样的方式结尾。敦煌研究院研究员、敦煌学家李正宇说："如果万一疏勒河消失的话，很快闻名世界的敦煌就要消失，繁荣的敦煌将来是一个荒漠的敦煌，进而它也会变成雅丹地带、破碎地面。"在这个意义上说，没有疏勒河就没有敦煌。疏勒河造就了敦煌，使敦煌文化在世界文化史上占有重要的地位，而疏勒河也因敦煌而引为自豪，使越来越多的人认识到了她的珍贵和重要。疏勒河与敦煌相互依存，唇齿相依，他们的命运是休戚相关的。

（三）敦煌生态保护的重要性

敦煌水资源合理利用与生态保护是一项系列工程，不仅涉及当前，而且关系到长远生存。位于敦煌的西南边库姆塔格沙漠和号称"死亡之海"的塔克拉玛干大沙漠已渐成"握手"之势，敦煌绿洲面临严重的生存危境。日益恶化的生态环境已影响到敦煌的可持续发展，敦煌生态问题已刻不容缓。敦煌地处沙漠戈壁的包围之中，生态环境十分脆弱，地表水严重不足；区域地下水位急剧下降，湿地面积萎缩、绝迹，天然植被急剧减少、退化、荒漠化面积增加，生物多样性降低，部分生物链中断，风沙危害严重，自然灾害加剧，人类文化遗产莫高窟和自然奇观月牙泉受到了严重威胁，若不采取措施，不远的将来，敦煌将变成第二个"楼兰"。任敦煌的衰败，将使我们失去这传承着几千年的中华文明，记录着千百年中西文化交流，承载着新时期西部大开发重要枢纽重任的世界名城、历史名城和战略重镇。对其积极的治理和保护，将不仅对促进区域经济社会发展、维持敦煌绿洲稳定、保护文化遗产具有重要的现实意义，也对我国西部地区稳定与发展产生深远影响。敦煌水资源合理利用与生态保护，不仅十分必要，而且迫在眉睫。

（四）敦煌生态环境主要问题

由于气候变化及人类活动，特别是人类高强度的水资源开发利用，较大地改变了敦煌水资源时空分布，并引发敦煌生态环境演化。

根据遥感图片解译，20世纪70年代以来，随着人口稳定增加和社会经济的快速发展，敦煌的生态环境状况又发生了较为显著的变化，主要体现在三个方面：第一，居民地和耕地面积均呈递增状态，人工绿洲不断扩大。城乡居民用地从1973年的43.14平方公里增加到2007年的54.21平方公里，耕地面积从1973年的256.49平方公里增加到2007年的313.05平方公里，增加了22%。耕地增长在适应人口增加需要的同时，也增加了对水资源的压力。第二，河流、湖泊、沼泽及高覆盖度草地面积减少，天然绿洲不断缩小。1973年，敦煌湖泊、沼泽总面积为695平方公里，其中河道湖泊面积26.75平方公里，沼泽面积668平方公里。由于河道断流、水源减少，到2007年，湖泊、沼泽总面积减少为231平方公里，其中河道湖泊面积为12.94平方公里，减少了一半以上，沼泽面积更减少了约2/3。与沼泽湖泊一样，高盖度草地面积也呈减少趋势，从1973年的189平方公里减小到2007年的56平方公里。湖泊及沼泽因缺水而缩小，影响其周边草地植被覆盖度，高盖度草逐渐退化成中盖度或低盖度草，甚至导致盐碱化、荒漠化和沙漠化。低盖度草地主要是荒漠植被，靠降水及绿洲水汽生长，受当年降水的影响较大，1973年和2007年的面积基本一致。第三，生态植被的退缩引起土地沙化和荒漠化。自1973年以来戈壁、盐碱地、沙地都呈递增趋势，从4399平方公里增加到5074平方公里，扩大了 15.3%，其中沙地增加了 33 平方公里，扩大了 8%，戈壁增加了 613 平方公里，扩大了 17.1%。①

1. 水资源利用严重失衡

疏勒河流域水资源稀少而珍贵。长期以来人类过度利用打破了流域内水环境的平衡。在上中游修建了以灌溉为目的的水库，地表水不足就超采地下水。这些行为造成河流断流、湖泊消失、地下水位下降、植被退化、土壤次生盐渍化和荒漠化。更有甚者，违背自然法则，搞人工融化冰川、填湖造田、排干沼泽种田放牧等，严重恶化了流域内的水环境。随着工业化、城镇化的发展，水污染和水质矿化度增高的问题也日益凸显出来。

2. 疏勒河流域开发对敦煌绿洲湿地及植被的影响

20 世纪 50 年代起，疏勒河流域进行了大规模的水利化建设。1958 年昌马总干渠、双塔水库、1975 年党河水库等一系列水利工程建成后，河水大部分被引入渠系，人工绿洲面积不断扩大，上游生态环境不断改善，而下游河道来水却逐渐减少直至断流，地下水位持续下降，湿地不断萎缩，土地沙漠化和荒漠化程度日趋严重，生态环境逐渐恶化。随着人口增长和社会发展，水资源开发利用不断提高，敦煌境内河道下游地表水不断减少，地下水位持续下降，产生了一系列生态问题。

（1）绿洲消失，湿地萎缩。

1958 年以前，疏勒河也曾流经玉门、瓜州最后进入敦煌，为北湖、西湖一带的湿地补充了大量水源，后来在疏勒河上游修了一些水库，下游就断流了，湿地也随之不断萎缩。由此可见，湿地虽然远离绿洲 100 多公里，但在水的来源上同绿洲是一脉相通的：绿洲渗入地下的水越多，湿地的水位就越高；绿洲消耗的水越少，流入湿地的地表水就越多。敦煌的生态变化是个渐进的过程，随着水资源短缺的加剧，问题的暴露愈加引人注目。自 1994 年以来，绿洲区外围沙化面积增加了 20 多万亩，平均每年增加近 2 万亩。绿洲的生态状况不容乐观，而令人更为担忧的是分布于绿洲周边的湿地在不断萎缩和退化。在敦煌绿洲四周的戈壁沙漠中，分布着被称为东湖、西湖、南湖、北湖的大面积天然湿地。这些湿地曾经水草丰茂，胡杨成林，飞禽走兽栖息繁衍，在茫茫戈壁沙海中成为绿洲的天然伙伴。但随着生态的变迁，东湖湿地已经消失，北湖湿地濒临消亡，西湖、

① 张永明、翟禄新：《疏勒河流域生态环境现状评价研究》，《冰川冻土》2008 年第 6 期。

南湖湿地也逐年退化萎缩。湿地的退化更是触目惊心。西湖自然保护区现存湿地170万亩，西邻库姆塔克沙漠，远远望去，在大漠戈壁深处，一片片仅存的芦苇随风掀起些许绿色，与大自然在不屈不挠地抗争着。穿行其中，地表植被成片枯死，戈壁裸露的现象相当严重。那些粗壮的已经枯死多年的胡杨树周围聚集的沙堆犹如天然的坟场，似乎向人们诉说着已经逝去的繁盛，祈求着人类要善待自然、保护好湿地。这些问题的形成，是多种因素共同作用的结果，但归根结底是由水资源短缺造成的。湿地以每年0.13万公顷的速度递减，到2005年，境内湿地面积减少了近1/3，仅存18万公顷。① 绿洲地区内的0.007万公顷咸水湖和66.67余顷淡水湖中，80%已消失。湿地和绿洲是一种相互依存、相互支持的关系。湿地的萎缩和退化，警告着绿洲区的生态安全。有识之士惊呼：在风沙的肆虐下，敦煌绿洲一旦失守，酒泉将唇亡齿寒，危及河西走廊，甘肃甚至整个西北地区的生态质量将会受到严重的影响。

（2）植被锐减。

天然生态植被面积的减少，是气候变化和人类活动综合作用的结果，但主要是人类活动加剧造成的，包括两方面：一是支撑天然生态的水资源逐年减少，造成植被生长条件的破坏，逐渐萎缩；二是乱采滥伐，造成天然植被的毁坏和快速消失。

据统计，新中国成立之初，敦煌东、西、北湖及南山一带有天然林14.60万公顷，其中胡杨林2.93万公顷，是敦煌绿洲的"绿色屏障"。2005年，敦煌境内的天然林消失了近1/2，仅存8.67万公顷；据甘肃省草原队调查，1965年时敦煌有38.4万公顷草场，总载畜量12万羊单位，现在只有9万公顷，减少了77%，载畜量5万羊单位，减少了57%，保护区大小22个湖泊、沼泽和水洼已不复存在。②

（3）沙进人退。

现敦煌市已有50万亩土地沙化，自1994年以来，敦煌绿洲区外围沙化面积增加了20万亩，平均每年增加近2万亩，沙漠向前推进3—4米。敦煌绿洲面积从新中国成立初期的430万亩减少到现在的210万亩，绿洲边缘天然草场面积由1949年以前的276万亩减少至目前的135万亩。③ 而

① 张永明、翟禄新：《疏勒河流域生态环境现状评价研究》，《冰川冻土》2008年第6期。
② 同上。
③ 同上。

现在沙尘暴以及浮尘天气也在增加。沙尘暴的强度越来越大。以前主要集中在 3—5 月，现在几乎每月都会出现。干旱气候条件下蒸发量大于降水量、人口和灌溉用水量大增、水资源利用率不高、过度放牧等原因是敦煌沙化加剧的重要原因。如果不能从根本上解决引水问题，敦煌成为第二个楼兰的说法并非危言耸听。有识之士惊呼："沙进人退"趋势如不得到遏制，绿洲失守，敦煌将重蹈楼兰和罗布泊的覆辙。

由于上游灌溉面积扩大导致注入下游的生态水量不断减少，地下水补给量减少、泉水溢出量缩减，使得分布于敦煌灌区外绿洲周边的湿地在不断萎缩和退化。东湖湿地消失，北湖湿地濒临消亡，西湖、南湖湿地也逐年退化萎缩。绿洲边缘生态的持续恶化直接威胁着文化名城敦煌的生存安全，关系着莫高窟、月牙泉等人文自然景观的存续，更关系着敦煌及其周边县市、河西走廊乃至整个西北地区的生态安全。

3. 莫高窟受到风沙侵蚀

敦煌莫高窟是我国珍贵的文化艺术宝库，在中国文化史和世界文化史上占有重要的地位。随着敦煌绿洲的退化，党河灌区绿洲 4、5 月八级以上大风天气平均出现 20 天，风速 17 米/秒，而且呈逐年加剧趋势，1996年曾出现大风天气 42 天，瞬时风速达到 27m/s，空气挟沙量加大，直接形成对莫高窟风沙侵蚀的威胁，强烈的风沙打在洞窟的雕像和壁画上，就像一张砂纸在上面磨来磨去，来自鸣沙山方向的风沙对崖面露天壁画产生的撞击、磨蚀，已经导致了壁画褪色、变色，还使不少窟区、窟顶遗址残败不堪，相当数量的窟顶被剥蚀，甚至引起崖体的坍塌。当地人讲敦煌的强劲风沙能把汽车的漆打掉，何况这些雕像和壁画已经过了千年的风吹日晒，怎堪忍受这样的侵袭！

4. 月牙泉面临干枯

鸣沙山怀抱之中的月牙泉，已有上万年的历史，以"沙泉共处、沙水共生"的独特景观著称于世，是敦煌的典型标志之一。1975 年党河水库建成后，月牙泉上游地下水补给大大减少。同时，随着敦煌人口增加和种植面积扩大，地下水开采量增加，因此，靠地下水补给的月牙泉受到了直接的影响。最近十多年来，月牙泉以惊人的速度萎缩。20 世纪 60 年代，月牙泉的水域面积是 22 亩，平均水深达 8 米以上，泉边水草丛生，芦苇摇曳，称得上一个半月形的小湖。而如今，月牙泉水位下降，草木部分枯萎，铁贝鱼不再畅游，月牙泉容颜已大不如前。现在我们看到的泉水只有极少的 8 亩过一点，水深处不到 2 米，甚至有些地方湖底已裸露在外，月牙泉已向世人发出了深切的呼救。沙漠第一泉面临生存危机，标志着敦煌生态出现了很大问题。

5. 敦煌西湖生态系统萎缩

西湖国家级自然保护区，位于敦煌市最西端，总面积 66 万公顷，由 16 处湿地共同组成，原有湿地总面积 11.35 万公顷。湿地水源疏勒河、党河，由于上游截流开发，导致西湖地表水的补给急剧减少乃至消失，致使湿地面积萎缩，植被退化或者消失，原有的大部分沼泽地已变成了植被稀疏的黑碱滩，许多草地已逐渐演化为沙区，湿地生物多样性减少，造成了严重的生态危机。保护区生态系统的萎缩加快了敦煌人工绿洲边缘沙漠化的进程，天气越来越干旱，风沙越来越严重，缺少遮拦阻挡的库姆塔格沙漠每年向敦煌逼近 2—4 米。

西湖国家级自然保护区在控制土壤侵蚀、防止土地沙化、阻隔库姆塔格沙漠东侵、维护生物多样性等方面有着其他系统不可替代的作用，是甘、新、青三省区交界处的珍稀濒危野生动物良好的栖息地，特别是罗布泊的干涸和周边生态环境的不断恶化，这里已成为当地野生动物的避难所和救生圈。因地势低洼平坦，区内水草茂盛，物种资源丰富。主要保护对象有沼泽湿地和野生动物，如芦苇沼泽、胡杨林、柽柳林等群落和野骆驼、鹅喉羚等兽类以及白鹳、黑鹳等珍稀鸟类。保护区共有高等植物 26 科 83 属 254 种，其中，濒危保护植物有 3 种；野生动物 122 种，其中国家重点保护动物 16 种。该保护区是敦煌市西部重要且唯一的天然生态屏障，目前面临的主要生态问题是湿地萎缩、土地沙化和盐渍化。由于地下水位下降、植被退化，加速了土地沙漠化，保护区内有些地区已形成流动沙丘，其上几乎无植物生长，只有零星沙生针茅。在风力作用下，沙漠面积不断扩大，特别是保护区西边库姆塔格大沙漠的持续东侵，危及湿地的存续。

（五）合理开发疏勒河流域水资源，加强敦煌生态环境保护

敦煌的生态问题引起了党中央、国务院的高度重视，2011 年 6 月，国务院正式批准《敦煌水资源合理利用与生态保护综合规划》，《规划》以科学发展观为指导，以水资源合理利用为主线，以生态保护为目标，多措并举，推进敦煌经济社会环境协调发展。规划提出了"南护水源，就是要中建绿洲、西拒风沙、北通疏勒"的总体思路。

1. 加强流域综合管理，统筹全流域的水资源合理利用

统筹全流域的水资源利用，积极主动地向湿地补充必要的水源。敦煌处在疏勒河和党河的下游，辖区内无自产水源，它所暴露的生态问题实质上是两条内陆河全流域的问题。据专家研究，疏勒河上游和中游每增加 1 立方米用水量，下游的地下水就要减少 0.3 立方米。由此可见，第一，必须统筹疏勒河和党河全流域的水资源利用。要根据水资源的总体状况，正确处理经济社会发展用水与生态环境用水、上游用水与下游用水的关系，合理分配不同区域水资源的使用量，做到统一管理，科学调配。疏勒河的昌马水库和双塔水库以及党河水库，都要调剂必要的水量，每年向下游有计划地放水。这样既能保证下游的生态用水，又能促进全流域的节水。实践反复证明，内陆河的上游与下游、地表与地下是个有机统一的系统，上游水资源的过度利用必然造成下游的生态危机，地表水资源的过度利用必然造成地下水位的下降。解决内陆河流域内任何一个地方的生态问题，必须着眼于全流域水资源的统一管理和科学合理的利用。第二，要在全流域毫无例外地推广节水措施，下功夫构建节水型社会，这是实现可持续发展必然要走的路子。要在全社会加强宣传教育，让每个公民都牢固树立节水意识，自觉地参与节水型社会建设。要根据水资源的总体状况，正确处理经济社会发展用水与生态环境用水、上游用水与下游用水的关系，合理分配不同区域水资源的使用量，做到统一管理，科学调配。疏勒河的昌马水库和双塔水库以及党河水库，都要调剂必要的水量，每年向下游有计划地放水。这样既能保证下游的生态用水，又能促进全流域的节水。第三，以流域为单元对水资源实行综合管理，顺应了水资源的自然运移规律和经济社会特性，可以使流域水资源的整体功能得以充分发挥。内陆河流域的生态系统具有流域独立性，每个流域的上、中、下游系于一脉，流域内生态系统的演替状况完全取决于水资源的状况。流域是具有结构和整体功能的复合系统，流域水循环不仅构成了经济社会发展的资源基础，是生态环境的控制因素，同时也是诸多问题和生态问题的共同症结所在，因此以流域为单元对水资源实行统一管理，已成为目前国际公认的科学原则。第四，结合敦煌自然条件、社会经济条件和人文历史情况，借鉴塔里木河、黑河、石羊河等流域综合治理的经验，综合考虑敦煌水资源合理利用与生态保护与疏勒河流域的关系，以及在国家可持续发展战略和生态建设中的重要地位。第五，积极维护实施"南护水源、中建绿洲、西拒风沙、北通

疏勒"的总体规划思路。南护水源，就是要加强南部山区水土保持，保障敦煌区域生命水源的持续稳定；中建绿洲，就是要强化节水，规范用水秩序，稳定中部人工绿洲规模，奠定敦煌区域各族人民群众生产生活的土地基础；西拒风沙，就是要保护西湖湿地，阻止库姆塔格沙漠对敦煌绿洲的侵扰；北通疏勒，就是要恢复疏勒河的全线通水，重建敦煌北部生态屏障，有效保护敦煌绿洲。

2. 优化配置流域资源，发展生态农业

合理利用流域水资源，发展生态农业，充分利用疏勒河流域水资源，与当地农业环境资源组合相适应的农业生态经济系统，利用共生共养的原理，合理配置农业植物、动物、微生物，实行立体种植、混合喂养、结构合理的立体农业，使有限的空间、水、光、热等资源得到充分利用，既充分合理利用资源发展农业生产，又能保证增殖自然资源，使资源得到永续利用。

3. 大力推广节水措施，实现全流域节水

节水包括农业节水和灌溉节水，农业节水就是调整作物种植结构，以水定地，科学管理，计划用水，按方收费。灌溉节水最主要的是降低毛灌溉定额和提高渠系利用系数，应积极推广建立节水高效的灌溉农业，如喷灌、滴灌、微灌等灌溉方法节水可以达到50%以上。在工程方面应采取完善配套，渠道防渗，平整土地，推广小畦灌和条田建设，因地制宜地发展喷灌、滴灌等先进灌溉技术，在管理方面推进市场化和产业化的灌区机制，用经济手段来提高水的利用效益。以农业节水为突破口，逐步实现整个社会、经济和环境系统的同步节水。要大力推广节水措施，目前，敦煌农业用水占全社会用水总量的85.4%，所以节水的重点在农业。要采取得力的措施，切实有效地把农业用水降下来。一是要积极推广节水灌溉技术，着力提高水的利用率。通过必要的政策支持，引导农民采用滴灌、渗灌等新的灌溉技术，下决心改变传统的大水漫灌方式。像棉花种植，大水漫灌一般一亩需要1000立方米水，改为滴灌只需240多立方米水，节水76%。二是靠行政措施强制节水。坚决禁止开荒、禁止打井、禁止移民。力争用5年时间关闭所有城市自备水源井和50%的农用机井，使全市地下水资源的提取量减少50%以上。三是大力调整农业结构。从可持续发展出发，农业发展一定要走集约型的路子。要大力发展各种节水高效的设施农业和旅游观光农业，在节约水资源的同时，努力提高农业综合效益，保证农民的收入持续增加。在沙漠边缘土地沙化严重的地方，要逐步退耕还草，发展设施养殖业，逐步压缩农作物的播种面积。四是要严格控制人口增加，加快农村劳动力向二、三产业转移。随着结构的调整，更多的农村劳动力将会从土地上释放出来，要不失时机地加强技能培训，促进劳动力转移就业，逐步减轻农村人口对生态环境的压力。五是要靠价格调节机制引导节水。加快建立水权、水价和水市场机制，对农村水源井征收水资源费，严格执行分类计价和超定额累进加价的价格制度，努力形成运用经济杠杆调节用水的良好机制。六是要大力推进城市生活节水和工业节水，修建必要的配水工程，保障人民群众饮水安全、基本生产用水安全、基本生态用水安全，进一步发展经济，改善人居环境；通过适当的地下水回灌，抬升重点地带地下水位，有效恢复月牙泉水深和面积，改善区域生态环境。这些综合规划和主要措施实施后，将较好地协调敦煌经济社会用水与生态环境用水之间的关系，协调经济用水各部门的关系以及国家目标和地方发展的关系。通过采取灌区节水改造、引哈济党调水、疏勒河生态泄水、水资源配置保障、生态建设与保护等多项措施，合理布局水利工程，优化配置水资源，提高敦煌水资源承载能力，维持并增加敦煌盆地天然生态面积及生物多样性，稳定灌区绿洲面积，改善区域生态环境质量，以水资源可持续利用保障敦煌经济社会可持续发展。通过全面节水，建设节水型社会，提高水资源的利用效率、效益和承载能力，降低农业用水比重，提高灌溉水利用系数达到国内先进水平，降低工业综合用水定额达到国内平均水平，为敦煌经济社会可持续发展提供水资源支撑和保障。

4. 严格控制开采地下水，遏制地下水位下降趋势

对地下水渗漏要标本兼治，一要积极争取协调有关部门每年从疏勒河向敦煌境内放一定量的生态用水，在拯救敦煌西湖国家级自然保护区大面积天然植被的同时，通过敦煌西北部渗漏的地下水来顶托提升敦煌绿洲区的地下水位，减缓地下水位下降的趋势。二要加快实施月牙泉水位下降治理工程，有效缓解月牙泉水位下降趋势，并积极研究保护月牙泉的长远规划，通过综合治理，确保月牙泉水位稳步回升。三要实施党河古河道城区段综合治理工程，在党河上游修建大型渗水池，一方面为人饮净化和农业滴灌提供水源，另一方面加大对区域地下水的渗漏补给。同时，通过党河城区段蓄水，增加城区大气湿度，改善城区自然环境，增加城市景观，从而提升城市的品位和灵气。

目前我国多数内陆流域地下水开发利用不足，大部分地区利用率不到

20%，河西地区地表水时空分布极为不均，开发利用程度较高，地下水资源分布范围广，开发程度低，从理论上讲尚具有较大的开发利用潜力。但疏勒河流域土地辽阔、水资源稀缺的基本特征，构成了这一地区极为脆弱的生态环境。不能盲目和无规划地开发地下水资源，应提（井）排相结合。以防水位下降，造成对生态的危害。要正确把握人口、资源、环境与经济发展的辩证关系，协调处理好整体与局部、近期与远期等各种关系。严格控制开采地下水，使地下水位得以恢复。节水的目的就是要把绿洲区的用水量大幅度地降下来，做到逐步恢复地下水位并能有效补充湿地水源。就党河的水资源来说，目前基本能够满足农业灌溉，但由于水价机制不合理，加之一些地方渠系不配套，不少农民打井灌溉。现在敦煌绿洲内共有机井 3180 眼，其中农业用井 2695 眼，年采地下水近 1 亿立方米，这是绿洲和湿地地下水位逐年下降最直接的原因。为此，当务之急是要理顺水价机制，完善渠系配套，尽快做到用河灌替代井灌。在此基础上，通过推广节水措施，坚决而有步骤地关闭机井，严格控制地下水采用。一旦做到禁采，地下水位的下降就可以逐步遏制住，再有计划地将水库蓄水下泄渗漏，逐步恢复地下水位是完全有可能的。只有恢复地下水位，月牙泉的水位才能逐步回升，最终湿地也才能够保得住。

5. 实施外流域调水工程

在科学论证的基础上，实施外流域调水工程。敦煌水资源总体上是短缺的，如果不采地下水，仅就经济社会发展来说，现有的水资源总量同每年用水量的缺口高达 1.4 亿立方米，加上生态用水缺口就更大了。因此，在主攻节流的同时，也要尽可能地开源。发源于祁连山山脉的大哈尔腾河流经阿克塞县境内，年流量达 4.88 亿立方米，"引哈济党"工程就是每年从哈尔腾河向党河引水 1.2 亿立方米，这样可以有效地补充敦煌的水资源。"引哈济党"工程已列入"敦煌规划"，实施将指日可待。"引哈济党"工程可从根本上解决敦煌市资源性缺水问题，改善生态环境状况，是实现可持续发展的治本之策。引哈济党工程实施后，党河水库来水可年平均增加 0.835 亿立方米（沙枣园站），为月牙泉的根本治理提供了基本水源条件。考虑到党河水库调节库容有限，可以充分利用山前冲洪积扇巨大含水层库容进行人工调蓄。通过党河主河道放水，人工补给地下水，抬升区域地下水位，使月牙泉水位逐步得到恢复。同时，由于上游地区地下水位的提高，增加了地下水向下游党河灌区和玉门关一带的地下径流补给量，可以控制灌区地下水位下降，也有利于下游玉门关地区的生态恢复，给干渴的敦煌绿洲注入新的生机与活力。

6. 加大敦煌水土流失治理力度

综合采取植树种草、封育保护、沙障固沙等措施，进一步加大敦煌地区水土流失治理力度。实施月牙泉恢复补水工程，通过加大地表水入渗补给，整体抬升月牙泉上游重点地带的地下水位。实施敦煌市地下水源地置换工程，将城市及周边供水水源由地下水置换为地表水，减少地下水开采量，改善区域生态环境。结合河道防洪治理，实施党河下游河道和疏勒河河道恢复与归束工程，保证生态输水的要求。此外，要进一步加大水污染防治力度，加强污水处理设施建设，严格控制入河排污总量，保障水质达标。按照有限目标、突出重点的原则，统筹兼顾上下游发展，把保护绿洲、拯救湿地放在突出位置，遏制地下水持续下降的趋势，维护月牙泉生态景观，同时加大水资源节约保护力度，通过节约集约用水保障当地经济社会发展用水需求，按照以水定结构、以水定布局、以水定发展的要求，严格控制人口增长、耕地增长、用水量增长，着力从体制机制上解决上中游过度用水和下游超采地下水问题，不以牺牲生态环境为代价求发展，坚持走可持续发展的道路。研究调整现有水库、灌区等水利工程开发利用目标及调度运行方式，充分发挥已建工程综合效益。"敦煌规划"提出了敦煌水土保持生态建设与保护工程任务，规划将完成封禁围栏 3.52 千米，抚育管护 10.89 万亩，营造水保林 1.42 万亩。其中生态林 0.135 万亩，经济林 0.065 万亩，防护林带 1.220 万亩，设置人工沙障 7.165 千米，建造水土流失监测点 2 处。项目建成后，可增加植被覆盖度，涵养水源，改善生态与环境。

7. 加快实施祁连山人工增雨（雪）工程

祁连山地区空中云水资源很丰富，在祁连山地区可增加高炮、火箭、飞机等人工增雨（雪）作业，从而增加祁连山地区的降水（雪）量，进而增加疏勒河流域的来水量，缓解水资源不足的矛盾。据气象部门监测分析，党河流域每年平均可降雨的天气过程在 40 次左右，而实际降雨仅 10 次左右，年均降水量不足 40 毫米，人工影响天气的机会在 30 次左右。2006 年 6 月 16 日曾成功地组织实施了一次人工增雨，一次性降雨量达到 13.3 毫米，有效缓解了旱情。因此要进一步加大工作力度，建立专项资金和专门的工作队伍，全面提高人工影响天气的质量和水平，靠增加降水来缓解水资源缺乏的矛盾。

参考文献

一　著作类

1. 李并成：《河西走廊历史时期沙漠化研究》，科学出版社 2003 年版。
2. 李忠民：《中国关中—天水经济区发展报告》，社会科学文献出版社 2011 年版。
3. 杨雪锋：《循环经济学》，首都经贸大学出版社 2009 年版。
4. 王超、张玉玲：《甘南州民营经济发展研究》，民族出版社 2012 年版。
5. 王建军、曲波：《资源型企业与区域经济可持续发展研究》，民族出版社 2009 年版。
6. 杨维军、李文瑞：《西部民族经济可持续发展研究》，民族出版社 2008 年版。
7. 妥进荣：《保安族经济社会发展研究》，甘肃人民出版社 2001 年版。
8. 陈宜瑜：《中国气候与环境演变》，科学出版社 2005 年版。
9. 董锁成：《西北比较优势与特色区域经济发展》，甘肃人民出版社 2001 年版。
10. 高新才：《区域经济与区域发展：对甘肃区域经济的实证研究》，人民出版社 2002 年版。

二　期刊类

1. 姬顺玉：《甘肃区域特色经济发展研究》，《中国集体经济》2008 年第 2 期。
2. 欧阳慧：《我国区域特色经济发展的特征、问题与策略》，《中国科技投资》2007 年第 5 期。
3. 张铭心：《瞩目中国风电产业发展》，《创新科技》2009 年第 8 期。
4. 郭凤燕：《定西市中药材产业现状及可持续发展途径》，《甘肃农业科技》2007 年第 1 期。
5. 滕海燕：《定西市中药材市场现状及营销策略》，《甘肃农业》2009 年第 4 期。

6. 王义存、马玉明：《陇南市农业特色产业发展现状及发展措施》，《甘肃农业科技》2012 年第 11 期。

7. 赵贵宾：《甘肃省发展特色农业的优势和措施》，《甘肃农业科技》2011 年第 10 期。

8. 李耀勇：《关于甘肃县域经济发展的思考》，《科技情报开发与经济》2010 年第 2 期。

9. 白淑芳：《岷县中药材加工企业现状及发展对策》，《甘肃农业》2009 年第 4 期。

10. 张宗耀、张博：《近半个世纪以来祁连山区气温与降水变化的时空特征分析》，《干旱区资源与环境》2009 年第 4 期。

11. 蓝永超、丁永建、沈永平：《河西内陆河流域出山径流对气候转型的响应》，《冰川冻土》2007 年第 2 期。

12. 《甘南黄河重要水源补给生态功能区生态保护与建设规划（2006—2020)》，2007 年 5 月。

13. 张景平：《历史时期疏勒河水系变迁及相关问题研究》，《中国历史地理论丛》2010 年第 4 期。

14. 张永明、翟禄新：《疏勒河流域生态环境现状评价研究》，《冰川冻土》2008 年第 6 期。

15. 李建豹：《甘肃省县域经济差异变动的空间分析》，《经济地理》2011 年第 3 期。

16. 张继英：《主体功能区格局下的甘肃省产业结构调整》，《兰州大学学报》（社会科学版）2008 年第 6 期。

17. 郁鹏、安树伟：《主体功能区建设与西部特色优势产业发展研究》，《生态经济》（学术版）2008 年第 1 期。

三　其他

1. 国务院：《关于印发能源发展"十二五"规划的通知》（国发〔2013〕2 号，2013 年 1 月 1 日）。

2. 甘肃省人民政府：《关于印发白银市资源枯竭城市转型方案的通知》（甘政发〔2009〕68 号，2009 年 7 月 21 日）。

3. 《建设丝绸之路经济带兰州新区将打造向西开放战略高地》，人民网，2013 年 11 月 3 日。

4. 天水市人民政府：《天水市循环经济发展规划实施方案》。

5. 《如何看待中国风电产业的发展现状》，中国新能源网，http：//www. newenergy. org. cn/，2009 年 11 月 25 日。

6. 李建华：2008 年酒泉市经济工作会议和酒泉新能源基地建设会议上的讲话。

7. 《定西发展中药材全力打造"中国药都"》，甘肃统计网，http：//www. gstjgov. cn/，2013 年 11 月 4 日

8. 《改革开放以来全市农业发展变化情况》，陇南农业信息网，http：//www. lnnyw. gov. cn/，2010 年 3 月 5 日。

9. 何晓林：《陇南市农民纯收入 30% 来自于农业特色产业》，陇南市公众信息网，http：//www. longnan. gov. cn/，2010 年 12 月 1 日。

10. 甘南州人民政府：《甘南州年鉴》（2012）。

11. 舟曲县人民政府：《舟曲县"十二五"经济社会发展规划》。

12. 舟曲县人民政府：《舟曲县统计年鉴》（2012）。

13. 舟曲县人民政府：《舟曲扶贫开发"十二五"规划》。

14. 国务院：《国务院舟曲灾后重建总体规划》。

15. 秦安县人民政府：《秦安县统计年鉴》（2011）。

16. 秦安县人民政府：《秦安县国民经济和社会发展第十二个五年规划纲要》，秦政发〔2011〕53 号。

17. 镇原县人民政府：《镇原县统计年鉴》（2013）。

18. 天祝县人民政府：《天祝县县情·天祝县发展规划》，http：//gs-tianzhu. gov. cn/huarui/。

19. 《藏区发展政策》，http：//qnjz. dzwww. com。

20. 积石山保安族东乡族撒拉族自治县人民政府：《积石山保安族东乡族撒拉族自治县志》，甘肃文化出版社 1998 年版。

21. 积石山保安族东乡族撒拉族自治县人民政府：《积石山保安族东乡族撒拉族自治县概况》，民族出版社 2008 年版。

22. 甘南州政府：《甘南州州志》，民族出版社 2011 年版。

23. 卓尼县人民政府：《卓尼县志》，甘肃人民出版社 2011 年版。

24. 甘南州发改委：《甘南州落实国务院支持藏区经济社会发展政策实施意见和项目建设计划》，2009 年 1 月。

25. 甘肃省人民政府：《甘肃年鉴》（2012）。

后　记

　　实现区域协调发展一直是区域经济学研究的核心问题之一，也是政府制定区域政策的根本出发点。作为我国西部的重要省份，甘肃省在国家不同时期的发展政策的指导下，经济发展取得了很大的成就，人民生活水平不断提高。但是，以行政区主导的管理模式和粗放式的经济发展模式导致了省内城乡居民收入差距过大、区域资源环境问题严重等，这对生态脆弱的甘肃省协调发展带来很大的挑战。在新的发展时期，国家提出主体功能区建设的区域发展思想，并将其作为促进区域协调发展的一项重要措施。因此，研究主体功能区建设具有重要的理论和实践意义。甘肃省应当积极探索本省区域内的主体功能区划分，将省内国土空间合理划分为不同主体功能的区域，实行不同的发展政策，缩小全省发展差距，促进全省区域协调发展。本书从甘肃省区域协调发展的现状出发，探悉研究了制约甘肃区域协调发展的因素，立足于科学发展观的基本理论和原则，以如何促进甘肃省建立"多元化富民强省"为研究重点，对甘肃省总体发展战略、特色优势区域经济为主的产业发展、农业发展、技术创新与高新技术产业发展、旅游开发等建设、生态保护与建设等方面进行详尽的分析，并从中央、省和地方政府层次提出相应的对策和建议。通过对几个典型的经济区域发展案例的研究，为全省的可持续发展提供对照和参考借鉴。本书注重理论与实际相结合，针对甘肃省的主要问题，提出四大战略选择，强调甘肃省的发展应由以"强省"为主向"富民"为先、两者有机结合的目标转变；内容上注重深化、细化区域可持续发展战略研究的广度和深度。

　　本书在编写过程中，得到甘肃省委党校文史教研部副主任吴晓军教授和王旺祥副教授的悉心指导和精心修改，获益匪浅，在此由衷感谢他们。